T0131485

بسم الله الرحمن الرحيم

دور إسرائيل في تفتيت الوطن العربي

أ. د. أحمد سعيد نوفل

الطبعة الثانية 2010

مركز الزيتونة
للدراسات والاستشارات
بيروت - لبنان

The Role of Israel
in the Fragmentation of the Arab World

Author:

Prof. Ahmad Said Nufal

© جميع الحقوق محفوظة
الطبعة الثانية
2010م – 1431هـ
بيروت – لبنان

ISBN 978-9953-500-85-0

يُمنع نسخ أو استعمال أي جزء من هذا الكتاب بأي وسيلة تصويرية أو إلكترونية أو ميكانيكية بما في ذلك التسجيل الفوتوغرافي، والتسجيل على أشرطة أو أقراص مدمجة أو أي وسيلة نشر أخرى أو حفظ المعلومات واسترجاعها دون إذن خطّي من الناشر.

(الآراء الواردة في الكتاب لا تُعبّر بالضرورة عن وجهة نظر مركز الزيتونة للدراسات والاستشارات)

مركز الزيتونة للدراسات والاستشارات

تلفون: 44 36 80 1 961 +

تلفاكس: 43 36 80 1 961 +

ص.ب.: 14-5034، بيروت - لبنان

بريد إلكتروني: info@alzaytouna.net

الموقع: www.alzaytouna.net

إخراج

مروة غلاييني

تصميم الغلاف

الحارث عدلوني

طباعة

Dar El Kotob s.a.l +961 1 853753

إهداء

إلى روح الوالد الشهيد

وإلى الوالدة التي دعمتني في مسيرة الحياة الصعبة

وإلى زوجتي وأبنائي أمل المستقبل

أحمد سعيد نوفل

فهرس المحتويات

تقديم

تواجه الأمتان العربية والإسلامية في مطلع القرن الحادي والعشرين تحدياتٍ كثيرة زادت من التحديات التي واجهتهما في القرن الماضي، وأخطاراً تهدد وجودهما ووحدتهما ومستقبلهما وهويتهما الحضارية. وتتمثل تلك التحديات في محاولات القوى الاستعمارية والصهيونية فرض مشروعاتها الهادفة إلى ترسيخ التبعية والتخلف والتجزئة والاحتلال على المنطقتين العربية والإسلامية. ولهذا، فإن كان احتلال فلسطين، الذي هو نتيجة للمؤامرات الاستعمارية - الصهيونية، من أكبر التحديات التي واجهت العرب والمسلمين في القرن الماضي، فإن الاحتلال الأمريكي - البريطاني للعراق منذ مطلع هذا القرن، والعدوان الإسرائيلي المتجدد على لبنان والفلسطينيين، يشكلان هما الآخران تحديين كبيرين لا يقلان خطورة عما واجهه العرب والمسلمين من قبل، في ظل نظام عربي رسمي ضعيف وغير قادر على التصدي لتلك التحديات، وعاجز عن اتخاذ موقف موحد لمواجهة مشاريع التفتيت والتجزئة التي تريد "إسرائيل" والقوى الغربية -وعلى رأسها الولايات المتحدة- فرضها على الوطن العربي. وتقف "إسرائيل" خلف ما يحدث في فلسطين والعراق ولبنان، وخلف حالة التشرذم والتجزئة في العالم العربي، لكونها تشكل التحدي الرئيسي للأمتين العربية والإسلامية، ومؤشراً واضحاً على استمرار سياسة التجزئة التي فرضتها الإمبريالية العالمية على العرب والمسلمين، ونجاحاً للحركة الصهيونية والقوى الاستعمارية التي زرعت دولة يهودية - صهيونية غريبة في قلب الوطن العربي لتجزئته. وهي القوى نفسها التي تسعى إلى تجزئة العراق ولبنان ومناطق أخرى في العالمين العربي والإسلامي.

ولقد أسهم وجود الكيان الصهيوني في فلسطين منذ ما يزيد على نصف قرن - مع عوامل أخرى - في استمرار التجزئة وعدم تحقيق وحدة العرب، على الرغم من المحاولات المتواضعة التي حدثت لإيقافها. وأدركت الشعوب العربية، أن الوجود الصهيوني في فلسطين يؤدي دوراً رئيسياً في التجزئة والانقسامات التي تعيشها، وخاصة بعد التحالفات التي حدثت بين الكيان الصهيوني والقوى الإمبريالية، وعلى رأسها الولايات المتحدة، ما أعطى القوى المعادية للعرب والداعية إلى تفتيت الوطن العربي قوة جديدة. والتقت المصالح الاستعمارية الأوروبية مع الأطماع الصهيونية، من أجل إقامة الكيان

الصهيوني في فلسطين واستمراره. وكان الهدف الاستراتيجي المشترك الذي سار عليه الطرفان، من أجل تثبيت الوجود اليهودي - الصهيوني في فلسطين، العمل على إضعاف العمل العربي المشترك، وإثارة الأقليات في بعض الأقطار العربية، وضرب الجبهات الداخلية، وخلق الفتن تمهيداً لتجزئة الأقطار العربية، ما يثبت أن ما لحق بفلسطين لم يكن موجهاً ضد الشعب الفلسطيني فقط، بل هو موجه ضد الأمتين العربية والإسلامية بأسرهما وضد وجودهما ووحدتهما. وما حدث من ممارسات إسرائيلية ضد الشعوب العربية والإسلامية منذ وجودها، يثبت الدور الوظيفي الذي قامت به "إسرائيل"، في إثارة الأقليات العرقية والطائفية ضد الجبهات الداخلية العربية. فقد حاولت "إسرائيل" بذر الخلافات والتفرقة ما بين الأغلبية العربية في الوطن العربي والأقليات، لإضعاف العرب، وتشتيت قوتهم في مواجهتها، ما دفع أحرار العرب، منذ مطلع القرن الماضي، إلى التحذير من الخطر الصهيوني على الأمتين العربية والإسلامية، واعتبار القضية الفلسطينية والصراع مع الحركة الصهيونية و"إسرائيل" بمثابة القضية المركزية للعرب والمسلمين، فضلاً عن أن الوجود الصهيوني في فلسطين، يعد من أهم المعوقات التي تعترض وحدة العرب وتقدمهم، وأن بقاء الوجود الصهيوني في فلسطين، يمثل التحدي الأكبر الذي يواجه العرب، واستمراراً للعلاقة الصدامية بين المشروع الحضاري العربي - الإسلامي المؤمن بالحرية ومعاداة الاستعمار والإمبريالية العالمية، والمشروع الصهيوني الاستعماري الاستيطاني العنصري، الهادف إلى تحقيق التجزئة في الوطن العربي وإضعاف القدرات الذاتية العربية والإسلامية بإدامة صراع طويل مع "إسرائيل". لأن طبيعة الصراع العربي - الصهيوني المحتدم منذ أكثر من مئة عام، ليس مجرد نزاع عادي على الحدود، أو خلاف على قضية معينة يمكن حلها بالطرق العادية، بل هو صراع حتمي بين العرب والمسلمين، بماضيهم وحاضرهم ومستقبلهم ووجودهم من جهة، وحركة استيطانية إحلالية وعنصرية دخيلة على المنطقة من جهة أخرى.

ويأتي البحث في دور "إسرائيل" في تفتيت الوطن العربي، في هذه الظروف الحالكة التي تمر بها الأمتان العربية والإسلامية، أمراً مهماً لإعادة التأكيد على قدرة النضال العربي - الإسلامي، المتمسك بالثوابت الوطنية، التي تخلى البعض عنها، بمقاومة تلك الخطط والمشاريع. ويُسهم في إعادة بعث ثقافة المقاومة ضد ثقافة الاستسلام التي تحاول "إسرائيل" والقوى الإمبريالية العالمية فرضها على الأمتين العربية والإسلامية.

وإن الوعي العربي - الإسلامي، لا يتناقض مع الوعي الوطني القطري، بل هو جزء لا يتجزأ منه. وإذا كانت "إسرائيل" والصهيونية، باعتراف العرب والمسلمين، هي العدو الرئيسي لهم، فإن عملها ضدهم سيكون حافزاً لهم على العمل من أجل تحقيق المصالح العربية والإسلامية المشتركة، التي ترفضها "إسرائيل". وخاصة أن الصراع ضد الصهيونية، أدى دوراً مهماً في إيقاظ الوعي القومي العربي - الإسلامي في الأقطار العربية والإسلامية، بسبب ما تمثله "إسرائيل" من خطر على شعوب الأقطار العربية والإسلامية. وكانت القضية الفلسطينية مركز التضامن القومي العربي والإسلامي ومحور الإجماع الوطني العربي - الإسلامي، طوال القرن الماضي. وحرصت بعض الأنظمة العربية على أخذ شرعيتها من خلال العمل -ولو ظاهرياً- ضد "إسرائيل"، كما حصل النظام العربي الرسمي على شعبيته من خلال مقاومته لـ"إسرائيل". وكثيراً ما كانت الشعوب العربية والإسلامية تقوم بتظاهرات واحتجاجات ضد أنظمتها، بسبب مواقف تلك الأنظمة من "إسرائيل". وكان النضال ضد "إسرائيل" هو شهادة حسن السلوك الوطني للأنظمة من شعوبها، حتى لو كان هذا التأييد مصطنعاً وغير حقيقي. إلا أن بعض الأنظمة العربية الحاكمة التي كانت في الأساس جزءاً من المشروع الاستعماري، كرست التجزئة في الوطن العربي التي فرضها الاستعمار، لأنها وجدت أن مصالحها الخاصة لا تتعارض مع المشروع الاستعماري في تجزئة الوطن العربي.

ومن جهة أخرى، لاحظنا -من خلال تدريس القضية الفلسطينية سنوات طويلة في الجامعات العربية- جهل الجيل العربي الصاعد بالقضية الفلسطينية، وعدم الاهتمام بالصراع العربي الإسرائيلي، على الرغم من اعتبارهم أن الخطر الصهيوني هو الذي يهدد مستقبل الأمتين العربية والإسلامية، ما يزيد من أهمية معالجة هذا الموضوع في مطلع القرن الحادي والعشرين، على أساس أن الصراع العربي - الإسرائيلي هو صراع وجود وليس صراع حدود، وأنه سيستمر بأوجه مختلفة، على الرغم من توقيع بعض اتفاقيات التسوية بين الدول العربية و"إسرائيل". ولقد أثبتت انتفاضة الأقصى الفلسطينية وتلاحم الجماهير العربية والإسلامية معها عمق القضية الفلسطينية في الوجدان العربي - الإسلامي، ورفض تلك الجماهير لوجود "إسرائيل" في فلسطين والتطبيع معها، بعد أكثر من ربع قرن على توقيع أول اتفاق سلام بين مصر و"إسرائيل" وعشر سنوات بين الأردن و"إسرائيل". وجاء الانسحاب الإسرائيلي من قطاع غزة في سنة 2006، بسبب المقاومة البطولية التي أبداها الشعب الفلسطيني، لكي يعطي دفعة

كبيرة للنضال الفلسطيني القادر على إرغام "إسرائيل" على التراجع عن خططها، ولكي يدفعها أيضاً إلى الاستمرار في النضال ضد الوجود الإسرائيلي في فلسطين التاريخية.

وكانت "إسرائيل" قد ربطت بين قضية الأمن الإسرائيلي والقوة العربية، وأحياناً الإسلامية، وحرصت على ضرورة بقائها متفوقة في قوتها على الدول العربية والإسلامية مجتمعة. وقد لاحظنا الموقف الإسرائيلي الرافض لامتلاك إيران التكنولوجيا النووية الذي لا يعبّر عن معاداتها لتطور الدول العربية وتقدمها فقط، بل الدول الإسلامية أيضاً. وبنت "إسرائيل" قوتها العسكرية، على أساس أنها مهددة من قبل جميع الدول العربية والإسلامية، ولكنها سعت في ممارساتها، إلى التصرف مع كل دولة عربية وإسلامية على حدة، في حالة الحرب والسلم.

ويهدف هذا الكتاب، إلى إعادة طرح دور "إسرائيل" في تفتيت الوطن العربي، لتبقى متفوقة على العرب والمسلمين. لأن تطور الأحداث في الشرق الأوسط، أثبت منذ بداية الصراع أن المشروع الصهيوني - الاستعماري موجه في الأساس ضد الأمتين العربية والإسلامية من دون استثناء، وليس ضد الشعب الفلسطيني أو الشعوب العربية المجاورة لفلسطين فقط. وفي الوقت الذي تجري فيه مفاوضات، وتوقع فيه اتفاقيات بين بعض الأطراف العربية و"إسرائيل"، فإن ذلك لن يحل التناقض بين المشروعين، وهما المشروع العربي - الإسلامي الداعي إلى رفض الوجود الإسرائيلي في فلسطين التاريخية، والمشروع الاستيطاني الصهيوني المدعوم من الإمبريالية العالمية الهادف إلى تجزئة الوطن العربي واستنزاف قدراته، على أساس أن الصراع بينهما هو صراع حضاري وتاريخي طويل، وليس صراعاً سياسياً أو عسكرياً فقط.

ويركز الكتاب على قضية الترابط العضوي بين "إسرائيل" وتجزئة الوطن العربي، وتلاقي المصالح الصهيونية مع المصالح الإمبريالية لتحقيق هدف مشترك أفاد الطرفان منه، ألا وهو العمل على إضعاف العرب والمسلمين، بعدما تبين أن لـ"إسرائيل" دوراً مهماً في معظم الخلافات والصراعات الداخلية والخارجية بين الدول العربية نفسها، وبينها وبين دول الجوار، وفي دعم الأقليات في الوطن العربي لإضعاف القوة العربية وتشتيتها.

وترجع أهمية موضوع الكتاب، إلى كونه يأتي في زمن الهجمة الأمريكية ضد العرب والمسلمين، ومحاولاتها مع "إسرائيل" غزو المجتمعات العربية ثقافياً واقتصادياً، من

خلال تسويق عملية التطبيع مع العرب، ما يؤثر في الثوابت التي كانت موجودة لدى العرب والمسلمين تجاه "إسرائيل". وكذلك في ظروف تصاعد الحديث عن المشاريع الشرق أوسطية الهادفة إلى إذابة العرب في كيانات إقليمية أوسع، وتجزئة بعض الأقطار العربية إلى دويلات تدور في فلك القوى الأجنبية المعادية للأمة العربية، خدمة للمصالح الغربية و"إسرائيل".

ويتمحور الكتاب حول دور "إسرائيل" في العمل منذ ما قبل ستة عقود، على تفتيت الوطن العربي وتجزئته إلى دويلات، من خلال الاستفادة من بعض التناقضات بين الأقليات العرقية والدينية والأغلبية العربية الإسلامية، في ضوء الدعوات الدولية لفرض تسوية سلمية للصراع العربي - الإسرائيلي. ويركز على موقف الحركة الصهيونية وإسرائيل من العرب، وعما إذا كان هذا الموقف سوف يتغير إذا حدثت التسوية، ما يتطلب طرح الأسئلة الآتية:

1. ما هي العوامل التي ستجعل "إسرائيل" أقل عداء للعرب والمسلمين؟ أفي ظل التسوية السياسية للصراع العربي - الصهيوني؟ أم في ظل وجود متغيرات كثيرة، على الصعيد الاقتصادي مثل فتح الأسواق العربية للبضائع الإسرائيلية، وعلى الصعيد السياسي كالاعتدال والانضباط في الموقف العربي وفي صنع القرار وعدم استخدام التطرف ضدها؟ وما مدى إمكانية تحقيق التعاون العربي في المستقبل مع التسليم ببقاء "إسرائيل" في قلب الوطن العربي؟.

2. ما هي العوامل التي من الممكن أن تدفع "إسرائيل" إلى التمسك بعدائها للعرب والمسلمين، على الرغم من إمكانية حدوث تسوية سياسية للصراع، كالخوف من احتمال اختلال ميزان القوى لمصلحة العرب، ما يغري الجانب العربي (برأي "إسرائيل") بالعودة إلى الصراع المسلح واستعمال القوة من جديد ضدها؟

3. المقارنة بين العوامل الدافعة لسياسات استمرار العداء الإسرائيلي للعرب، والعوامل المساندة للتخلي عن سياسات العداء، لكي تفرض نفسها جزءاً من المنطقة في مشروع الشرق الأوسط الجديد الذي تسعى إلى فرضه، على حساب الوحدة العربية.

4. يبحث في العداء الصهيوني التقليدي للعرب، وعلى موقف "إسرائيل" منها، خاصة في ضوء المتغيرات التي حدثت في الصراع العربي - الإسرائيلي بعد عملية التسوية.

ويبحث الكتاب في المطامع الاستعمارية - الصهيونية في فلسطين، وموقف الفكر الصهيوني والحركة الصهيونية وزعمائها، من العرب في ظل تنامي الشعور القومي في أوروبا، والسياسة الاستعمارية الأوروبية الداعية إلى تجزئة الوطن العربي، وفي موقف "إسرائيل" من الأقليات في الوطن العربي ومن قضية الوحدة العربية على الصعيدين الرسمي والفكري، ومعاداتها للتجارب الوحدوية العربية والعمل العربي المشترك. كما يعالج الكتاب، دور القضية الفلسطينية والصراع العربي - الصهيوني في تعزيز الوعي القومي والوطني عند الشعوب العربية في مواجهة الأخطار الصهيونية والإمبريالية التي تواجه الأمة العربية. وفي مستقبل الموقف الإسرائيلي، من العرب، في ظل عملية التسوية ونتائجها واحتمال حدوث تغييرات في الموقف الإسرائيلي منهم، ودور "إسرائيل" في الاحتلال الأمريكي للعراق ومحاولتها تجزئته، خدمة لوجودها وبقائها في فلسطين. ويناقش المشروعات الإسرائيلية والغربية، كمشروع الشرق الأوسط الجديد، ومشروع الشرق الأوسط الكبير، التي تريد طمس الهوية العربية ومنع إضفاء الطابع العربي على الشرق الأوسط، من خلال تذويبها في إطارات أوسع، تكون "إسرائيل" هي المهيمنة عليها.

الفصل الأول

مواقف الاستعمار والصهيونية من العرب

المبحث الأول: المطامع الاستعمارية الصهيونية في تجزئة الوطن العربي:

تهدف التجزئة السياسية Political Fragmentation إلى تفتيت وتقسيم الوطن أو الدولة الواحدة، بعد حروب أو أحداث مهمة، من أجل خدمة الدول الكبرى وتسهيل سيطرتها على الشعوب الأخرى. كما تهدف التجزئة السياسية التي تخطط لها وتنفذها الدول الاستعمارية إلى خلق كيانات سياسية مجزأة وضعيفة اقتصادياً وعسكرياً وفق مبدأ فرق تسُد (Divide to Rule)، لتبقى تلك الكيانات تابعة لها. إلا أن التجزئة تتم أحياناً لأسباب داخلية (انقسام تشيكوسلوفاكيا أو يوغوسلافيا أو بعض الدول الإفريقية)، أو بسبب مواقف دول الجوار من بعض الدول (الصراع في الصحراء الغربية)، أو لأهداف استعمارية، كما حدث في الوطن العربي. وتؤدي التجزئة في إقليم ما إلى جعله مفككاً وغير قادر على إنجاز أهدافه الوطنية، وتحقيق التكامل السياسي والاقتصادي والثقافي. ومن الأمثلة على التجزئة السياسية الحديثة، التجزئة التي حدثت في منطقة البلقان بعد انهيار الاتحاد السوفياتي والدول الإفريقية والوطن العربي. كما تؤثر التجزئة السياسية والجغرافية في التطور الثقافي والنمو الاقتصادي للأمة المجزأة، وبدلاً من إيجاد خطط تنموية موحدة وواحدة، على الدول المجزأة التعامل مع بعضها على أساس أن كل دولة تشكل كياناً منفصلاً عن الكيانات الأخرى، ما يعرقل قدرتها، على التنافس مع التكتلات الأخرى والمحافظة على مصالحها المشتركة، علماً بأن العالم يتجه نحو خلق التكتلات الاقتصادية الكبيرة لكي تستطيع أن تنجح في التنافس في ما بينها. كما أن تجزئة الأمة الواحدة، تؤثر في ثقافتها وحضارتها ووجودها، وتخلق عوائق مهمة في انتماءات أبنائها.

والنقيض لمفهوم التجزئة هو الوحدة Unity، وهي الحالة السياسية والاقتصادية في إقليم معين، التي تجعله متماسكاً عضوياً، وقادراً على تحقيق أهدافه الوطنية، وتحقيق التكامل السياسي والاقتصادي والثقافي. وبالنسبة إلى الدول العربية التي تجزأت، فإن الدولة القطرية هي التي حلت محل الدولة العربية الواحدة، وحلت التجزئة في الوطن العربي محل الوحدة العربية، وإن كانت القومية العربية التي تجمع أبناء الوطن العربي الواحد لا تزال قائمة.

ويُعدُّ تمزيق الوطن العربي وتجزئته هدفاً استعمارياً قديماً، لعب التحالف الاستعماري البريطاني - الفرنسي دوراً كبيراً في تحقيقه، للحؤول دون إقامة دولة الوحدة العربية. وارتبطت مواقف الاستعمار والإمبريالية بمواقف الصهيونية و"إسرائيل"، وهو ارتباط جوهري وأساسي لتحقيق المصالح الاستعمارية الأوروبية في انتزاع فلسطين من الوطن العربي مع المصالح الصهيونية بإقامة وطن قومي لليهود في فلسطين، لتمنع قيام دولة عربية موحدة بين أقطاره، وتسلبه ثرواته وتستثمر موقعه، وتخضعه لإراداتها ومصالحها. وحدد المشروع الاستعماري - الصهيوني، هدفين رئيسيين هما: توحيد اليهود في قومية واحدة ودولة واحدة، وتجزئة الأمتين العربية والإسلامية في دول مجزأة. ومن هذين الهدفين الاستراتيجيين الكبيرين تتوالد مجموعة من الأهداف الاستراتيجية والسياسية والعسكرية والاقتصادية الأخرى. ولو اختارت الحركة الصهيونية مكاناً غير فلسطين لإقامة الدولة اليهودية، لما نالت التأييد الذي حصلت عليه من الدول الاستعمارية. لهذا فإن موقع فلسطين الجغرافي والاستراتيجي في قلب الوطن العربي، قد زاد من أهميتها في المخططات الاستعمارية في الوطن العربي. وجعل قادة أوروبا هم الذين يعرضون على اليهود إقامة وطن لهم في فلسطين، قبل أن تطرح الحركة الصهيونية الفكرة بسنوات طويلة. وظهرت تلك الفكرة في القرن الـ 16، عندما تضافرت "حركة النهضة الأوروبية" و"حركة الإصلاح الديني البروتستانتي" و"حركة الكشوف الجغرافية" في وضع أسس مستقبل القارة الأوروبية من خلال تفاعل الأفكار الاستعمارية والدينية مع السمو العرقي الأوروبي والتفوق العنصري. وظهر علماء لاهوت بروتستانت تحدثوا عن "أمة يهودية" و"بعث يهودي"، وعن "فلسطين وطناً لليهود". وتطورت تلك الدعوات بعد الثورة الفرنسية، بدعوة نابليون بونابرت Napolion Bonabart يهود فرنسا سنة 1799 -قبل وعد أرثر بلفور Arthur Balfour بـ 118 سنة- إلى "إعادتهم" إلى فلسطين إذا ساعدوه في فتوحاته في الشرق. ولم يكن ذلك العرض عائداً إلى اقتناع نابليون بـ"أرض الميعاد"، بل لأن إقامة اليهود في فلسطين، سيخدم المصالح الفرنسية في حروبها ضد بريطانيا في المشرق العربي. وجاء في نص العرض الذي قدمه نابليون لليهود:

> من نابليون القائد الأعلى للقوات المسلحة للجمهورية الفرنسية في أفريقيا وآسيا إلى ورثة فلسطين الشرعيين، أيها الإسرائيليون، أيها الشعب الفريد الذين لم تستطع قوى الفتح والطغيان أن تسلبهم اسمهم ووجودهم القومي،

وإن كانت قد سلبتهم أرض أجدادهم فقط. انهضوا بسرور أيها المبعدون،... سارعوا، إن هذه هي اللحظة المناسبة التي قد لا تتكرر لآلاف السنين للمطالبة باستعادة حقوقكم بين شعوب العالم، تلك الحقوق التي سلبت منكم لآلاف السنين وهي وجودكم السياسي كأمة بين الأمم، وحقكم الطبيعي المطلق في عبادة يهوه، طبقاً لعقيدتكم، علناً وإلى الأبد[1].

ودعا أرنست لاهران Ernest Lahranne الذي كان يعمل سكرتيراً خاصاً لنابليون، إلى البحث عن الوسائل الكفيلة بتثبيت الوجود الفرنسي في منطقة الشرق العربي، وذلك "بإعادة بناء الدولة اليهودية في فلسطين تحت الحماية الفرنسية". واقترح لاهران قيام فرنسا بتوطين اليهود في فلسطين بمؤازرة رجال البنوك والتجار اليهود في العالم. وأكد على الفوائد التي سوف تجنيها الدول الأوروبية من المشروع بقوله:

إن اتحاد اليهود من أجل شراء أرض أجدادهم القديمة سيسمح لليهود بأن تمد (أوروبا) حدودها من السويس إلى ميناء أزمير، بما في ذلك كامل المنطقة غربي جبال لبنان. وستسعى الصناعة الأوروبية يومياً إلى البحث عن أسواق جديدة تصرف فيها منتجاتها. والوقت أمامنا قصير، فقد آن الأوان لأن ندعو الأمم القديمة إلى الحياة من جديد كي تفتح طرقاً جديدة ومعابر للحضارة الأوروبية[2].

ولم يقتنع يهود فرنسا بتلك العروض ولم يرحبوا بها، لاقتناعهم في ذلك الوقت، بأن الإمبراطور الفرنسي نابليون، يريد استغلالهم في تنافسه مع بريطانيا على الشرق، لتحقيق مصالح خاصة له ولفرنسا، على حساب وجودهم بوصفهم مواطنين فرنسيين في موطنهم فرنسا.

وكذلك فعلت بريطانيا، في حضّ اليهود وحاخاماتهم على الذهاب إلى فلسطين. ولم يكن السبب حباً باليهود، بل من أجل التخلص منهم أولاً، واستغلالهم لتحقيق مصالحهم في الشرق، لأن فلسطين تمتاز بموقعها الجغرافي وسط الوطن العربي، وهي البوابة التي تربط بين آسيا وإفريقيا. ووجدت بريطانيا أن من مصلحتها فصل الجزء الآسيوي من الوطن العربي، عن الجزء الإفريقي، وخلق ظروف لا تسمح بتحقيق الوحدة بين الجزأين في المستقبل، وخاصة بعد محاولات محمد علي باشا توحيد بلاد الشام مع مصر (1832-1840) وإقامة دولة عربية - إسلامية واحدة، من خلال إرسال

قواته عن طريق فلسطين إلى سورية. ولهذا فإن من يريد إقامة دولة عربية موحدة، لا بد أن يأخذ بعين الاعتبار، موقع فلسطين الاستراتيجي في دولة الوحدة. وتذكر المصادر التاريخية المختلفة أن إبراهيم باشا خلال وجوده في بلاد الشام، كان يجاهر علناً بأنه ينوي إحياء القومية العربية وإعطاء العرب حقوقهم، وأنه من خلال مخاطبته لجنوده، كان يذكرهم بمآثر الأمتين العربية والإسلامية ومجدهما القديم، علماً بأنه كان من أصول ألبانية. وهذا يفسر سهولة فتح سورية من قبل الجيش المصري وترحيب الأهالي بهم، لاعتقادهم بأن الفتح المصري سيؤدي إلى تحرير العرب[3].

بدأت حملة إبراهيم باشا لتوحيد سورية ومصر سنة 1831، عن طريق فلسطين، فقد دخلت القوات المصرية مدينة خان يونس الفلسطينية ثم إلى غزة ويافا وحيفا، واستقبلها الفلسطينيون بالترحاب والحفاوة. وحاصر عكا وافتتحها، وهي المدينة التي فشل نابليون بونابرت قبل ثلاثة عقود باحتلالها. ومن الأسباب التي أسهمت في فتحها على يد الجيش المصري بقيادة إبراهيم باشا، ترحيب المواطنين فيها بالقوات المصرية، نظراً لأن الحملة المصرية سوف توحد فلسطين وبلاد الشام مع مصر[4].

ومن فلسطين انطلقت الحملة المصرية إلى دمشق، وبقية المدن السورية في أجواء الترحيب من قبل السوريين. واستتب الأمر في بلاد الشام مع توحدها مع مصر، ولكن الاستعمار الأوروبي الذي كان يخطط لتجزئة الوطن العربي، عمل منذ البداية على إفشال توحيد سورية الطبيعية مع مصر. وسعت بريطانيا، التي أبدت معارضتها الشديدة لقيام دولة الوحدة إلى حث الدولة العثمانية على محاربة الوجود المصري في الأراضي السورية، القريبة من الحدود التركية. وتولت بريطانيا تنفيذ تحطيم دولة الوحدة. ففي خريف سنة 1840 بدأ الأسطول البريطاني بضرب الثغور السورية تمهيداً لاحتلالها، فقصفت السفن البريطانية بمدافعها مدينة بيروت، واشتركت معها السفن الحربية النمساوية والتركية، ما أجبر القوات المصرية على التراجع إلى داخل الأراضي المصرية. وفي الواقع، فإن الهدف من حملة إبراهيم باشا على بلاد الشام، كان إقامة دولة عربية موحدة، وهو ما أشارت إليه وثيقة وضعها السفير البارون بوالكونت الذي أوفدته الحكومة الفرنسية في ذلك الوقت لدراسة خطط محمد علي باشا وسياسته. والتقى السفير الفرنسي بإبراهيم باشا بالقرب من طرطوس، وأجرى معه حديثاً مطولاً. وكتب السفير الفرنسي يقول:

إن إبراهيم باشا يجاهر علناً بأنه ينوي إحياء القومية العربية، وإعطاء العرب حقوقهم وإسناد المناصب إليهم سواء في الإدارة أو الجيش وأن يجعل منهم شعباً مستقلاً... وتتجلى فكرته هذه في منشوراته ومخاطباته لجنوده العرب في الحرب الأخيرة بسورية، فإنه لا يفتأ يذكرهم بمفاخر الأمة العربية ومجدها التالد... وقد قال لي إن أباه يحكم مصر والسودان وسورية والجزيرة العربية، ومن الواجب أن يضم العراق إلى حكمه، وهو في صلاته مع أهل البلاد يستخدم اللغة العربية ويعد نفسه عربياً.

ويقول السفير الفرنسي إن إبراهيم باشا كان ينتقد الأتراك باستمرار، وإن أحد جنوده "سأله بحرية واستغراب، كيف يطعن بالترك وهو منهم". وإن إبراهيم باشا أجابه قائلاً: "أنا لست تركياً، فإني جئت مصر صبياً، ومنذ ذاك الحين قد مصرتني شمسها وغيرت من دمي وجعلته دماً عربياً"[5].

وبعد فشل إبراهيم باشا في حملته على بلاد الشام، بسبب تدخل الاستعمار البريطاني ضده وضد والده محمد علي، وجه في آذار/ مارس 1840 البارون اليهودي اللورد روتشيلد Lord Rothschild خطاباً إلى بلمرستون Belmirston رئيس الوزراء البريطاني قال فيه:

إن هزيمة محمد علي وحصر نفوذه في مصر ليسا كافيين، لأن هناك قوة جذب متبادلة بين العرب، وهم يدركون أن عودة مجدهم القديم مرهونة بإمكانيات اتصالهم واتحادهم. إننا لو نظرنا إلى خريطة هذه البقعة من الأرض، فسوف نجد أن فلسطين هي الجسر الذي يوصل بين مصر وبقعة العرب في آسيا، وكانت فلسطين دائماً بوابة على الشرق. والحل الوحيد هو زرع قوة مختلفة على هذا الجسر في هذه البوابة لتكون هذه القوة بمثابة حاجز يمنع الخطر العربي ويحول دونه، وإن الهجرة اليهودية إلى فلسطين تستطيع أن تقوم بهذا الدور، وليست تلك خدمة لليهود يعودون بها إلى أرض الميعاد مصداقاً للعهد القديم فقط، ولكنها أيضاً خدمة للإمبراطورية البريطانية ومخططاتها، فليس مما يخدم الإمبراطورية أن تتكرر تجربة محمد علي، سواء بقيام دولة قوية في مصر، أو بقيام الاتصال بين مصر والعرب والآخرين[6].

وأرسل بالمرستون، نتيجة دعوة روتشيلد مذكرة، بتاريخ 1840/8/11، إلى سفيره في إسطنبول، شرح فيها الفوائد التي سوف يحصل عليها السلطان العثماني من تشجيع

هجرة اليهود إلى فلسطين. وقال: "إن عودة الشعب اليهودي إلى فلسطين بدعوة من السلطان وتحت حمايته تشكل سداً في وجه مخططات شريرة يعدها محمد علي أو من يخلفه وتحول دون تحقيق خطته الشريرة في المستقبل"[7].

هاتان الوثيقتان، الصادرتان عن أحد زعماء اليهود وعن رئيس الوزراء البريطاني، تظهران التقاء مصالح الطرفين في محاربة قيام دولة عربية موحدة، وأن ذلك لن يتم إلا من خلال إقامة دولة دخيلة لليهود في قلب المنطقة العربية. ما يثبت أن الهدف من إقامة الكيان الصهيوني في فلسطين لم يكن من أجل مصلحة اليهود فقط، بل من أجل المصالح الاستعمارية التي حاربت قيام الوحدة العربية منذ أيام محمد علي، وقبل أن يظهر الفكر القومي العربي بعشرات السنين.

وكتب هنري تشرشل Churchill Henry الضابط البريطاني في الشرق الأوسط، رسالة في سنة 1841، إلى موسى منتجيور Montegur Moses رئيس مجلس الممثلين اليهود في لندن، يحضه فيها على إثارة قيام وطن لليهود في فلسطين في الأوساط اليهودية بالتعاون مع الدول الأوروبية، وقال: "لا أستطيع أن أخفي عليك رغبتي الجامحة في أن أرى شعبك يحقق مرة أخرى وجوده بما هو شعب. إنني لا أعتقد أنه يمكن تحقيق الهدف بدقة، ولكن لا بد من توافر أمرين لا غنى عنهما، أولاً إن على اليهود أنفسهم أن يتحملوا الأمر على الصعيد العالمي وبالإجماع، ثانياً إن على القوى الأوروبية أن تساعدهم"[8].

وفي سنة 1845، اقترح إدوارد بتفورد Idward Betford من مكتب المستعمرات في لندن "إقامة دولة يهودية في فلسطين تكون تحت حماية بريطانيا العظمى، على أن ترفع الوصاية عنها بمجرد أن يصبح اليهود قادرين على الاعتناء بأنفسهم. وإن دولة يهودية ستضعنا في مركز القيادة في الشرق بحيث نتمكن من مراقبة عملية التوسع والسيطرة على أعدائنا والتصدي لهم عند الحاجة"[9].

واستمرت بريطانيا في التآمر على العرب، قبل مراسلات الشريف حسين مع هنري مكماهون Henry McMahon التي وعدت فيها باستقلال الأقطار العربية تحت زعامة أمير مكة، واتفاقية سايكس - بيكو Sykes-Picot Agreement مع فرنسا. فبعد التغيير الذي حدث في بريطانيا، سنة 1907 بسقوط حكومة المحافظين، ووصول حزب الأحرار للحكم برئاسة هنري كامبل بانرمان Henri-Cambel Benrman، الذي كان يدعم فكرة إنشاء جبهة استعمارية موحدة من بريطانيا وفرنسا وبلجيكا وهولندا والبرتغال

وإيطاليا وإسبانيا. شكل بانرمان لجنة أوروبية من أهم المؤرخين وكبار علماء الاجتماع والسياسة والجغرافيا والاقتصاد. وحدد في خطابه الموجه لأعضاء اللجنة مهماتها، وقال إن الإمبراطوريات تتكون وتتسع وتتقوى ثم تستقر إلى حد ما ثم تنحل وتزول. وخاطب المجتمعين:

هل لديكم أسباب أو وسائل يمكن أن تحول دون سقوط الاستعمار الأوروبي وانهياره أو تؤخر مصيره؟ وقد بلغ الآن الذروة وأصبحت أوروبا قارة قديمة استنفدت مواردها وشاخت معالمها، بينما لا يزال العالم الآخر في صرح شبابه يتطلع إلى مزيد من العلم والتنظيم والرفاهية. هذه مهمتكم أيها السادة، وعلى نجاحها يتوقف رخاؤنا وسيطرتنا.

وتحددت مهام اللجنة بمهمة رئيسية وهي: اقتراح الوسائل التي تمنع سقوط الإمبراطوريات الاستعمارية الأوروبية القائمة وقتذاك، وحماية المصالح الغربية.

وبعد اجتماعات طويلة، خرج المؤتمرون بخطة عمل للمستقبل - أوصوا بها وضمنوها تقريراً قدموه إلى وزارة الخارجية التي أحالته بعد دراسته على وزارة المستعمرات ورئيس الوزراء البريطاني بانرمان. واشتمل التقرير على مقدمة تسرد الأحداث التاريخية الهامة وتقارنها مع بعضها وتستخلص منها العبر والنتائج. وانتقل التقرير بعد ذلك إلى الحديث عن البحر المتوسط، فركز اهتمامه عليه لكونه حيوياً لسائر الدول الأوروبية، ولأنه الشريان الحيوي للاستعمار عبر العصور، والجسر الذي يربط بين الشرق والغرب، وملتقى الطرق التجارية الدولية. وخلص التقرير إلى التأكيد على أن من يسيطر على البحر المتوسط يستطيع أن يتحكم بالعالم. واستعرض التقرير الأخطار التي تهدد الدول الاستعمارية الأوروبية إذا خرجت من مستعمراتها. وأجمع المؤتمرون على أن مصير تلك المستعمرات هو الارتباط بالدول الاستعمارية الأوروبية ولو اقتصادياً وثقافياً، إذا استحال ارتباطها السياسي والعسكري نتيجة حصولها على الاستقلال في يوم ما[10].

وتوصل التقرير إلى أن منابع الخطر التي تهدد المصالح الاستعمارية تكمن في منطقة البحر المتوسط، بسبب موقعه بين الغرب والشرق، ولأنه نشأت على شواطئه الجنوبية والشرقية موانئ مهمة (الرباط وغزة ومرسين وأضنة)، كما تضم قناة السويس شريان الحياة لأوروبا والطريق إلى الهند والمستعمرات الأوروبية في الشرق. وحلل التقرير سكان المنطقة العرب البالغ عددهم في ذلك الوقت 35 مليون نسمة، ووصفهم

بأنهم شعب واحد تتوافر فيه وحدة التاريخ والدين واللغة والثقافة والآمال وجميع مقومات الاتحاد والترابط، وأسباب القوة والتحرر والنهوض نتيجة لنزعاته التحررية وثرواته الطبيعية وموارده البشرية المتزايدة. وطرح التقرير التساؤلات التالية:

1. كيف يمكن أن يكون وضع هذه المنطقة العربية إذا توحدت فعلاً، وإذا أخذت هذه القوة كلها اتجاهاً واحداً؟.
2. ماذا تكون النتيجة حين تدخل الوسائل الفنية الحديثة ومكتسبات الثورة الصناعية الأوروبية إلى هذه المنطقة؟.
3. ماذا يحدث لو انتشر التعليم وعمت الثقافة في أوساط هذا الشعب؟.
4. ما هو مصير هذه المنطقة إذا تحررت وتمكن أبناؤها من استغلال ثرواتها الطبيعية لمصلحتهم؟.

ويجيب التقرير عن تلك التساؤلات بأنه ستحل ضربة قاضية على المصالح الاستعمارية إذا تحققت تلك التساؤلات، وتضمحل الإمبراطوريات الاستعمارية وتنهار كما انهارت إمبراطوريات الرومان والإغريق وغيرهم من قبل. وبحث التقرير في الوسائل التي على الدول الأوروبية اللجوء إليها لمنع حدوث ذلك، فدعا الدول الأوروبية إلى العمل على "استمرار وضع هذه المنطقة المجزأة المتأخرة، وإلى إبقاء شعبها على ما هو عليه من تفكك وجهل وتناحر". وأوصى التقرير بمحاربة اتحاد الجماهير العربية أو ارتباطها بأي نوع من أنواع الارتباط الفكري أو الروحي أو التاريخي، وبضرورة إيجاد الوسائل العلمية القوية لفصل بعضها عن بعض. واقترح التقرير لدرء الخطر عن المصالح الاستعمارية في المنطقة العربية "العمل على فصل الجزء الأفريقي من هذه المنطقة عن الجزء الآسيوي، بإقامة حاجز بشري قوي وغريب على الجسر البري الذي يربط آسيا بأفريقيا وربطهما معاً بالبحر المتوسط، بحيث يشكل في هذه المنطقة، وعلى مقربة من قناة السويس قوة صديقة للاستعمار وعدوة لسكان المنطقة"[11].

وهذا يدل على أن زرع جسم غريب "إسرائيل" في الجسر الذي يربط بين آسيا العربية وأفريقيا العربية، وتجزئة المنطقة العربية، هما هدفان رئيسيان للاستعمار الأوروبي في الوطن العربي منذ فترة طويلة.

وعلى الرغم من عدم اعتراف بريطانيا رسمياً بما جاء في وثيقة بانرمان، إلا أن ممارساتها وسياستها في المنطقة أظهرت صحة التقرير. وكذلك الرسالة التي أرسلها حاييم وايزمن Chaim Weizman إلى سكوت S.P Scott رئيس صحيفة المانشستر

غارديــان البريطانية في تشرين الثاني/ نوفمبر 1914، التي يقول فيها: "إننا نســتطيع أن نقول إنه إذا ما وقعت فلســطين داخل منطقة النفوذ البريطاني، ثم شجعت بريطانيا على استيطان اليهود في فلسطين، فإن هؤلاء اليهود سيطورون هذا الفكر ويكونون حراساً فعليين لحماية قناة السويس"[12].

وتوضح وثيقة بانرمان المخطط البريطاني للمحافظة على مصالحها في المنطقة، وبما أن تلك المصالح تتعارض مع إقامة الوحدة العربية، لأن هاجس الدبلوماسية البريطانية كان الخوف من (اتحاد الجماهير العربية)، فالحل -من وجهة نظر الاستعمار البريطاني- خلق دولة دخيلة في قلب الوطن العربي، تكون عندها المقدرة على القيام بدور تخريبي ضد أي وحدة عربية تقام في المستقبل وتعمل على استمرار التجزئة في الوطن العربي.

وما حدث في فلسطين منذ قيام "إسرائيل" وممارساتها ضد العرب والمسلمين، يثبت صحة ما جاء في الوثيقة البريطانية. وما يدعم تلك الوثيقة، الرسالة التي أرسلها أحد الصهاينة إلى المستشرق اليهودي النمساوي د. ولفخانغ. ف. أرست سنة 1937، وجاء فيها:

> إن الدافع الحقيقي الخطير للصراع من أجل الأرض المقدسة، هو قبل كل شيء، وبعد كل شيء مستقبل موقعها الاستراتيجي، فإذا جمعت فلسطين ومصر في دولة واحدة، فسوف تضم هذه الدولة (25 مليون مسلم)، وسوف تسيطر حينئذ على قناة السويس وطريق الهند، أما إذا بقيت فلسطين مستقلة وأقيمت على أراضيها دولة يهودية، فسوف تكون عندئذ عائقاً دون تشكيل هذه الدولة العربية الكبرى حتى لو اتحدت عدة دول عربية في تشكيلها، وستقوم هذه الدولة الدخيلة التي تبلغ مساحتها (100 ألف كيلومتر مربع) على جانبي الأردن وستنصب نفسها حامية لكل دولة من هذه الدول العربية ضد الأخرى، وسوف تعمل على حماية سورية الفقيرة من التسلط المصري الذي سيكون من دونها أمراً لا مفر منه. وسوف تعمل على حماية مصر المطمئنة الهادئة من اجتياح الوهابيين المحاربين الأشداء. وإن تحقيق الهدوء في منطقة قناة السويس رهين ببقاء فلسطين في وضع محايد وأن يجعل منها سويسرا ثانية على مفترق القارات الثلاث. وسيقابل هذا الحياد من جانب آخر توسيع الاستيطان اليهودي لأن اليهود وحدهم الذين سيتحمسون لهذا الحياد. أما العرب المسلمون فسوف يظلون متحمسين لقيام دولة كبرى[13].

وكذلك ما جاء في تقرير الزعيم الصهيوني البريطاني هربرت صموئيل Herbert Samuel إلى حكومته قبل نهاية الحرب العالمية الأولى، إذ عرض عليها إقامة مشروع تأسيس دولة يهودية تحت إشرافها، واستعمل العبارة نفسها التي جاءت في توصية لجنة بانرمان، إذ قال صموئيل: "فنكون بذلك قد أوجدنا بجوار مصر وقناة السويس دولة جديدة وموالية لبريطانيا"[14].

وما جاء في نص التقرير، الذي كتبه مؤسس الحركة الصهيونية، ثيودور هرتزل Theodore Herzel: "وسنكون هناك جزءاً من الحاجز الذي يحمي أوروبا في آسيا، سنكون مخفراً أمامياً للحضارة في وجه الهمجية، يتوجب علينا كدولة محايدة أن نبقى على اتصال مع كل أوروبا التي سيكون عليها ضمان وجودنا"[15].

ومن جهة أخرى، فقد أنكر بعض المستشرقين والمستعربين البريطانيين عروبة فلسطين والفلسطينيين، حسب ما جاء في كتاب شارل وارن Charles Waren (أرض الميعاد) الصادر في لندن سنة 1875. وصدر كتاب رسمي باسم الحكومة البريطانية عشية الحرب العالمية الأولى وصف الفلسطينيين بأنهم "ليسوا عرباً ولكنهم يتكلمون العربية". كما قال لويد جورج Lioyd George رئيس الحكومة البريطانية في ذلك الوقت بأن "عرب فلسطين ليسوا من عرب العراق وسورية والجزيرة العربية"[16].

واستمر الموقف الاستعماري البريطاني والفرنسي المؤيد لتجزئة المشرق العربي من خلال اتفاقية سايكس - بيكو في نيسان/ أبريل 1916، التي جزأت بلاد الشام وأعطت الفرصة لاقتطاع فلسطين تمهيداً لقيام دولة يهودية فيها، وكذلك من خلال موقفهما من الحركة الصهيونية. فقد أصدرت فرنسا وعداً مؤيداً للمشروع الصهيوني في فلسطين، قبل أشهر من صدور وعد بلفور البريطاني. وجاء هذا الوعد، بعد اتصالات مكثفة قام بها ناحوم سوكولوف Sokolov Nahum، أحد زعماء الحركة الصهيونية وممثلها في باريس، مع رئيس وزراء فرنسا ريبو Ribot، وسكرتير عام وزارة الخارجية الفرنسية جول كامبو Jules Cambon. وشرح المسؤول الصهيوني مطالب الحركة الصهيونية من فرنسا، وطالب بأن تصدر الحكومة الفرنسية بياناً كتابياً، تعبر فيه عن عطفها على أهداف الحركة الصهيونية، في ما يتعلق بقيام "دولة يهودية في فلسطين". وأرسلت وزارة الخارجية الفرنسية رسالة موقعة من قبل سكرتير الخارجية كامبو، في الرابع من حزيران/ يونيو 1917 (قبل خمسة أشهر من صدور وعد بلفور) وفيها إعلان صريح من جانب الحكومة

الفرنسية، تعبر فيه عن تعاطفها مع المشروع الصهيوني في فلسطين، ومما جاء في الرسالة الفرنسية الموجهة لسوكولوف:

لقد تفضلتم بتقديم المشروع الذي تكرسون جهودكم له، والذي يهدف إلى تنمية الاستعمار اليهودي في فلسطين، وإذا توافر ضمان استقلال الأماكن المقدسة من ناحية أخرى، فإن المساعدة التي تقدمها الدول المتحالفة (فرنسا) من أجل بعث القومية اليهودية في تلك البلاد، التي نفي منها شعب إسرائيل منذ قرون عديدة، ستكون عملاً ينطوي على العدالة والتعويض. إن الحكومة الفرنسية التي دخلت الحرب، هذه الحرب الحالية للدفاع عن شعب هوجم ظلماً، والتي لا تزال تواصل النضال لضمان انتصار الحق على القوة، لا يسعها إلا أن تشعر بالعطف على قضيتكم التي يرتبط انتصارها بانتصار الحلفاء، إنني سعيد لإعطائك مثل هذا التأكيد.[17]

ويشبه التصريح الفرنسي للحركة الصهيونية، إلى حد كبير وعد بلفور البريطاني الصادر بتاريخ 1917/11/2، الذي أعلنت فيه بريطانيا تأييدها إقامة وطن قومي يهودي في فلسطين، في الوقت الذي لم يذكر فيه اسم العرب، بل سمّاهم "الطوائف غير اليهودية المقيمة في فلسطين".

واهتمت ألمانيا، هي الأخرى بإقامة وطن لليهود في فلسطين، من أجل حماية المصالح الأوروبية في الشرق الأوسط، وليكون حاجزاً يفصل مصر عن سورية. ففي الربع الأخير من القرن التاسع عشر نشر مولتكه Moltke الضابط في الحرس الملكي البروسي عدة دراسات بعنوان "ألمانيا وفلسطين" دعا فيها إلى إنشاء "مملكة القدس" من أجل تحويل فلسطين إلى "مركز متقدم للحضارة الأوروبية" كي تصبح أنموذجاً اقتصادياً متطوراً يحتذى به في المنطقة بأسرها. وأشار مولتكه في مشروعه إلى أهمية قيام هذا المركز الاستيطاني في فلسطين كي يشكل منطقة واقية تفصل بين مصر وسورية، ويحمي المصالح الغربية من أي خطر يتهددها.[18]

وأما الولايات المتحدة الأمريكية، فقد لعبت الصهيونية المسيحية الأمريكية دوراً مهماً في الحصول على التأييد الأمريكي للمشروع الصهيوني في فلسطين، بسبب انتشار المذهب البروتستانتي Protestant فيها، الذي يعتقد بأن مجيء المسيح المنتظر يجب أن يسبقه قيام الدولة اليهودية في فلسطين. ولهذا، فقد دعا أحد كبار القساوسة البروتستانت، القس جون ماكدونالد John McDonald سنة 1814، الحكومة

الأمريكية إلى تبني أفكاره بعودة اليهود إلى فلسطين، وقال: "يا سفراء أمريكا، انهضوا لحمل أنباء السعادة والخلاص لليهود الذين يعودون إلى أرض صهيون"[19].

كما دعا القس ويليام بلاكستون Willyam Blakiston في كتابه "عيسى قادم" الذي نشره سنة 1878، الصهيونية إلى "الاستعادة الأبدية لأرض كنعان من قبل الشعب اليهودي، وتسهيل عودتهم إلى فلسطين". وقاد بلاكستون حملة على مستوى الولايات المتحدة للتوقيع على عريضة لتأييد الهجرة اليهودية إلى فلسطين وإقامة دولتهم فيها، وقدمت العريضة للرئيس الأمريكي بنجامين هاريسون Benjamin Herrison، وطالبه باستخدام مساعيه ونفوذه لتحقيق مطالب اليهود في فلسطين[20].

وزاد الاهتمام الرسمي الأمريكي بالمشروع الصهيوني، منذ منتصف القرن الـ 19، على أثر فتح قنصلية أمريكية في القدس سنة 1844، وتعيين وردر كريسون Worder Kryson أول قنصل أمريكي في المدينة المقدسة، الذي اعتنق الديانة اليهودية وتزوج يهودية. إذ لعب القنصل الأمريكي دوراً كبيراً في إنشاء المستعمرات اليهودية وتسهيل هجرة اليهود، وإعطاء اليهود الروس تأشيرات ووثائق لتسهيل وصولهم إلى فلسطين. وبدأت الصهيونية الأمريكية بتنظيم النشاط السياسي لليهود في الولايات المتحدة عن طريق تأسيس منظمات صهيونية كمنظمة أبناء العهد واللجنة اليهودية الأمريكية والمنظمة الصهيونية الأمريكية التي أصدرت أول مجلة صهيونية أمريكية باللغة الإنجليزية سنة 1901، وأنشأت معاهد صهيونية، نشطت لمصلحة الصندوق القومي اليهودي. وقررت جميع تلك المنظمات بالاندماج سنة 1917 تحت اسم "اتحاد الصهيونيين الأمريكيين" وعين القاضي لويس برانديس Brandis Louis رئيساً فخرياً لها. وخلال انعقاد مؤتمر الصلح في باريس سنة 1919، وعلى الرغم من أن الرئيس الأمريكي وودرو ويلسون Woodraw Wilson كان من أنصار "حق تقرير المصير للشعوب" التي كانت خاضعة للاستعمار، إلا أن زعيم الحركة الصهيونية وايزمان، استطاع إقناع الوفد الأمريكي بالموافقة على إقامة وطن قومي لليهود في فلسطين، وإصدار مسودة مشروع أمريكي في 1919/2/12 جاء فيه:

1. إقامة دولة يهودية منفصلة في فلسطين.

2. وضع فلسطين تحت الانتداب البريطاني بعد موافقة عصبة الأمم.

3. دعوة اليهود للعودة إلى فلسطين والإقامة فيها.

4. وضع الأماكن المقدسة في فلسطين تحت حماية عصبة الأمم[21].

وتطور الموقف الأمريكي على أثر انعقاد مؤتمر بلتيمور Biltmore الصهيوني الذي انعقد في نيويورك في الفترة ما بين 9-1942/5/11، واتخاذه القرارات التالية:

1. يدعو المؤتمر لتحقيق الهدف النهائي لوعد آرثر بلفور وصك الانتداب، وهو الاعتراف بعلاقة الشعب اليهودي التاريخية بفلسطين، وإتاحة الفرصة له، كما صرح الرئيس الأمريكي ويلسون، لإنشاء كومنولث يهودي في فلسطين.
2. الاعتراف بحق اليهود في القيام بدورهم الكامل في المجهود الحربي وفي الدفاع عن "بلدهم" بوساطة يهودية - تحارب تحت علمها الخاص في فلسطين.
3. يعلن المؤتمر أن نظام العالم الجديد الذي لا يمكن إنشاؤه على أساس السلام والعدالة والمساواة ما لم تحل مشكلة التشرد اليهودي حلاً نهائياً.
4. يطالب المؤتمر بفتح أبواب فلسطين أمام الهجرة اليهودية، وأن تعطى الوكالة اليهودية، سلطة الإشراف على الهجرة اليهودية إلى فلسطين[22].

وتحققت للحركة الصهيونية ما كانت تطمح إليه في عهد الرئيس الأمريكي هاري ترومان Truman Harry، إذ أعلن موافقته الكاملة على إقامة دولة يهودية في فلسطين بالتنسيق مع بريطانيا، وفتح باب الهجرة اليهودية. كما أيد الكونغرس الأمريكي في جلسته بتاريخ 1945/12/17 سياسة الرئيس ترومان، وأعلن:

> أن الولايات المتحدة تحبذ إنشاء وطن قومي لليهود في فلسطين، لأن اضطهاد اليهود المجرد من الرحمة في أوروبا أوضح الحاجة إلى وطن لهم. وحيث إن الرئيس أيد هذه الحاجة بالسماح لمئة ألف يهودي بالدخول إلى فلسطين، وإن تدفق اليهود إلى فلسطين قد أدى إلى تحسين أحوالها، وبما أن الرئيس ترومان ورئيس الوزراء البريطاني كلمنت أتللي Clement Attlee قد اتفقا على تشكيل لجنة تحقيق، لذلك فإن المجلس الممثل للأمة (مجلسي النواب والشيوخ) يقرر بالإجماع أن الاهتمام الذي أبداه الرئيس في حل هذه المشكلة، كان في محله، وأن الولايات المتحدة سوف تسعى لدى الدولة المنتدبة لجعل فلسطين مفتوحة لدخول اليهود بحرية إلى ذلك البلد (فلسطين) إلى أقصى قدرته[23].

ويلاحظ أن الاستراتيجية الأوروبية الاستعمارية، في تأييد قيام "إسرائيل" وتجزئة الوطن العربي، التقت مع الاستراتيجية الأمريكية حالياً، التي تريد تجزئة الوطن العربي من خلال المشاريع الشرق أوسطية التي تقترحها، لتفتيت الوطن العربي. ومع السياسة التي

تتبعها في دعم "إسرائيل"، لتقوم بالدور نفسه الذي أرادته فرنسا وبريطانيا لـ"إسرائيل"، والذي تقوم به أيضاً في العراق بعد احتلاله، تمهيداً لتجزئته إلى طوائف وقوميات. وإذا كان رئيس وزراء بريطانيا بالمرستون، قد طالب في منتصف القرن التاسع عشر بخلق دولة دخيلة في المنطقة، لتبقى الدول العربية مجزأة، فإن الرئيس الأمريكي جورج بوش George Bush الابن، دعا إلى إقامة الشرق الأوسط الكبير في مطلع القرن الحادي والعشرين، لإدخال "إسرائيل" في المنطقة بدلاً من إقامة الوحدة العربية. كما كان بريجنسكي Zbigniew Brzezinski، مستشار الأمن القومي الأمريكي السابق في عهد الرئيس جيمي كارتر Jimmy Carter، قد تحدث صراحة في كتابه "بين جيلين" عن ضرورة استمرار الوطن العربي مجزأ، ودعا إلى خلق عوامل جديدة لبث الفتنة والخلافات بين الأقطار العربية، من أجل أن يبقى الكيان الصهيوني بشكل طبيعي في قلب الوطن العربي. ووصف "سكان الدول العربية بأنهم عبارة عن جماعات عرقية ودينية مختلفة" وقال: "إن الشرق الأوسط مكون من جماعات عرقية ودينية مختلفة يجمعها إطار إقليمي". ورأى أن سكان مصر غير عرب، بينما سكان سورية هم فقط العرب. ولهذا، حسب تصوره، فإن منطقة الشرق الأوسط سوف تتحول "إلى كانتونات تضم جماعات عرقية ودينية مختلفة على أساس مبدأ الدولة والأمة. وهذا سيسمح لكانتون إسرائيل أن يعيش في المنطقة بعد أن تصفى فكرة القومية العربية التي تمثل أكبر تحد للوجود الإسرائيلي"[24].

ونظراً لأهمية "إسرائيل" للاستعمار والإمبريالية، فقد هددت الولايات المتحدة باستعمال السلاح النووي لصالح "إسرائيل" خلال حرب 1973 إذا تعرضت للخطر. وكان التهديد النووي الأمريكي الوحيد، منذ ضرب هيروشيما وناغازاكي بالقنابل النووية الأمريكية سنة 1945. كما أن الصراع العربي - الصهيوني هو الذي أدى إلى استعمال سلاح النفط الذي أثر في الاقتصاد العالمي، ما يدل على ارتباط النفط بالصراع في الشرق الأوسط. وكانت القضية الفلسطينية أكثر القضايا الدولية التي بحثت في أروقة المنظمات الدولية خلال النصف قرن الماضي.

واستمر التأييد الأمريكي لـ"إسرائيل" بعد قيامها، إلى حد تطابق المشاريع الأمريكية في الشرق الأوسط مع المشاريع الإسرائيلية. كما أن المخططات الأمريكية لم تكن موجهة فقط لتفتيت الوطن العربي، بل العالم الإسلامي أيضاً، من شبه القارة الهندية إلى المغرب

العربي. وظهر ذلك، في المشروع الذي اقترحه الأمريكي الصهيوني برنارد لويس Bernard Lewis ونشره في مجلة Executive Intelligent Research Project التي تصدرها وزارة الدفاع الأمريكية -البنتاغون- واقترح فيها "تقسيم الشرق إلى أكثر من ثلاثين دويلة إثنية ومذهبية" لحماية المصالح الأمريكية و"إسرائيل"، حسب المخطط التالي:

1. ضم إقليم بلوشستان الباكستاني إلى مناطق البلوش المجاورة في إيران، وإقامة دولة بلوشستان.

2. ضم الإقليم الشمالي الغربي من الباكستان إلى مناطق البوشتونيين في أفغانستان، وإقامة دولة بوشتونستان.

3. توحيد المناطق الكردية في إيران والعراق وتركيا، في دولة واحدة للأكراد وإقامة دولة كردستان.

4. تجزئة إيران إلى عدة دول:

   أ. دولة إيرانستان.

   ب. دولة أذربيجان.

   ج. دولة تركمانستان.

   د. دولة عربستان.

5. تجزئة العراق إلى ثلاث دول:

   أ. دولة كردية في الشمال.

   ب. دولة سنية عربية في الوسط.

   ج. دولة شيعية في الجنوب.

6. تجزئة سورية إلى ثلاث دول:

   أ. دولة درزية.

   ب. دولة علوية.

   ج. دولة سنية.

7. تقسيم الأردن إلى كيانين:

   أ. أحدهما للبدو.

   ب. والآخر للفلسطينيين.

8. تجزئة المملكة العربية السعودية إلى عدة دويلات وإمارات وتصبح كبقية إمارات ودول الخليج العربي، وإعادتها إلى ما كانت عليه قبل إنشاء المملكة سنة 1933.

9. يعاد النظر في لبنان، وتجزئته إلى:

أ. دويلة مسيحية.

ب. ودويلة شيعية.

ج. ودويلة سنية.

د. ودويلة درزية.

هـ. ودويلة علوية.

10. تقسيم مصر إلى دولتين على الأقل:

أ. واحدة إسلامية.

ب. والثانية قبطية.

11. فصل جنوب السودان عن شماله، لتقام فيه:

أ. دولة زنجية مستقلة في الجنوب.

ب. ودولة عربية في الشمال.

12. توحيد البربر في المغرب العربي في دولة واحدة.

13. تجزئة موريتانيا إلى دولتين، دولة عربية ودولة زنجية[25].

ويعترف برنارد لويس، بأن هذا المخطط سوف يخدم الإسرائيليين لأن تلك الدويلات والكيانات "لن تكون فقط غير قادرة على أن تتحد، بل سوف تشلها خلافات لا انتهاء لها على مسائل الحدود والطرقات والمياه، والنفط، ووراثة الحكم، ... إلخ. ونظراً لأن كل كيان من هذه الكيانات سيكون أضعف من إسرائيل، فإن هذه ستضمن تفوقها لمدة نصف قرن على الأقل"!

وما يحدث في العراق، له علاقة مباشرة بالمخططات الأمريكية والإسرائيلية في تجزئة الأقطار العربية خدمة لمصالحهما المشتركة. لأن الاستراتيجية الأمريكية - الإسرائيلية تتعامل مع الوطن العربي على أساس أنه لا يشكل وحدة واحدة في انتماءاته وحضارته وعروبته، ولا بد من العمل الدائم لتفتيته وتجزئته[26].

المبحث الثاني: الموقف الصهيوني والإسرائيلي من العرب:

لا شك أن البيئة الأوروبية قد أثرت في الأيديولوجية الصهيوينة وموقفها من العرب، كما أن موقف "إسرائيل" المعادي للعرب والمسلمين، مرتبط بموقف الحركة الصهيونية من العرب منذ نهاية القرن التاسع عشر حتى وقتنا الحالي. ولقد تأثرت الأيديولوجية الصهيونية منذ بداية ظهورها في أوروبا، بعاملين أساسيين: الأول، الفكر القومي الاستعماري العنصري الأوروبي الذي كان سائداً في القرن الـ 19 في أوروبا. والثاني، التراث الديني والتاريخي لليهود المأخوذ عن الكتب المقدسة اليهودية وقصص ملوك بني "إسرائيل".

العامل الأول: نشأت الأيديولوجية الصهيونية في أوروبا، في الوقت الذي ظهرت فيه الفلسفة العنصرية عند العرق الآري في بعض الدول الأوروبية مثل ألمانيا، ضد الشعوب الأوروبية والأمم الأخرى. ولهذا فقد تأثر زعماء الحركة الصهيونية بتلك الفلسفة وبمدرسة الإصلاح الاستعماري في أوروبا التي كانت تدعو إلى تهجير الأوروبيين البيض إلى أفريقيا وآسيا، حيث أيد الزعيم الصهيوني ماكس نوردو Max Nordau تلك المدرسة، وطالب بنقل العاطلين عن العمل إلى المستعمرات الجديدة، للعمل في الزراعة بدلاً من أصحابها الأصليين الذين سماهم "العناصر المنحطة" من أجل التخلص من مشكلة البطالة في أوروبا. وهذه السياسة هي السياسة نفسها التي سارت عليها الحركة الصهيونية في ما بعد، حيث دعت إلى اتباع الأسلوب الاستعماري الأوروبي نفسه في فلسطين، من أجل أن يحل: "العنصر المتقدم حضارياً في السيادة على العنصر الأقل تقدماً"[27].

وأوحت الحركة الصهيونية للأوروبيين بأنها قادرة على تمدين السكان الأصليين في فلسطين من خلال إرسال المستوطنين اليهود الأوروبيين إليها، وبأن الإنسان اليهودي الأوروبي هو أفضل وأكثر قدرة على العمل من الإنسان الفلسطيني الذي صورته على أنه "متخلف" غير قادر على العمل، وأنه لا يرتبط بالأرض، لأنه يعيش حياة البداوة المتنقلة في الصحراء.

ولوحظ في كتابات الرواد الأوائل للصهيونية، الذين قدموا إلى فلسطين من أوروبا، تركيزهم على الفروق الشاسعة بين اليهودي "المتحضر" الذي يريد أن يطور فلسطين

المتخلفة، والعربي "المتوحش" الذي يعيش خارج عصره بطريقة بدائية. فقد دعا زعيم الحركة الصهيونية ثيودور هرتزل، الذي لم يأت على ذكر العرب في كتابه الدولة اليهودية ولا مرة واحدة، إلى نقل الحضارة الغربية إلى الشرق الأوسـط، عن طريق إقامة وطن لليهود القادمين من أوروبا في فلسطين. حيث قدم اليهود أنفسهم على أساس تفوقهم العرقي على العرب، كما هو الأوروبي متفوق على الشعوب الأخرى، وقال هرتزل: "إن قيام دولة صهيونية في فلسطين، يشكل عنصراً أساسياً ومهماً من عناصر مواجهة الروح الوحشية بأشكالها المختلفة السائدة في آسيا ومقاومتها"[28].

أما ديفيد بن غوريون David Ben-Gurion، أول رئيس وزراء إسرائيلي، الذي فضل الذهاب إلى تركيا سنة 1911 لدراسة اللغة التركية بدلاً من دراسة اللغة العربية، فقد ادعى أن فلسطين خالية من السكان، وأن القلة التي تعيش فيها متخلفة، وقد أسهمت في تخلف فلسطين. كما انتقد الحضارة والتراث العربي، ورأى أن قيام دولة يهودية سوف يساعد على نقل الحضارة الغربية إلى المنطقة، وقال: "إن ثقتي ببني جنسي تجعلني أقول بأن الأثر الحقير والمخزي للتراث العربي لن يستمر إلى الأبد، وأن العرب حولوا بلداً مزدهراً ومأهولاً بالسكان إلى صحراء"[29].

العامل الثاني: التراث الديني والتاريخي لليهود، حيث استند مفكروا الحركة الصهيونية وزعماؤها في نظرتهم العنصرية وتفوقهم على الأمم الأخرى، إلى الأصول التوراتية الدينية، المؤيدة لمعتقداتهم في تفوقهم على الآخرين. فمن اعتقادهم بأنهم "شعب الله المختار" و"أنا الرب إلهكم الذي ميزكم عن الشعوب" إلى ما جاء في التلمود "يا معشر اليهود إنكم أنتم البشر، أما الشعوب الأخرى فليسوا من البشر في شيء إذ إن نفوسهم آتية من روح بخسة، أما نفوس اليهود فمصدرها روح الله المقدسة، الشعب اليهودي جدير بحياة الخلود"[30].

وكذلك ما جاء على لسان اليهود في مكان آخر في التلمود: "نحن شعب الله في الأرض، سخر الله لنا الحيوان الإنساني، سخرهم لنا لأنه يعلم أننا نحتاج إلى نوعين من الحيوان، نوع كالدواب والأنعام والطير ونوع كسائر الأمم من أهل الشرق والغرب، إن اليهود من عنصر الله كالولد من عنصر أبيه"[31].

وهـذا الإحسـاس عنـد اليهـود، جعلهـم يشـعرون بالتفـوق عـلى الشـعوب الأخـرى، ولهذا فإنهـم ينظـرون إلى كل مـن هـو غـير يهـودي (الأغيـار) نظـرة احتقـار وكراهيـة، مسـتغلين

بذلك ما جاء في كتبهم المقدسة من أقاويل وأساطير. وفي الوقت نفسه، فإنهم يتهمون الأمم الأخرى التي تعاديهم بأنهم لاساميون وعنصريون. وما جاء في الكتب المقدسة اليهودية أثر في تكوين الشخصية العربية في الفكر الصهيوني. وظهر العرب على أساس أنهم أقل أهمية من اليهود، وأنهم "جبناء ومتوحشون وقتلة ويخونون الأمانة"، وغير ذلك من الصفات غير الحميدة. وهذه الشخصية تولدت وتأثرت بالتراث التوراتي والديني لليهود عن الشعوب الأخرى ومن ضمنها العرب.

من هذه الخلفية الدينية العنصرية، ومن ظروف النهوض القومي العنصري والاستيطاني في أوروبا، بنت الحركة الصهيونية أيديولوجيتها، ومارستها ضد العرب. ولقد اعترفت معظم دول العالم بعنصرية الحركة الصهيونية، عندما وافقت الجمعية العامة للأمم المتحدة في دورتها الثلاثين سنة 1975، على اعتبار أن "الصهيونية هي شكل من أشكال العنصرية والتمييز العنصري"، قبل أن يلغى القرار في سنة 1993، بعد البدء بمسيرة التسوية في الشرق الأوسط.

وهكذا نرى أن الحركة الصهيونية و"إسرائيل"، تعتقدان بأن اليهود مميزون عن سائر البشر، وأن هذا التمييز ليس من صنع البشر، بل هو من صنع الرب، وأن على (الغوييم) أن يخضعوا في النهاية لإرادة ورغبة الخالق، كما أن وجود اليهود في فلسطين هو حق لهم، بناء على هبة من الرب. وهذا يعني حسب معتقداتهم الدينية -بغض النظر عن مدى صحتها- أن على الآخرين الأقل حضارة أن يعملوا على تنفيذ الإرادة الإلهية، بخدمة اليهود وأهدافهم. وهذا الموقف موجه إلى كل من هو غير يهودي. وأما العرب، فإن الموقف الصهيوني والإسرائيلي ضدهم، يتضاعف في تطرفه وعدوانيته. ويقول الدكتور عبد الوهاب المسيري، أستاذ الأدب الإنكليزي والمقارن، والمتخصص في الفكر الصهيوني، إن الصهيونية تعدُّ العربي ممثلاً للأغيار في الماضي والحاضر، وإن الأغيار وصفوا في الأدبيات الصهيونية بأنهم: "ذئاب، قتلة، متربصون باليهود، معادون أزليون للسامية"[32].

ويعود سبب ذلك إلى أن العرب يشكلون النقيض الرئيسي للمخطط الصهيوني في فلسطين. ولهذا فقد بنى الفكر الصهيوني والإسرائيلي موقفاً متشدداً وعدوانياً من العرب، حيث قاما بتشويه سمعة العرب بشتى الوسائل، من أجل خلق حقائق إسرائيلية ودولية، تخدم مصالح "إسرائيل". وفرض الصراع العربي الإسرائيلي نفسه على

المفكرين الإسرائيليين، الذين كتبوا عن الشخصية العربية، بطريقة غير موضوعية، مستندين أيضاً إلى المأثور الديني والتاريخي في الكتب المقدسة اليهودية. ولم يكن الفكر الصهيوني فقط هو الذي شوه صورة العرب، بل إن السياسيين وزعماء الحركة الصهيونية و"إسرائيل" لهم آراء عنصرية وعدوانية أيضاً ضد العرب، مبنية على ما جاء في التوراة والتلمود ضد من هو غير يهودي[33].

ومن أسباب عدوانية الإسرائيليين تجاه العرب أيضاً، تمجيد الصهيونية للروح العدوانية والقسوة والقوة، كمثل أعلى في الفكر والسلوك الصهيوني، والخوف من ذكريات النازية، وعسكرة المجتمع الإسرائيلي، والرفض العربي للوجود الإسرائيلي في فلسطين على الرغم من سنوات الصراع الطويلة[34].

وحاول الفكر الصهيوني تشويه صورة العرب، بشكل مزيف وعنصري، في ثلاثة اتجاهات:

1. **خطاب موجه لليهود:** يتم التركيز فيه على انحطاط الشخصية العربية وتخلفها، وأنها أقل قيمة من الشخصية اليهودية، مقابل تفوق اليهود على العرب، وقدرتهم على الانتصار عليهم، وهذا يتلاءم مع ما جاء في الكتب المقدسة التي أشرنا إليها من قبل.

2. **خطاب موجه على الصعيد الدولي:** استندت الحركة الصهيونية فيه، إلى تاريخ قديم من العداء الغربي للعرب، منذ القرن السابع الميلادي وفشل أوروبا في الحروب الصليبية واسترداد إسبانيا والإرث الاستعماري. ولهذا فإن الدعاية الصهيونية في الغرب ضد العرب وجدت آذاناً صاغية، وأدت إلى تعزيز مواقع الفكر الصهيوني في عقول الغربيين. إلى جانب أن تشويه الشخصية العربية في الغرب خدم بالتأكيد الحركة الصهيونية وتحالفاتها مع الغرب ضد عدو مشترك. واستطاعت الحركة الصهيونية أن توجه الرأي العام العالمي إلى جانبها، لكي يرى الشخصية العربية من منظارها. وحاولت إقناعه بأن عداوة العربي للغرب هي جزء من تراثه وبيئته، وليست بسبب الاستعمار الغربي أو الصهيوني. وأن اليهود هم جزء من الحضارة الغربية، وأنهم يحمون المصالح الغربية من تهديدات العرب. وكان ثيودور هرتزل قد قال: "إن دولة يهودية في فلسطين أو سورية ستكون امتداداً للحضارة الغربية وحصناً ضد الهمجية الشرقية"[35].

3. **خطاب موجه للعرب أنفسهم:** على أساس أنهم أمة جاهلة ومتخلفة، وأن ذلك يعود إلى طبيعة الإنسان العربي نفسه، غير القابل للتطور، والذي يميل إلى فردية طاغية

وعدوانية (يكره أخاه ويعتدي على ابن عمه ويسرق جيرانه). ومنذ بداية دعوة زعماء الحركة الصهيونية، يهود أوروبا إلى الهجرة إلى فلسطين، كان هناك موقف معادٍ للعرب عند معظم المفكرين وقادة الحركة الصهيونية فلقد حاولوا تصوير فلسطين، على أساس أنها أرض صحراء لا يقطنها أحد سوى البدو الرحل والمتخلفين، غير المرتبطين بالأرض. مع العلم أن مثل هذا القول لا يتناقض مع الواقع الذي كان في فلسطين، بل أيضاً مع ما كان يدعو إليه اليهود، أن "أرض الميعاد، هي أرض السمن والعسل". كما دعا الصهاينة الأوائل إلى طرد العرب غير المتحضرين من فلسطين، وإحلال المستوطنين اليهود ذوي الثقافة الغربية مكانهم. وكتب هرتزل، في يومياته أنه من الضروري طرد العرب من فلسطين، والاحتفاظ بعدد قليل منهم من أجل "استغلالهم في القيام ببعض الأعمال الحقيرة والشاقة، مثل قتل الأفاعي وتقطيع الصخور والحطب، ولكن يجب عدم إعطائهم أي عمل في بلدنا"[36].

واعترف المفكر الصهيوني هوجينز برج Huginze Bergue المشهور باسم آحاد هاعام، الذي كان يمثل تيار الصهيونية الروحية، بعد زيارته لفلسطين في سنة 1891 في مقالة كتبها تحت عنوان (الحقيقة في فلسطين) بأن الصهاينة يعاملون العرب بروح العداء والشراسة، ويمتهنون حقوقهم بصورة واضحة، ويوجهون إليهم الإهانات من دون أي مبرر، بل إنهم يفتخرون بتلك الأفعال. وقال: "نحن نفكر بأن العرب كلهم من الوحوش الهمج الذين يعيشون كالحيوانات ولايفقهون ما يدور حولهم"[37].

واستمر الفكر الصهيوني بعد قيام "إسرائيل" في سنة 1948، بتشويه صورة العرب من خلال وسائل الإعلام الإسرائيلي والأدباء والمفكرين ومناهج التعليم في المدارس الإسرائيلية. واستغلت "إسرائيل" وجود العرب الفلسطينيين في "إسرائيل"، الذين تعاملهم على أساس أنهم مواطنون من الدرجة الثالثة، في بث دعاية عنصرية ضدهم. وكذلك ركز الفكر الإسرائيلي في تشويه صورة العرب بشكل عام، وعرب الدول المحيطة بها بشكل خاص، من أجل المحافظة على صورة اليهودي المثالي والمتحضر الذي لا يقهر، المحاط "بالعرب الجبناء، والمتخلفين، الذين يريدون رمي اليهود في البحر". ومثل هذه الدعاية، وجهتها "إسرائيل" ضد العرب في الخارج لكي تكسب الرأي العام الدولي، وفي الداخل، لكي تحافظ على تفوق العنصر اليهودي المتمدن ضد العرب. وأيضاً وجهت "إسرائيل" هذه الدعاية باتجاه العرب أنفسهم، داخل "إسرائيل" وخارجها، حتى يفقدوا ثقتهم بأنفسهم.

واستند الفكر الإسرائيلي إلى العناصر نفسها التي استند إليها الفكر الصهيوني من قبل في دعايته ضد العرب، وهي الظروف المعادية للعرب بشكل عام في الغرب، بسبب مقاومة بعض الدول العربية وحركات التحرير العربية لمشاريع الاستعمار الغربي في المنطقة العربية والعالم الثالث. واستند كذلك إلى التراث الديني والتاريخي لليهود في تفوقهم على الشعوب الأخرى، بمن فيهم العرب. وظهر العربي في الفكر الإسرائيلي، على أنه "جبان وخبيث وماكر وقذر ومتعطش للدماء وغدار ومتخلف وساكن للصحراء وراعٍ للجمال" وجميع الصفات الحقيرة الأخرى في القاموس العبري، ما أدى إلى خلق حالة من الكراهية والاحتقار والعنصرية في نفوس الإسرائيليين ضد العرب، حتى عند المسؤولين الإسرائيليين. إذ لوحظ من خلال معاملة الاستعلاء والاستكبار التي عامل بها رئيس وزراء "إسرائيل" السابق إسحق رابين Yitzhak Rabin لرئيس منظمة التحرير الفلسطينية في واشنطن عند التوقيع على اتفاق غزة وأريحا، وعند سؤاله إن كان على استعداد لتقبيل المسؤول الفلسطيني، رفض ذلك بطريقة فيها الكثير من الازدراء.

ويقول أحد قادة حركة غوش أمونيم Gush Emunim اليمينية، إن كراهية العرب هي ظاهرة طبيعية وصحية، وإن من حق اليهود أن يكرهوا العرب، لأنهم يريدون إبادة اليهود.[38]

ولاشك أن الموقف الإسرائيلي المعادي للعرب، يعود إلى التنشئة السياسية والثقافية التي كان للأيديولوجية الصهيونية دور كبير في خلقها. وسوف نبحث في الشخصية العربية في الفكر الإسرائيلي من خلال معالجة أفكار بعض المفكرين السياسيين والأدباء الإسرائيليين بمن فيهم أدباء الأطفال ومناهج التعليم في المدارس الإسرائيلية، وتأثير تلك الكتابات في خلق مواقف معادية للعرب عند اليهود.

فقد صدرت عشرات الكتب السياسية والاجتماعية الإسرائيلية، باللغتين العبرية والإنكليزية، تناول كاتبوها الإسرائيليون، العرب بطريقة عنصرية مشوهة، من أجل أن تبرر "إسرائيل" وجودها في المنطقة العربية. ومثال على ذلك، كتاب "العقل العربي" الذي كتبه الأمريكي اليهودي رفائيل باتاي Raphael Patai في سنة 1973، حيث تناول فيه نوعية الفكر الصهيوني الذي يعالج الشخصية العربية. وبقدر ما امتدح باتاي اليهود في كتابه الآخر "العقل اليهودي" الذي ألفه في سنة 1977، أي بعد أربع سنوات من كتابه عن العرب، بقدر ما قلل من قيمة العرب وشوه صورتهم في "العقل العربي". وفي كتابه عن اليهود قال إن اليهود يتمتعون بثلاثة صفات رئيسية، العطف والتواضع

والإحسان، وإنهم يؤمنون بإله خاص بهم، وإن هذا الإله ليس لكل البشر، بل هو لليهود فقط، الإله اختارهم وهم اختاروه. كما تناول العقل اليهودي على أساس أنه متفاعل مع العقل الغربي وجزء من الحضارة الغربية. وخصص صفحات طويلة وهو يتحدث عن الذكاء اليهودي والتفوق والمواهب التي يملكها اليهود.

أما في كتابه (العقل العربي) فقد تناول المؤلف الشخصية العربية، من الجوانب التالية:

إن العرب يلقون دائماً أسباب تخلفهم الثقافي على عاتق الاستعمار أو ما سماه "الاضطهاد الخارجي" وليس على أنفسهم، منذ الحكم العثماني وحملة نابليون على مصر، مروراً بالاستعمار الأوروبي المباشر، حتى الوقت الحالي، الذي توجد فيه "إسرائيل". فإن العرب يضعون اللوم دائماً على الآخرين في تخلفهم الثقافي ولا يلومون أنفسهم. مع العلم كما يرى باتاي، فإن أسباب التخلف الثقافي يعود في الأساس إلى تركيبة العرب أنفسهم وفي البيئة التي يعيشون فيها، ونتيجة ذلك، فإن العرب يكرهون الغرب. ويعتقد باتاي بأن العقل العربي يكره الغرب، مع العلم بأن الغرب –حسب رأي باتاي- عمل على تمدين العرب وتثقيفهم.

ويصف الكاتب شخصية العربي بأنها بدوية لم تتغير منذ آلاف السنين، وأن حياة البدوي كلها كسل وفردية وقاسية. وأن البدوي ينفر من العمل ويثأر للدم ويحب الغزو، ولايمنح ولاءه إلا لأسرته وعشيرته. ومع أن البدو لا يشكلون سوى 10% من العرب، إلا أن باتاي يتحدث عن العرب على أساس أنهم كلهم من البدو ويعيشون حياة البداوة، وأن العادات البدوية ثابتة عند العرب ولا تتغير. ويعيد باتاي الخلافات العربية إلى عصر الجاهلية، حيث تحدث عن العرب في هذه الفترة بتهكم وسخرية. ويقول إن الخلافات العربية تعود إلى روح التنافس الذي تغرسه الأم بين الإخوة، وإنه إذا رفض أحد الإخوة الطعام فإن الأم تهدد بأنها سوف تعطيه لأخيه. والسبب الآخر للتناحر بين العرب برأي الكاتب يعود إلى زواج الأقارب، لأن هذا يؤدي إلى عزلة الجماعة. ومع ذلك فإن العرب يميلون إلى الوحدة العربية، ولكن باتاي لم يجد تبريراً لذلك[39].

ومثل هذا الموقف العنصري في الفكر الإسرائيلي ليس موجوداً عند المفكرين الإسرائيليين فقط، بل عند السياسيين أيضاً الذين تأثروا وأثروا بالفكر الإسرائيلي وينظرون إلى العرب نظرة فوقية. ومن أجل إظهار ذلك، نحلل دراستين منفصلتين عن رأي السياسيين الإسرائيليين بالعرب، أظهرتا بوضوح عمق التشويه الذي أصاب الشخصية العربية عند الإسرائيليين. وأجرى الدراسة الأولى، يهوشفاط هاركابي

Y.Harakabi رئيس الاستخبارات الإسرائيلية السابق والخبير الاستراتيجي، بعد حرب 1967 عن أسباب انهيار العرب في تلك الحرب. والدراسة الثانية أجراها الباحث الإسرائيلي دانيل هيرادفستيت D.Heradvsteitd في سنة 1972 عن مواقف 34 شخصية حزبية وسياسية وأكاديمية إسرائيلية، لمعرفة مواقفها من العرب وأسباب تفوقهم عليهم. تبين من الدراستين أن الباحثين اتفقا على أن اليهود أفضل من العرب، لأن العرب ينفردون حسب ما جاء في الدراستين بالصفات التالية:

أولاً: فرديون: حيث يقول هاركابي في دراسته، إن أحد أسباب هزيمة العرب في حرب حزيران 1967، يعود إلى العلاقات الاجتماعية بين الجنود في الجيوش العربية، لأن كل جندي كان يعمل بشكل فردي وليس جماعي خلال الحرب، ما يعني تفتيت الوحدة والعلاقة الاجتماعية والتنظيمية داخل الجيوش العربية. ويصف هاركابي بعض سمات العرب بتضخيم الأنا Ego عندهم والفردية المفرطة. وهذا برأيه يؤثر في العلاقات الاجتماعية والشخصية لديهم. كما يقول إنه على الرغم من دعوة العرب إلى الوحدة العربية، إلا أنهم في الواقع أبعد الناس عن العمل الوحدوي والجماعي، بل يفضلون العمل الفردي.

ثانياً: كذابون: تتفق وجهة نظر هاركابي مع ما جاء في كتابات العديد من المفكرين الإسرائيليين في وصف العرب بالكذب. إذ يقول بأن العربي لا يشعر بالحرج عندما يكذب إذا كان ذلك يحقق له أغراضه، ويعود سبب ذلك برأيه إلى الحضارة العربية التي لا تجد في الكذب حراماً. كما يرى الباحث الإسرائيلي أن الكذب يؤثر عادة في بناء صورة مزيفة عن الذات، وهذا ما يحدث عند العرب[40].

ثالثاً: عدوانيون: خلص الباحث الإسرائيلي هيرادفستيت في الاستطلاع الذي أجراه على السياسيين والأكاديميين الإسرائيليين، إلى أن العرب عدوانيون، وأنه لو أتيح لهم التغلب على اليهود لسبب من الأسباب، لقاموا بتصفيتهم جسدياً، وأنهم غير مخلصين في عقد سلام مع "إسرائيل"، بعكس الإسرائيليين، الذين أجمع من أجريت عليهم الدراسة على أنهم يرغبون بعقد سلام مع الدول العربية. والسبب وراء ذلك، حسب رأي الباحث، هو أن العرب يحبون الصراع والحرب، لأنهم عدوانيون. وهذا مرتبط بالشخصية العربية والإسلام، على أساس أن الإسلام له نزعة حربية وعدوانية. كما أن هاركابي يؤكد هو الآخر في دراسته على عدوانية العرب، وأن ذلك يعود إلى عدم الثقة في النفس التي تؤدي برأيه إلى عدم الثقة بالآخرين.

رابعاً: انفعاليون ومحبطون: ويرى الباحث الإسرائيلي أن العرب بشكل عام يميلون إلى الانفعال والإحباط. ويعود ذلك برأي الذين أجريت عليهم الدراسة، إلى "ضعف حضاري" لأن العرب يعانون من "أزمة هوية Identity Crisis"، وهذا الأمر يجعلهم يشعرون بالانفعال، وقد أثر في موقفهم من "إسرائيل" وجعلهم يتعاملون معها بعيداً عن العقلانية. كما أن فشلهم في تطوير مجتمعاتهم بالمقارنة مع التطور الذي حدث في "إسرائيل" قادهم إلى الشعور بالإحباط[41].

وهكذا يلاحظ أن مواقف وأفكار معظم السياسيين الإسرائيليين تدور حول تشويه الشخصية العربية، من تصريحات زعماء الحركة الصهيونية الأوائل مروراً بمواقف غولدا مائير Golda Meir التي نفت وجود شيء اسمه الشعب الفلسطيني إلى موشي ديان Moshe Dayan ومناحيم بيغن Menachem Begin وأريل شارون Ariel Sharon.

كما صور الأدب العبري العرب بطريقة مبتذلة، فيها الكثير من الانحطاط والتخلف. بينما تحدث عن اليهود واصفاً إياهم بأنهم خارقون (Super) لا يقهرون أمام العربي الضعيف والجبان والمتعطش لسفك الدماء والمنافق ومغتصب النساء والمعتدي والكاذب والسارق والمرتشي. كما يلاحظ أن مفهوم الشخصية العربية في الأدب العبري، اقتصر في الكثير من الروايات على تناول شخصيتي الفلاح والبدوي مع تهميش واضح للشخصية الحضارية، من أجل إظهار عيوب تلك الشخصية. كما أن الأدب العبري ركز على تناوله العرب على ست قضايا رئيسية وهي الصفات الجسدية والصفات الشخصية والملابس العربية والقيم الدينية والأعمال التي يمارسها العرب والأماكن التي يعيشون فيها[42].

ومن جهة ثانية، يلاحظ أن هناك تشويهاً واضحاً لصورة الجندي العربي والفدائي الفلسطيني في كتابات الأدباء الإسرائيليين، إذ يظهرون كأنهم متعطشون لسفك الدماء، وأنهم يقتلون من أجل القتل، وليس لأسباب وطنية، وأنهم عادة ما يقاتلون بتحريض من آخرين وليس دفاعاً عن الوطن. كما يظهرون في القصص الإسرائيلية كمخربين وإرهابيين, يقتلون الأطفال من دون شفقة. وإن الجندي العربي جبان يهرب من المعارك أمام الجندي الإسرائيلي، بعكس اليهودي الشجاع، وإنه لايفكر، ويقوم بتنفيذ ما يطلب منه من دون تردد.

ولم يخل أدب الأطفال العبري من تشويه واضح للشخصية العربية، حيث صور كتاب قصص الأطفال الإسرائيليين، العرب بأنهم متوحشون وبدائيون وقتلة، ما أسهم في تنشئة جيل من الشباب الإسرائيلي، يحمل صورة مشوهة عن العرب. ووصف الإعلام الإسرائيلي الموجه للأطفال العرب، بأنهم قتلة لا يرحمون. كما أن العربي المفضل في الأدب الإسرائيلي، هو العربي الميت حسب ما نشرته المجلة الإسرائيلية الأسبوعية "شاعا توفا" (وقت طيب) الموجهة للأطفال، إذ نشرت حكاية بطل يهودي "يلقي القبض على مخربين". وكان الاستنتاج الذي توصل إليه في الفصل الأخير: "أن العربي الطيب هو العربي الميت". "حقاً العربي الطيب هو العربي الميت". هذا هو الاستنتاج الذي ينتهي به الفصل الأخير من القصة الفكاهية المصورة التي نشرتها المجلة التي يقوم فيها "البطل اليهودي" بمطاردة اثنين من الفلسطينيين، بعد أن انقلبت "سيارة المخربين" قُتل أحدهما، بينما قُبض على الآخر. وبعد اعتقاله، يبدأ المخرب في تملق "البطل اليهودي" الذي أسره "بزعم أنه يحب اليهود". وقد طلب "البطل اليهودي" منه أن يعطيه قائمة بجميع أعضاء حركة حماس في مخيم البريج، فارتمى العربي عند أقدام "البطل اليهودي". وقام "البطل اليهودي" بركل العربي، الذي كان مرتمياً عند قدميه، ويصرخ من الرعب وقال: "سأذكر أسماءهم جميعاً، بالكامل". وقد أمر "البطل اليهودي" بوضع المخرب في طائرة مروحية، بينما كان يصرخ ويبصق على زميله الميت، وهو يقول له: "أنت ملعون أيها الكلب". ويظهر "البطل اليهودي" في الصورة الأخيرة وهو يستخلص العبر بنظرة تأملية قائلاً: "حقاً، العربي الطيب هو العربي الميت"[43].

والذي اعترف البروفيسور الإسرائيلي أدير كوهين Adir Cohen، رئيس قسم التربية في جامعة حيفا، في كتابه "وجه بشع في المرآة"، الذي أخذ عليه جائزة أدبية، بأنه من أصل 1,700 كتاب باللغة العبرية موجهة إلى الأطفال الإسرائيليين، قام بالاطلاع عليها بعد حرب 1967 وجد أن 520 كتاباً أشارت إلى العرب، وأن 40 كتاباً فقط تحدثت عن العرب بطريقة موضوعية. وأما بقية الكتب وعددها 480، فقد كانت معادية للعرب، وشوهت صورهم ودعت إلى كراهيتهم واحتقارهم، حيث وصفتهم بصفات الخيانة والكذب والوحشية والبخل والجنس والنفاق والخبث وجميع الصفات الأخرى غير الأخلاقية. وقال كوهين، إنه أجرى بحثاً تجريبياً على طلاب مدرسة يهودية في حيفا، وتبين له أن 80% من المشتركين يصفون العربي بأنه يعيش في الصحراء وغير متحضر ويلبس الكوفية ويعمل برعاية الغنم ويهدد الآخرين، ووسخ وكريه. ومنظره مرعب.

وقال 90% من الطلاب، إنه لا يوجد حق للعرب في فلسطين ويرفضون فكرة التعايش معهم. واعترف الطلبة كذلك، بأنهم كونوا أفكارهم عن العرب من كتب الأطفال التي قرأوها في سن الطفولة والشباب، وأن صورة العربي في أذهانهم هو "لص وغدار وسفاح، وذو أنف أعوج وله ذيل، ولا يحب السلام، وخاطف أطفال ولايؤتمن له جانب ومتخلف وهمجي"[44].

ووصف الدكتور دافيد بوقعي David Boukai، الأستاذ الجامعي في قسم العلوم السياسية في جامعة حيفا، في شهر كانون الثاني/ يناير سنة 2005، العرب بأنهم "جشعون لا يهمهم سوى الجنس والخمور ولا يمكن الثقة بهم، وأنهم أغبياء، ولم يسهموا بشيء للإنسانية". مثل هذا الكلام لم يأت على لسان يميني متطرف، بل على لسان أستاذ جامعي إسرائيلي يدرس مادة "النظام العربي والقضية الفلسطينية" لطلبة يهود وعرب، أعرب بكل صراحة عن تأييده لقتل العرب، زاعماً "أنهم مجرمون بالسليقة" وأوصى بإذلال "الفلسطينيين أمام عدسات الكاميرات، ونشر صورهم". ووجهة نظر الأكاديمي الإسرائيلي ضد العرب، جاءت في ظل الحديث عن احتمال حدوث تعايش بين العرب والإسرائيليين. وأورد أستاذ العلوم السياسية تلك المزاعم، أثناء تدريس مادة تتناول العلاقات السياسية والاقتصادية في الشرق الأوسط، وتُعَدُّ بالنسبة للدارسين ورشة عمل بحثية. ويقول الطلبة الذين يدرسون هذه المادة، إن من بين الأمور التي رددها هذا الأستاذ على مسامع الطلبة: أنه "يجب القبض على كل العرب، وإلصاق مسدس في رؤوسهم وإطلاق النار عليهم. كما يجب تدمير أي بناية سكنية يسكن فيها عرب وفلسطينيون". وأوصى الدكتور بوقعى، وهو مستشرق، ألَّف كتاباً عن تهديدات الإسلام المتطرف، خلال محاضراته الجيش الإسرائيلي: "بإذلال المطلوبين الذين يتم القبض عليهم، وتصويرهم أثناء إذلالهم وجعل عائلاتهم تشاهد هذه الصور، ليروا مدى جبن أبنائهم". وفي مناسبة أخرى أضاف بوقعى أن "الجريمة تجري في عروق العرب". وفى رده على طالبة، حاولت مناقشته في إحدى محاضراته قائلة بأن التاريخ عرف علماء رياضيات ومفكرين عرب، قال بوقعى: "إنك لا تعرفين عن أي شيء تتحدثين. لم يخترع العرب شيئاً. إنهم أغبياء ولم يسهموا بشيء للإنسانية. وقد نقلوا ما تزعمين أنهم اخترعوه من معادلات، فالعرب كذابون كبار ولا تصدقي تاريخهم"[45].

وعندما حاول، رئيس اتحاد الطلبة العرب في الجامعة، الذي حضر جزءاً من محاضرات بوقعي، أن يناقشه عدة مرات، لم يسمح له بالحديث، وكان يقوم بإهانته وإسكاته، وتهديده برسوبه في المادة[46].

ولم يأت تشويه الشخصية العربية في الفكر الإسرائيلي، من قبل الكتّاب والمفكرين الإسرائيليين فحسب؛ بل جاء أيضاً عن طريق سياسة رسمية سارت عليها الحكومات الإسرائيلية منذ قيام "إسرائيل". فقد امتلأت كتب المدارس الإسرائيلية التي تشرف عليها وزارة المعارف والثقافة الإسرائيلية بالمواضيع المختلفة التي تشوه صورة العربي عند الطلاب الإسرائيليين، وتحرضهم على العرب بطريقة عنصرية واضحة. ومن المعروف أن النظام التعليمي في أي دولة يسعى إلى تنشئة سياسية وتربوية وثقافية لمواطنيه وفقاً لمعتقداته وأيديولوجيته. وهذا ما ينطبق على المناهج التعليمية في "إسرائيل"، إذ يسعى المسؤولون الإسرائيليون إلى تكريس مفاهيم أساسية عن العرب، تثبت تفوق الإسرائيليين عليهم. ولهذا فقد تناولت المناهج التعليمية العرب والمسلمين في الماضي والحاضر على أساس أنهم متخلفون، ويعيشون حياة البداوة، وأنهم قطاع طرق، يهاجمون بعضهم ويتقاتلون دائماً في ما بينهم، لايحترمون العهود ولا المواثيق. وفي كتاب الجغرافيا للصف الخامس من تأليف د. كيطوف وي. أرني Kitouf Arni وصف العرب بقوله: "إن العرب وبقوة السيف أجبروا الشعوب المغلوبة للقبول بدين الإسلام، فهم لا يعرفون الشفقة في الحرب، وقد فنيت قبائل كثيرة رفضت أن تقبل بالدين الإسلامي"[47].

وفي دراسة أجراها دانيال بارتال Daniel Bartal الأستاذ في جامعة تل أبيب، وشملت 124 كتاباً مدرسياً، وصف العربي بالصفات التالية: "قاس، ظالم، مخادع، جبان، كاذب، متلون، خائن، طماع، لص، مخرب، قناص قاتل، خاطف طائرات"[48].

ولم تتغير هذه النظرة إلى العرب، بعد عملية التسوية في الشرق الأوسط، بل زادت من خلال تطرف اليمين الإسرائيلي، والمستوطنين الإسرائيليين من العرب. وبدأ المجتمع الإسرائيلي يزداد تطرفاً، في اختياراته ومواقفه السياسية ومن تأييده للأحزاب الإسرائيلية الدينية المتطرفة في انتخابات الكنيست الإسرائيلي. ولم تعد الأحزاب الإسرائيلية (اليسارية أو المعتدلة) تحظى بتأييد الناخب الإسرائيلي، بل على العكس، فإن الانتخابات الإسرائيلية الأخيرة التي جرت في سنة 2003، أثبتت جنوح الناخب

الإسرائيلي نحو المزيد من التطرف والكراهية للعرب، وهذا يعود بسبب ما يتلقاه الإسرائيلي من ثقافة معادية للعرب. ولا شك أن تلك المواقف من العرب قد وظفت من قبل "إسرائيل" في تهميش دور العرب الحضاري، وتوظيف وجودها في فلسطين لممارسة أحقادها على الأمة العربية. كما ركزت على دونية العربي مقابل تفوق اليهودي. وهاجم الحاخام عوفاديا يوسف Rabbi Ovadiah yosef، زعيم حزب شاس الديني أخيراً العرب وقال: "نحن شعب الله المختار لإذلال العرب، حرم علينا إبداء أي رحمة تجاه العرب، عليكم أن تمطروهم بالصواريخ وأن تقضوا عليهم فهم أشرار ملعونون"، وهو نفسه الذي وصف العرب بأنهم "أفاعٍ سامة"[49].

وهكذا التقت المصالح الاستعمارية الغربية مع المصالح الصهيونية للعمل، ضد العرب والقضية الفلسطينية، وكانت صفقة بين الدول الغربية التي كانت تريد معالجة أزمة اللاسامية في أوروبا، مع الحركة الصهيوينة العنصرية الداعية إلى إقامة الوطن القومي اليهودي في فلسطين. وأراد الغرب الذي كان يعاني من وجود المشكلة اليهودية فيه، أن يكفر عن خطيئته ضد اليهود بمساعدتهم علىالخروج من أوروبا والاستيطان في فلسطين، مقابل أن تغفر الصهيونية لأوروبا ممارساتها العنصرية ضد اليهود، وأن تسكت أوروبا عن الممارسات التي تقوم بها "إسرائيل" ضد الفلسطينيين.

هوامش الفصل الأول

[1] أمين عبد الله محمود، **مشاريع الاستيطان اليهودي منذ قيام الثورة الفرنسية حتى نهاية الحرب العالمية الأولى**، سلسلة عالم المعرفة رقم 74 (الكويت: المجلس الوطني للثقافة والفنون والآداب، 1984)، ص 14-17.

[2] صالح زهر الدين، **مشروع "إسرائيل الكبرى" بين الديموغرافيا والنفط والمياه** (بيروت: المركز العربي للأبحاث والتوثيق، 1996)، ص 43.

[3] مكسيم رودنسون وإلياس مرقص وإميل توما، **الأمة: المسألة القومية، الوحدة العربية، الماركسية** (بيروت: دار الحقيقة، 1971)، ص 121.

[4] أوردها أحمد الشقيري، **علم واحد وعشرون نجمة**، الطبعة الإلكترونية الأولى، 2005، ص 190، نقلاً عن: عبد الرحمن الرافعي، عصر محمد علي، ص 198.

[5] أوردها أحمد الشقيري، مرجع سابق، ص 193، نقلاً عن: **مهمة البارون بوالكونت**، ص 248-249.

[6] حسن محمد، "الوطن العربي من التجزئة إلى التفتيت في المخطط الصهيوني،" **مجلة الباحث العربي**، لندن، مركز الدراسات العربية، العدد 13، أكتوبر - ديسمبر 1987، ص 27.

[7] عبد الوهاب الكيالي، **تاريخ فلسطين الحديث** (بيروت: المؤسسة العربية للدارسات والنشر، 1970)، ص 27.

[8] محمد السماك، نظرات في مسار الحركة الصهيونية (القاهرة: معهد البحوث والدراسات، 2000)، ص 18.

[9] المرجع نفسه.

[10] سمير أيوب، **وثائق أساسية في الصراع العربي - الصهيوني، الجزء الأول: مرحلة الإرهاصات** (بيروت: صامد للطباعة والنشر، 1984)، ص 250-254.

[11] لمزيد من التفاصيل حول تقرير بانرمان، انظر: أنطون سليم كنعان، "فلسطين والقانون، تقرير بانرمان،"بحث منشور في كتاب المؤتمر الثالث لاتحاد المحامين العرب الذي عقد في دمشق 21-1975/9/25 (دمشق: مطابع فتى العرب)، ص 457-489. كما أورد التقرير شفيق الرشيدات، في كتابه **فلسطين تاريخاً وعبرةً ومصيراً** الصادر عن دار النشر المتحدة للتأليف والترجمة، بيروت، 1961، ص 44. وحسن صبري الخولي، **سياسة الاستعمار والصهيونية تجاه فلسطين**، الجزء 1 (القاهرة: دار المعارف، 1973)، ص 12-116. وكذلك محمد محمود الصياد في **المجتمع العربي والقضية الفلسطينية** (بيروت: دار النهضة العربية للطباعة والنشر، 1973)، ص 336-337. وللتوسع في الموضوع راجع أحمد سوسه، **مفصل العرب واليهود في التاريخ**، الطبعة 5 (بغداد: 1981)، ص 661 وما بعدها.

[12] عبد الله عبد الدائم، "موقف الصهيونية كفكرة وحركة من القومية العربية،" **مجلة شؤون عربية**، القاهرة، جامعة الدول العربية، العدد 55، أيلول/ سبتمبر 1988، ص 12، نقلاً عن: آلان تيلور، **كيف قامت إسرائيل**، ترجمة علي محمد علي (القاهرة: 1960)، ص 31.

[13] بيير ديستريا، **من السويس إلى العقبة**، ترجمة يوسف مزاحم (بيروت: دار العربية للطباعة والنشر، 1974)، ص 22. أوردها إبراهيم أبراش، **البعد القومي للقضية الفلسطينية** (بيروت: مركز دراسات الوحدة العربية، 1987)، ص 35.

[14] شفيق الرشيدات، **مرجع سابق**، ص 47-48.

[15] عبد الله عبد الدائم، **مرجع سابق**، ص 120.

[16] أنيس صايغ، **فلسطين والقومية العربية**، سلسلة أبحاث فلسطينية رقم 3 (بيروت: مركز الأبحاث، م.ت.ف.، 1966)، ص 23-24.

[17] Andro Chcuraque, *L'Etat D'Israel* (P.U.F.,1956), p. 19.

[18] علي محافظة، **العلاقات الألمانية الفلسطينية 1841-1945** (بيروت: المؤسسة العربية للدراسات والنشر، 1981)، ص 97-98.

19 Peter Grose, *Israel in the Mind of American* (New York: Shoeken Book, 1984) p. 9.

20 Melven I.Urofsky, *American Zionism from herzel to the Holocaust* (Anchor Book, 1976), p. 43.

21 جميل مصطفى الخلف، دور الولايات المتحدة في قيام دولة إسرائيل (1897-1948)، رسالة دكتوراه، جامعة اليرموك، قسم التاريخ، 2005، ص 45.

22 Walter Laquer & Barry Rubin, *The Israel & Arab Reader Documentary, History of the Middle East Conflict* (New York: Penguin Books, 1984), pp. 77-79.

23 David Schoenbau,*The United States and the State of Israel* (Oxford: Oxford University Press), 1993, p. 42.

24 علي الدين هلال وآخرون، **العرب والعالم: مشروع استشراف مستقبل الوطن العربي** (بيروت: مركز دراسات الوحدة العربية)، ص 175. وحسن محمد، مرجع سابق، ص 30.

25 Bernard Lewis, Executive Intelligent Research Project, Pentagon, Washington June 2003.

26 Ibid.

27 خالد القشطيني، **الجذور التاريخية للعنصرية الصهيونية** (بيروت: المؤسسة العربية للدراسات والنشر، 1981)، ص 25.

28 Janice Terry, "Zionist Attitudes Toward Arabs," *Journal of Palestine Studies*, Beirut, Vol. 5, No. 3, Autumn 1976, pp. 70-71.

29 Ibid.

30 Roger Garaudy, *Les Mythes Fondateurs de la Politique Israelienne* (Paris: Samiszdat,1996), pp. 139-163.

31 Ibid.

32 عبد الوهاب المسيري، **الأيديولوجية الصهيونية**، سلسلة عالم المعرفة رقم 60-61 (الكويت: المجلس الوطني للثقافة والفنون والآداب، 1988)، ص 179-185.

33 Theodore Herzel, *The Jewish State, An Attempt at a Modern Solution of The Jewish Question* (London:1934), p. 34.

34 رشاد عبد الله الشامي، **الشخصية اليهودية الإسرائيلية والروح العدوانية**، سلسلة عالم المعرفة (الكويت: المجلس الوطني للثقافة والفنون والآداب، 1986)، ص 164-255.

35 إسماعيل عبد الله، **في مواجهة إسرائيل**، الطبعة 2 (بيروت: دار الوحدة للطباعة والنشر، 1980)، ص 23.

36 تيودور هرتزل، **يوميات هرتزل** (بيروت: مركزالأبحاث، م.ت.ف.، 1968)، ص 78.

37 أسعد رزوق، **إسرائيل الكبرى: دراسة في الفكر التوسعي الصهيوني** (بيروت: مركز الأبحاث، م.ت.ف.، 1968)، ص 68.

38 مسعود اغبارية ومحمود أبو غزالة، حركة غوش إيمونيم بين النظرية والتطبيق (القدس: جمعية الدراسات العربية، 1984)، ص 186.

39 Raphael Patai, *The Arab Mind* (New York: Charles Scribner's Sons, 1973).
ترجمه وعلّق عليه محيي الدين صبحي تحت عنوان: **ملامح الشخصية العربية في التيار الفكري المعادي للأمة العربية** (الرباط: منشورات المجلس القومي للثقافة العربية، 1991).

40 Y. Harkabi, Basic factors in the Arab Collapse during the Six day War, Orbis, Quarterly Journal of World Affairs, Washington, Vol. XI, No.3, Fall 1967.
نقلاً عن كتاب: السيد ياسين، **الشخصية العربية بين صورة الذات ومفهوم الآخر** (القاهرة: مكتبة مدبولي، 1993)، ص 129-140.

41 Daniel Heradvsteit, "Israel Elite Perceptions of the Arab - Israeli Conflict," *Journal of Palestine Studies*, Beirut, Vol. No. 3, pp. 68-93.

نقلاً عن كتاب: السيد ياسين، **مرجع سابق**، ص 145-166.

42 محمود صميدة، "الشخصية العربية في القصة العبرية القصيرة المعاصرة،" **مجلة عالم الفكر**، الكويت، المجلس الوطني للثقافة والفنون، يناير - مارس 1996، ص 97 و108-125.

43 أفيشاي بن حاييم، 2005/3/21، www.rotter.net

44 أدير كوهين، **وجه بشع في المرآة: انعكاس الصراع اليهودي - العربي في أدب الأطفال العبري**، مترجم عن العبرية (تل أبيب: رشا فيم، 1985)، ص 55-59.

45 هارون تحاوكو، 2005/1/24، www.nana.co.il

46 المرجع نفسه.

47 سمير سمعان وآخرون، **العرب في مناهج التعليم الإسرائيلية** (عمان: مركز دراسات الشرق الأوسط، 2004) ، ص 41 و101.

48 عمرو حسين، "صورة العربي في المناهج الإسرائيلية،" **مجلة ضد التمييز**، القاهرة، المنظمة العربية لمناهضة التمييز، العدد 7، تموز/ يوليو 2005، ص 22.

49 صفا عبد العال، تربية **العنصرية في المناهج الإسرائيلية** (القاهرة: الدار المصرية اللبنانية)، ص 42.

الفصل الثاني

الحركة الصهيونية والأقليات في الوطن العربي

المبحث الأول: موقف الحركة الصهيونية من الأقليات في الوطن العربي:

حاولت الحركة الصهيونية و"إسرائيل"، منذ بداية الصراع العربي - الصهيوني، استعمال شتى الطرق والوسائل لمنع قيام الوحدة العربية وإضعاف الأمة العربية. وحسب ما قاله كل من كلاوس ويتز Clause Witz وصن - تزو Sun-Tzu، فإن "أعلى مراتب النجاح العسكري يتم تحقيقها عندما يبلغ المرء أهدافه من دون الاستعمال الفعلي للقوة". وهذا ما تحاول "إسرائيل" أن تفعله مع العرب، من استعمال شتى الطرق لتحقيق أهدافها، بما فيها استعمال القوة وتوظيف الأقليات الموجودة في الوطن العربي خدمة لمصالحها. وتحاول "إسرائيل" تضخيم مشكلة الأقليات العرقية والدينية في الوطن العربي واستغلالها في وجه المشروع الوحدوي العربي، عن طريق الاتصال مع الأقليات في الأقطار العربية، وحضها على التمرد والانفصال عن الأقطار العربية، تنفيذاً للمشروع الصهيوني - الاستعماري في احتلال فلسطين وتجزئة الوطن العربي. ومن وجهة النظر الإسرائيلية، فإن العالم العربي تتنازعه الانقسامات الطائفية والعرقية والإثنية، ومن السهل اختراقه وإضعافه من خلال التآمر مع تلك الأقليات وتشجيعها على التمرد وإقامة دويلات منفصلة عن الوطن العربي. لأن انتشار الدويلات التي تحكمها أقليات دينية وإثنية هي الوسيلة الرئيسية لإضعاف الوطن العربي، وتعامل "إسرائيل" معها هو أقصر الطرق لتفتيت الوطن العربي.

ومع أن معظم الأقليات في الوطن العربي أصبحت جزءاً من النسيج الاجتماعي والسياسي العربي، إلا أن "إسرائيل" اتبعت سياسة (فَرِّقْ تَسُدْ) في تعاملها مع تلك الأقليات، وهي السياسة نفسها التي كانت قد ورثتها عن السياسة الاستعمارية الأوروبية، وتحديداً البريطانية. واستغلت "إسرائيل" والدول الاستعمارية قضية الأقليات في الوطن العربي تأميناً لمصالح كل منها، إذ لعبتا على قاعدة حق الأقليات في تقرير مصيرها والانفصال عن الأقطار التي تعيش فيها، بحجة التمايز العرقي والإثني والطائفي بين شعوب المنطقة. ويركز هذا الفصل على المخطط الإسرائيلي في بلقنة الوطن العربي، عن طريق دعم الأقليات لتجزئته خوفاً من قيام الوحدة العربية.

ولقـد اعتمدنـا في هذا الفصل على وثائق ونصوص من مصادر إسرائيليـة تقدم دليلاً واضحاً على ما قامـت بـه "إسرائيـل" ومـا تخطـط القيـام بـه في موضـوع الأقليـات في الوطـن العـربي.

ومن نافلة القول في البداية، تعريف الأقليات بأنها مجموعة تتميز عن بقية المواطنين في الدولة بخصائص عرقية أو لغوية أو مذهبية تكون سبباً في انعزالها اختيارياً أو عزلها قسرياً عن الأكثرية[1].

وهي ظاهرة يشترك أفرادها في واحدة أو أكثر من مقومات اللغة أو العرق أو الدين أو الطائفة، وقد يشتركون في هذه العوامل كافة. والأقلية نتاج عمليتين: الأولى استقطاب كل من يشترك معها في تلك المقومات، والثانية استبعاد كل من يختلف معها فيها. كما أن تعدد الهويات: العربية والإسلامية والقطرية ودون القطرية، أثرت في تنازع الولاءات في الدول العربية وفي انتماءاتها. وتوزعت تلك الأقليات على الأقليات اللغوية غير العربية كالأكراد والأرمن والسريان والآشوريين والتركمان والبربر والنوبيين، وأقليات دينية غير إسلامية كالكاثوليك والأرثوذكس والبروتستانت والأقباط واليهود. ويشكل العرب غالبية السكان في الوطن العربي، وتبلغ نسبتهم 88% من السكان. وأما البقية فإنهم من غير العرب على الرغم من كونهم يتكلمون العربية. كالبربر في المغرب العربي الذي يبلغ عددهم حوالي 5.5% من مجمل السكان في الوطن العربي، و2.4% من القبائل الزنجية في جنوب السودان، و2% من الأكراد، و1% من اليهود، والبقية موزعة على أقليات صغيرة من النوبيين والإيرانيين والتركمان والشركس والسريان. و91% من سكان الوطن العربي من المسلمين (84% منهم من السُّنَّة) و5% من مجمل السكان العرب من المسيحيين، و2% من الديانات القبلية الزنجية في جنوب السودان و1.9% من اليهود[2].

وتحتل المنطقة العربية المرتبة الثالثة عالمياً في درجة التدخل الخارجي في أقلياتها بعد التدخل في آسيا وجزر المحيط الهادي. فقد بلغ عدد التدخل من قبل أطراف مختلفة في الأقليات في:

- آسيا وجزر المحيط الهادي 482 تدخلاً بنسبة 49%.
- جنوب الصحراء الإفريقية 251 تدخلاً بنسبة 26%.

- المنطقة العربية 238 تدخلاً بنسبة 14%.

- أمريكا اللاتينية 104 تدخلات بنسبة 11%.

ويأتي تدخل القوى الإقليمية ("إسرائيل" وتركيا وإيران) في المرتبة الأولى من القوى التي تتدخل في شؤون الأقليات في الوطن العربي. وإن 75% من المساعدات التي تقدم للأقليات في الوطن العربي من الجهات الأجنبية بما فيها "إسرائيل" هي مساعدات عسكرية. بينما 40% من المساعدات للأقليات في أفريقيا هي مساعدات عسكرية، و30% من المساعدات للأقليات في آسيا هي مساعدات عسكرية[3].

وعادة ما تتكون الأقليات في المجتمعات من إحساسها بوجود فجوة بين حجم إسهامها في الناتج المحلي ونصيبها من الدخل القومي، الأمر الذي يؤدي إلى تولد مشاعر الإحباط لدى أبناء هذه الجماعة، ما يؤدي إلى توترات قد تنفجر من خلال سلوكيات عنيفة قد تتخذ أشكال الصراع المسلح. كما أن الأغلبية قد لا تراعي مصالح وحقوق الأقلية، ما يجعلها تدرك أن الأغلبية تستخدمها لتحقيق أهدافها، وقد تستفيد الأقليات من الدعم الخارجي والظروف الدولية والإقليمية التي تأتيها لإثارة مطالبها.

وفي ما يلي جدول يوضح التوزيع الطائفي في المشرق العربي، بالنسب المئوية.

جدول رقم (1): الطوائف أو الجماعات الدينية في الوطن العربي بالنسبة المئوية

البلد	سنة (%)	شيعة (%)	إسماعيلية (%)	دروز (%)	علويون (%)	زيدية (%)	إباضية (%)	مسيحيون (%)	يهود (%)	طوائف أخرى (%)
البحرين	40	60	-	-	-	-	-	-	-	-
مصر	92	1	-	-	-	-	-	7	-	-
العراق	40	55	-	-	-	-	-	4	-	1
فلسطين المحتلة 1948 "إسرائيل"	14	1	-	2	-	-	-	3	80	-
فلسطين المحتلة 1967 (الضفة الغربية وقطاع غزة)	94	-	-	-	-	-	-	6	-	-
الأردن	93	-	-	-	-	-	-	7	-	-
الكويت	70	24	-	-	-	-	-	4	-	2
لبنان	20	27	-	7	1	-	-	45	-	-
عُمان	25	7	-	-	-	-	65	-	-	3
قطر	80	15	-	-	-	-	-	2	-	3
السعودية	93	5	-	-	-	-	1	-	-	1
سورية	74	-	1	3	12	-	-	10	-	-
الإمارات العربية	75	16	-	-	-	-	-	4	-	5
اليمن	53	2	1	1	-	40	-	1	1	1

جدول رقم (2): التكوين العرقي في دول المشرق العربي بالنسبة المئوية

الدولة	العرب (%)	أكراد (%)	إيرانيون (%)	أرمن (%)	آسيويون (%)	أتراك (%)	بلوخستان (%)	يهود (%)	فئات أخرى (%)
البحرين	73	-	8	-	13	-	-	-	6
مصر	98	-	-	-	-	-	-	-	2
العراق	79	16	-	-	-	-	2	-	3
فلسطين المحتلة 1948 "إسرائيل"	20	-	-	1	-	-	-	79	1
الأردن	98	-	1	-	-	-	-	-	1
الكويت	80	-	4	-	9	-	-	-	7
لبنان	94	1	-	4	-	-	-	-	1
عُمان	90	-	-	-	5	-	4	-	1
قطر	40	-	10	-	36	-	-	-	14
السعودية	85	-	-	-	10	-	-	-	5
سورية	90	4	-	2	-	1	-	-	3
الإمارات العربية	42	-	-	-	50	-	-	-	8
اليمن	88	-	-	-	-	-	-	1	11

وأصبح وجود الأقليات في الوطن العربي بالنسبة للقوى الاستعمارية والصهيونية، مسألة ذرائعية للتدخل في الشؤون العربية، وجزءاً من استراتيجية "إسرائيل" لاستغلالها في مواجهة الأغلبية العربية. وعندما بدأت الحملات الصليبية في العصور الوسطى من أوروبا، واستهدفت احتلال المشرق العربي، رفعت شعاراً واحداً "حماية القبر المقدس" وحماية الأقليات المسيحية. واستعمل الأوروبيون هذا المصطلح "حماية الأقليات"، مرة ثانية في القرن التاسع، ضد الدولة العثمانية بحجة حماية الأقليات المسيحية أيضاً، من أجل إضعافها وتجزئتها. وعادت الدول الاستعمارية و"إسرائيل" منذ القرن الماضي إلى استغلال الأقليات في الوطن العربي واعتبارها بمثابة حليفة لها. وأرادت "إسرائيل" التسلل إلى تلك الأقليات، واستغلالها في مواجهة الدول العربية، مدعية حق تلك الأقليات في تقرير مصيرها والانفصال عن الهوية والثقافة العربية، وإعادة تشكيل هويتها الخاصة انتصاراً للمنطق الصهيوني القائل بالتمايز التاريخي بين شعوب المنطقة. ويتم التعامل الإسرائيلي مع الأقليات والمناداة بحقوق الجماعات

والأفراد، في سياق إيجاد المبررات للتدخلات الأجنبية - الإسرائيلية في الوطن العربي، والهيمنة لإضعاف الدول العربية، وذريعة تستغلها "إسرائيل" لتفتيت الوطن العربي وتجزئته، وهي استراتيجية ثابتة في الفكر الاستراتيجي الصهيوني - الإسرائيلي الذي يرى منطقة الشرق الأوسط عبارة عن مجموعة من الأقليات والقوميات والشعوب والأديان والإثنيات والأعراق واللغات. ورأت "إسرائيل" أن الاتصال بالأقليات في الوطن العربي هو أقصر الطرق لتفتيت الوطن العربي، ولهذا فقد حاولت توظيفها في استراتيجيتها الهادفة إلى ترسيخ واقع التجزئة والتفتيت في الوطن العربي. ومن خلال استعراض مواقف وتصريحات المسؤولين الإسرائيليين، يلاحظ اعترافهم صراحة بأهمية استعمال ورقة الأقليات في الوطن العربي لتجزئته وإضعافه، من أجل بقاء "إسرائيل" واستمرار تفوقها على العرب. كما أنهم يضعون اللوم دائماً على الجانب العربي في تشكل مشكلة الأقليات في الوطن العربي، بسبب عدم إعطاء تلك الأقليات حقوقها عبر التاريخ. ويتناسون أن اليهود الذين عاشوا في الوطن العربي قبل قيام "إسرائيل"، كانوا يتمتعون بحقوقهم أكثر مما كانوا يتمتعون بتلك الحقوق في الدول الأوروبية[4].

وترى "إسرائيل"، أن من حقها الدفاع عن الأقليات في الوطن العربي، بوصفها "دولة الأقلية بامتياز". وأكدت مقالة نشرت في جريدة دافار Davar الإسرائيلية في 1981/4/14، حق "إسرائيل":

المشروع لكونها دولة يهودية في الشرق الأوسط، العمل للدفاع عن أية أقلية قومية أو إثنية أو دينية في المنطقة، لكونها (أي إسرائيل) جزءاً لا يتجزأ منها. ومن مصلحة إسرائيل المشروعة أن تشارك في الحفاظ على النسيج التعددي للشرق الأوسط لكونه أساس وجودها وأمنها، ومن حق إسرائيل منع السيطرة العربية والإسلامية على مختلف الأقليات التي تعيش في المنطقة[5].

ولهذا فإن "إسرائيل" تسعى دائماً إلى إثارة الخلافات بين الشيعة والسنة والأكراد في العراق، وبين السنة والعلويين في سورية، والموارنة والدروز والسنة والشيعة في لبنان، وبين الفلسطينيين والأردنيين في الأردن، والسنة والشيعة في المنطقة الشرقية الغنية بالنفط في السعودية، والمسلمين والأقباط في مصر، والشمال المسلم والجنوب المسيحي والوثني في السودان والعرب والبربر في الجزائر والمغرب[6].

كما أن زعماء الحركة الصهيونية لم يرفضوا وجود الأمة العربية فقط، بل دعوا إلى إقامة نظام سياسي - ثقافي جديد في الشرق الأوسط، لكي تختفي الثقافة العربية - الإسلامية في المنطقة. وقال في هذا السياق البروفيسور آري جابوتنسكي Ari Jabotinski إن في إمكان شعوب الشرق الأوسط غير العربية، بمساعدة "إسرائيل"، أن تزيل هيمنة العرب الثقافية عن المنطقة، كما اقترح البروفيسور عزرا زوهر Azra Zohar اتباع سياسة خارجية إسرائيلية نشطة لتقسيم الدول العربية وإبدالها بكيانات إثنية وطائفية.[7]

وبما أن توحيد العرب هو النقيض لما تحاول "إسرائيل" تحقيقه، فإنها تسعى دائماً إلى إفشاله من خلال دعمها ومساندتها للأقليات في الوطن العربي لمنعها من الاندماج في المجتمعات العربية - الإسلامية. ولهذا فإن تفتيت الوطن العربي ومحو فكرة القومية العربية والأمة العربية الواحدة وضرب النظام العربي، هي من الأولويات الثابتة في الفكر الصهيوني - الإسرائيلي. وكان أبا إيبان Aba Iban وزير خارجية "إسرائيل" السابق صريحاً عندما أعلن في جامعة كولومبيا الأمريكية سنة 1947 أن "الحل الطبيعي هو في تشكيل دويلات للأقليات الواقعة شمالي إسرائيل".

ويعترف أحد الإسرائيليين المختصين بالشؤون العربية، بأهمية الأقليات بالنسبة لـ"إسرائيل": "الشرق الأوسط ليس سوى موزاييك شعوب وثقافات وأنظمة تحكم شعوباً ومجموعات غير راضية. إذا استطاعت "إسرائيل" الاتصال بهذه المجموعات كافة، المعادية للعروبة والإسلام، فإنها ستتمكن من تفتيت العالم الإسلامي قطعاً".[8] ولهذا عمدت الحكومة الإسرائيلية إلى "تشجيع إقامة الدويلات الطائفية لضرب النظام العربي وتهديد الوجود العربي، فأقامت علاقات خاصة مع مجموعات طائفية مختلفة".[9]

وقد اهتم الباحثون الإسرائيليون ومراكز الدراسات الرسمية والأكاديمية الإسرائيلية بوضع المشاريع والمخططات لتفتيت الوطن العربي عن طريق الاستفادة من الأقليات. ولا شك أن إثارة قضية الأقليات في الوطن العربي لا تنبع من حرص "إسرائيل" عليها، بل من أجل نفي وجود العرب وإضعافهم وإيجاد المبرر لوجودها بوصفها دولة يهودية في الوسط العربي. إلا أن وضع المخططات الإسرائيلية لا يعني نجاحها بالضرورة أو قبولها من قبل تلك الأقليات، بل إن بعض الأقليات قاوم بشدة هذه المخططات. كما أن

المخطط الإسرائيلي لتجزئة الوطن العربي موجود لدى الإسرائيليين منذ ما قبل قيام "إسرائيل"، فقد دعا جابوتنسكي، إلى خلق دويلات صغيرة عرقية أو طائفية تحيط بالكيان الصهيوني وتكون تابعة له[10].

واتصلت الحركة الصهيونية منذ أواخر الثلاثينيات من القرن الماضي، ببعض الأقليات في لبنان والعراق من أجل حضهم على التمرد والانفصال. فقد اتصل كل من يورام نمرودي Youram Namroudi وأوري لوبراني Ori Lobrani (سفير سابق في إيران وتركيا) ومردخاي بن فورات Mordechay Ben-Fourat وشوشانا أربيلي Shoshana Arbili بالأكراد في العراق، وإيلياهو ساسون Elyaho Sasoon وإيسر هرائيل Eisar Harail (رئيس جهاز الموساد) بالأقليات في سورية ولبنان[11].

وبعد قيام "إسرائيل"، زاد اهتمامها بموضوع الأقليات في الوطن العربي، وكانت ترى أن:

> العالم العربي والإسلامي يعج بالكثير من المشاكل، والأيدي الفرنسية والبريطانية التي رسمت حدوده في العشرينات غير أمينة، حيث لم تأخذ في الاعتبار رغبة السكان القاطنين في تلك البلاد، فقد قُسّمت هذه البلاد وجُزِّئت تعسّفيّاً إلى دول، بينما كل دولة مكونة من أقليات وجماعات عرقية واليوم أمامنا فرصة ممتازة لتغيير الموقف بدقة متناهية وهذا ما يجب عمله خلال العقد المقبل، وإلاّ فإننا لن نستمر ولن يعود لنا بقاء كدولة، لذلك سيتعين على إسرائيل خلال الحقبة المقبلة أن تقوم بإجراء تغييرات جوهرية على المستوى المحلي في نطاقها السياسي والاقتصادي، وكذلك تغييرات جديدة متطرفة على مستوى السياسة الخارجية، وذلك من أجل مواجهة التحديات العالمية والإقليمية في هذه الحقبة الجديدة[12].

وترى "إسرائيل" أن تجزئة الوطن العربي هي السبيل لحمايتها، ولهذا ولأجل ضمان أمنها، ليس أمامها سوى تجزئة العالم العربي وتحويله إلى العديد من الكيانات المصطنعة ذات الطابع الطائفي والديني. وهذا الأمر سوف يؤدي إلى تحقيق هدفين في آن واحد؛ من جانب سوف تجد تبريراً لها في عالم يسوده مفهوم الدولة الطائفية، وتخلق التجانس بين منطق وجودها وما هو سائد في المنطقة. ومن جانب آخر، تسهم في إلهاء الدول العربية في خلافات داخلية، تؤدي إلى إضعافها[13].

ولهذا فقد وجد ديفيد بن غوريون، أن "إسرائيل" لكي تصبح جزءاً من المنطقة عليها أن تستغل وجود الأقليات في الدول العربية لمصلحتها:

نحن شعب صغير، وإمكانياتنا ومواردنا محدودة، ولا بد من العمل على علاج هذه الثغرة في تعاملنا مع أعدائنا من الدول العربية، من خلال معرفة وتشخيص نقاط الضعف لديها. وخاصة العلاقات القائمة بين الجماعات والأقليات العرقية والطائفية، بحيث نسهم في تفخيم وتعظيم هذه النقاط، لتتحول في النهاية إلى معضلات يصعب حلها أو احتواؤها.

وطالب بن غوريون، بوضع مخطط عرف في ما بعد بـ"استراتيجية الأطراف الإسرائيلية" وضعه رؤفين شيلواح Reuven Shiloah من وزارة الخارجية الإسرائيلية، يقضي بتطوير علاقات "إسرائيل" مع الدول الأجنبية المحيطة بالدول العربية كإيران وتركيا وإثيوبيا لتهديد الدول العربية والضغط عليها وإبقاء بؤر الصراع قائمة بينها وبين الدول العربية لإضعافها[14]. وأُنشئ فريق عمل في سنة 1953، من الجيش والعناصر الأمنية وأجهزة الاستخبارات والمهمات الخاصة، لكي يتولى الاتصال بالأقليات في الوطن العربي، وتوثيق العلاقات معها. وضم الفريق كلاً من: يسرائيل جاليلي Yisrael Galili خبير الشؤون الاستراتيجية، وإيجال باوين Eygal Bawin خبير الشؤون العسكرية، وموشيه ساسون Moshe Sasoon خبير الشؤون السياسية والسورية بشكل خاص، ورؤفين شيلواح خبير العلاقات السرية مع الأقليات، وخصوصاً الأكراد، وغولدا مائير خبيرة شؤون السياسة والاتصال في ذلك الوقت ورئيسة الحكومة الإسرائيلية في ما بعد. وتوصل الفريق إلى وضع استراتيجية تقوم على بناء قوة عسكرية متفوقة للاحتفاظ بقوة ردع قادرة على حماية أمن "إسرائيل" والحؤول دون إنزال أية هزيمة بها، لأن هزيمة واحدة تهدد الوجود الإسرائيلي، في حين أن بمقدور العرب أن يتحملوا أكثر من هزيمة، وتوثيق علاقات التعاون والتحالف بين "إسرائيل" والدول المحيطة بالوطن العربي، وعقد تحالفات مع الأقليات العرقية والطائفية في الوطن العربي من أجل تشتيت قدرات العرب، لادعائها أن العرب لا يشكلون وحدة ثقافية وحضارية واحدة، بل هم خليط متنوع من الثقافات والتعدد اللغوي والديني والإثني.

كما خشيت "إسرائيل" من القومية العربية والوحدة العربية، ولهذا فقد دعت إلى خلق تجمع إثني يضم دولاً وجماعات غير عربية لمواجهة المد القومي العربي. وألقى مائير عميت Meir Amit رئيس الموساد سنة 1959، محاضرة أمام عناصر من الموساد قال فيها:

إن التهديد بالخطر العربي الذي جسدته حركة المد القومي، كان لا بد أن ينجح في إثارة النوازع النفسية لدى الجماعات غير العربية داخل الدول العربية، وخاصة في العراق وسورية ولبنان والسودان. كما أن الوجود الإثني المتمثل في شعوب مثل الشعب الإسرائيلي والتركي والإيراني والإثيوبي، الذي يتناقض مع العنصر العربي المهيمن على المنطقة، شكل أساساً لقيام علاقة تحالفية بين إسرائيل والدول التي تمثل تلك الشعوب [15].

واستخدمت "إسرائيل" سلاح التخويف من هيمنة العرب المعززين بالقوة النفطية، لكي تحث الدول والجماعات غير العربية على الاحتشاد والتحالف لدرء ذلك الخطر. وقد عبرت عن ذلك غولدا مائير عندما كانت وزيرة الخارجية الإسرائيلية في مؤتمر حزب العمل سنة 1960 حين قالت: لقد نجحنا في إقناع الدول المحيطة بالدول العربية لإقامة "حلف الدائرة"، ليشكل سوراً حول تلك الدول، يدرأ الخطر ويقي هذه الدول ويصونها من حركة القومية العربية.

وخلال اجتماع مؤتمر سيفر السري في 1956/10/22 للتحضير للعدوان الثلاثي على مصر، قدم بن غوريون لبريطانيا وفرنسا خطته التي تضمنت إلى جانب احتلال قطاع غزة وسيناء وإطاحة نظام عبد الناصر، تفكيك لبنان وضم الجنوب اللبناني حتى نهر الليطاني إلى "إسرائيل"، وإنشاء دولة مسيحية في مناطق أخرى في لبنان، وتقسيم الأردن. واعترف موشي ديان في سيرته الذاتية بما جاء على لسان بن غوريون في مؤتمر سيفر، وقال إن رئيس الوزراء الإسرائيلي كانت وجهة نظره "بأنه لا حق للأردن في الوجود ويجب تقسيمه بضم شرق الأردن إلى العراق الذي عليه الالتزام والموافقة على استيعاب اللاجئين الفلسطينيين وتوطينهم في أراضيه، وضم ما تبقى من الأردن غرب النهر إلى "إسرائيل". وعلى لبنان التخلص من بعض مناطقه الإسلامية لضمان الاستقرار المرتكز على القسم المسيحي [16]".

وطالب بعض زعماء الحركة الصهيونية بإقامة نوع من التعاون بين الأقليات في الوطن العربي، واقترحوا إقامة "اتحاد الأقليات" على أساس أن الشرق الأوسط لا يضم العرب فحسب؛ بل هو متعدد الإثنيات والأديان والثقافات. وعلى رأس هؤلاء بن غوريون الذي كان يشير إلى الشرق الأوسط على أنه مكون من الفرس والأتراك واليهود والموارنة (على أساس أنهم غير عرب كما كان يدعي) وطالب بإقامة تحالف بينهم لمنع إقامة الوحدة العربية وإبقاء الوطن العربي مجزأ[17].

ويرى أحد الباحثين الإسرائيليين، أن أساس وجود مشكلة الأقليات في الوطن العربي، يعود إلى العرب أنفسهم، ويقول:

> إن هنالك وطناً واحداً للعرب عائداً لهم وليسوا غرباء فيه، ألا وهو الجزيرة العربية. أما بقية البلاد التي يقيمون الآن عليها فليسوا سوى محتلين لها مسيطرين عليها، يقيمون فيها إمبراطورية مغتصبة، ويستنكرون بكل وقاحة الحقوق الطبيعية للشعوب التي لها الحق الشرعي في هذه المنطقة قبل "الاحتلال العربي" والتي أصبحت الآن "شعوباً وطوائف لاجئة" في الشرق الأوسط، لها كل الحق في تقرير المصير والاستقلال السياسي. وهنالك عبء من الحقوق والواجبات ملقى على كاهل الإسرائيليين كي يقدموا يد العون إلى المتعفنين في عبوديتهم داخل السجن العربي. لذا يجب إيجاد لغة مشتركة وطريقة عمل واحدة مع الأكراد في العراق، والدروز في سورية، والزنوج في السودان، والموارنة في لبنان والأقباط في مصر, وسائر أبناء الشعوب والديانات التي تحارب سوية من أجل التحرر والاستقلال. إن من العدالة والحكمة السياسية أن تعمل إسرائيل على الفك التام للإمبراطورية التي تعتبر آخر إمبراطوريات الماضي التي انتهت في عهدنا [18].

ويمثل الكاتب الإسرائيلي إرييه أورنشتاين Eryh Aurnnashtayn موقف المثقفين الإسرائيليين المعادين للوحدة العربية ويقول: "على نقيض شعار الوحدة العربية الذي ينادي به العرب، إنني أؤمن بتفسخه بعد حين وظهور طوائف عرقية وجغرافية مثل لبنان المسيحي، ومنطقة الأكراد شمال العراق، وجبل الدروز، ودولة إسرائيل"[19].

ويضع يحزقيل درور Yehezkel Doror، المفكر الصهيوني المعروف، في كتابه "استراتيجية عظمى لإسرائيل عام 1990" أبرز العناصر والأفكار التي من الممكن أن تؤدي إلى إضعاف الدول العربية وتفتيتها، ما يخدم "إسرائيل" وأمنها، وهي:

1. تقويض الكيانات العربية وإسقاطها وتفتيتها.
2. إثارة الحروب والنزاعات بين الدول العربية.
3. إيجاد مختلف الوسائل لتدخل القوى العظمى في النزاعات العربية.
4. تدمير البنية الأساسية للدول العربية من دون استثناء.
5. تفتيت المجتمعات العربية من الداخل عن طريق دعم الأقليات غير العربية وغير الإسلامية.
6. تدعيم علاقات "إسرائيل" مع دول الجوار العربي والتحالف معها.

وكان درور، قد أرسل مذكرة إلى رئيس الوزراء الإسرائيلي إسحق رابين في كانون الأول/ ديسمبر 1991 يدعوه فيها إلى العمل من أجل الاستفادة من انهيار الاتحاد السوفياتي في إضعاف العرب، ويقول فيها:

> إنه من الضروري أن نبذل قصارى جهودنا من أجل استغلال هذه الأحداث والتطورات التي تشهدها المنطقة منذ انهيار الاتحاد السوفياتي وأزمة الخليج التي أدت إلى إضعاف العالم العربي بشكل لم يسبق له مثيل من أجل تفجير التناقضات داخله ومع الجوار والمحيط من حوله. إن سياسة "فرق تسد" هي التي جعلت دولة مثل بريطانيا كانت تنحصر فوق عدد من الجزر إلى إمبراطورية عالمية لا تغيب الشمس عن مساحتها التي وصلت من الهند شرقاً إلى جزيرة فوكلاند غرباً[20].

كما أشار يعقوب شمشوني Yakoub Shamshouni، الباحث في مركز الأبحاث السياسية التابع لوزارة الخارجية الإسرائيلية، في بحثه الذي قدمه في ندوة عقدت في جامعة بارإيلان بعد حرب الخليج الثانية سنة 1991، عن الأسباب التي تدفع "إسرائيل" إلى تأييد الحركات الانفصالية والأقليات في الدول العربية وهي:

1. أن العرب هم العدو الأول للحركة الصهيونية ولا بد من إيجاد حلفاء في منطقة الشرق الأوسط في الدول العربية إلى جانب حلفاء "إسرائيل" في الغرب.
2. أن المصير واحد للأقليات الموجودة في الوطن العربي مع اليهود.

ودعا شمشوني إلى العمل على تطبيق أفكار بن غوريون التي قدمها سنة 1954، الداعية إلى إقامة دولة مارونية في لبنان، على أساس أنها كما يدعي تواجه خطر الإسلام والقومية العربية. وإنه من المفروض العمل في أوساط "المعسكر المسيحي" في لبنان

لإقامة تحالف وتعاون مع "إسرائيل"، ومن ثم الانتقال إلى دعم الأكراد في العراق والدروز في سورية وسكان جنوب السودان[21]. ووصف شمشوني، موقف بن غوريون المؤيد للأقليات بقوله: "إن ما طرحه بن غوريون هو ليس حاصل أوهام أو خيال يدغدغ المشاعر، بل كان فلسفة تترجم مواقف وأهدافاً اعتمدها بالمشاركة مع زعماء الاستيطان، قبل قيام الدولة لتصبح برنامج عمل للتعامل مع الحلفاء"[22].

ولهذا فإن "إسرائيل" تعتمد في استراتيجيتها على إضعاف الدول العربية من خلال الوسائل التالية:

1. تفتيت الدول العربية من خلال إثارة النعرات الطائفية وتغذيتها داخل كل دولة عربية بما يحقق الأمن القومي لـ"إسرائيل".

2. العمل على توسيع الخلافات بين الأقطار العربية لكي تبدد قوتها العسكرية في الصراعات الإقليمية التي تسهم هي في خلقها ودعمها.

3. العمل على منع قيام وحدة بين الأقطار العربية، والسعي إلى تمزيق المنطقة وتجزئتها بتحويلها إلى كيانات ضعيفة متقاتلة.

4. إنشاء حركات مؤيدة لـ"إسرائيل" تهدف إلى تفتيت الروابط الاجتماعية والقومية في المجتمعات العربية وخلق صراعات دينية بين المسلمين وبقية الطوائف من أجل تفتيت الشعب الواحد وتقسيمه.

5. تمزيق الدول العربية إلى مناطق مستقلة تسيطر عليها الطوائف المختلفة.

6. بما أن القومية العربية هي العدو الرئيسي لـ"إسرائيل"، فإن تجزئة وتقسيم وتدمير الأقطار العربية هو واجب وهدف "إسرائيل" الأول.

7. على "إسرائيل" أن تقيم علاقات جيدة مع الأقليات الدينية (المسيحيين) والعرقية (الأكراد) والإثنية (البربر)، وتحريضها على العمل معها ضد العرب تصل إلى حد الانفصال وتشكيل كيانات منفصلة.

8. من أجل القضاء على التفوق السكاني العربي والقوة العربية، لا بد من تفتيت الأقطار العربية لإضعافها وإبقائها عاجزة عن مقاومة الوجود الإسرائيلي.

9. التركيز الإسرائيلي على أن منطقة الشرق الأوسط لا تضم شعباً واحداً، بل عدة شعوب مختلفة، والتأكيد على هوية الشرق أوسطية بديلاً للهوية العربية لشعوب الشرق الأوسط.

ويبرر باحث إسرائيلي تأييد "إسرائيل" للأقليات في الوطن العربي، لأن ذلك يخدم المصالح الإسرائيلية ويقول: "إن من حق إسرائيل بوصفها دولة إقليمية يهودية العمل للدفاع عن أية أقلية قومية إثنية ودينية في المنطقة لكونها جزءاً لا يتجزأ منها، وأن من مصلحتها المشروعة أن تشارك في الحفاظ على النسيج التعددي للشرق الأوسط لكونه أساس وجودها وأمنها"[23].

ولهذا، فقد جندت "إسرائيل" الخبراء المتخصصين في مجال العلاقات مع الأقليات بهدف دفعها إلى التمرد والانفصال وإقامة الكيانات العرقية الخاصة بها. وكان في مقدمة هؤلاء رؤفين شيلواح ويورام نمرودي وأوري لوبراني ومردخاي بن فورات وشوشانا أربيلي للتحرك وإجراء الحوار مع الأكراد. وأسندت إلى كل من إيلياهو ساسون وإيسر هرائيل، للتعامل مع الأقليات في كل من سورية ولبنان. ووضعت استراتيجية شاملة في التعامل مع الأقليات وتشجيعها على الانفصال والتعبير عن ذاتها إلى درجة الحصول على حق تقرير المصير والاستقلال عن الدولة الأم أياً كانت طبيعة هذه الأقليات من حيث الحجم والنوعية. وركزت "إسرائيل" في تعاملها مع الأقليات، على أن الوطن العربي ليس كما يؤكد العرب دائماً أنه يشكل وحدة ثقافية وحضارية واحدة، بل هو خليط متنوع من الثقافات والتعدد اللغوي والديني والإثني. وقد اعتادت "إسرائيل" تصوير المنطقة على أنها فسيفساء تضم بين ظهرانيها شبكة معقدة من أشكال التعدد اللغوي والديني والقومي ما بين عرب وفرس وأتراك وأرمن وإسرائيليين وأكراد وبهائيين ودروز ويهود وبروتستانت وكاثوليك وعلويين وصابئة وشيعة وسنة وموارنة وشركس وتركمان وآشوريين، وأنه لا يوجد ما يجمعها، لأن التاريخ الحقيقي هو تاريخ كل أقلية على حدة. والغاية من ذلك تحقيق هدفين أساسيين هما: رفض مفهوم القومية العربية والدعوة إلى الوحدة العربية، فتبعاً للتصور الإسرائيلي تصبح القومية العربية فكرة يحيط بها الغموض إن لم تكن غير ذات موضوع على الإطلاق[24].

وتهدف الاستراتيجية الإسرائيلية في تعاملها مع الأقليات، برأي يهودا لاوبير Yahoda Laobir، إلى مواجهة الضغوط التي تتعرض لها من الدول العربية، وفتح معارك جانبية داخل كل دولة عربية لإضعافها وتوزيع قوتها العسكرية والسياسية، بدلاً من حشدها ضد "إسرائيل"، وانهماك الدول العربية بحروب داخلية تمنعها من مهاجمة "إسرائيل"[25].

واعترف إسحق رابين، رئيس الوزراء الإسرائيلي السابق، بأن "إسرائيل" قدمت مساعدات لبعض الأقليات وكان أبرزها:

> تقديم الأسلحة لها بما في ذلك التدريب والامدادات في أماكن وجودها أو في داخل إسرائيل. حيث توجد في سلسة جبال الكرمل إلى الشرق والجنوب منها أماكن لتدريب عناصر من بعض أبناء الأقليات، منها معسكر القوش لتدريب بعض الأكراد العراقيين، ومعسكر أطلس لتدريب بعض البربر، بالإضافة إلى معسكرات لتدريب عناصر من المعارضة الليبية والإيرانية وعناصر موالية لسمير جعجع كانت قد وصلت إلى منطقة حيفا قبل نهاية عام 1990، وعناصر من فصائل حركة التمرد في جنوب السودان وكذلك توفير الغطاء السياسي والإقليمي والدولي عن طريق ضمان الدعم الدولي وخاصة الدعم الأمريكي لهذه الحركات وتوفير الإمكانات الإعلامية لتمكنها من إسماع صوتها بصورة مباشرة أو غير مباشرة[26].

وقد وضعت "إسرائيل" أهدافاً واضحة في سياستها في دعم الأقليات في الوطن العربي، منها تحقيق الأهداف التالية:

1. تجزئة الدول العربية وبلقنة الوطن العربي.
2. إقامة دولة يهودية نقية.
3. تحويل "إسرائيل" إلى قلعة صناعية ودولة خدمات سياحية.
4. ربط الاقتصاد العربي بالاقتصاد الإسرائيلي من منطلق السيطرة ومبدأ التبعية.
5. تحويل القدس إلى عاصمة عالمية: مصرفية وصناعية[27].

ولهذا، فإن "إسرائيل" تريد بلقنة المنطقة العربية، لأنها مقتنعة بأن تجزئة الدول العربية وتحويلها إلى كيانات ذات طابع طائفي أو ديني، سيساهم في حمايتها وضمان أمنها، ويحقق لها هدفين في آن واحد: فمن جانب سوف تجد تبريراً لها في عالم يسوده مفهوم الدولة الطائفية، وبصفتها دولة يهودية فإنها ستجد مبرراً لوجودها الذي سوف يسود في المنطقة. ومن جانب آخر، سوف تشغل القيادات والشعوب العربية سنوات طويلة في خلافات محلية على الحدود والأطماع المتعلقة بالممرات المائية والثروات البترولية. عندها تستطيع أن تؤمّن لنفسها التطور الذي سوف يسمح لها بأن تحقق أهدافها البعيدة المدى والمتعلقة بالسيطرة الكاملة والتحكم في المنطقة الممتدة من المحيط الهندي حتى المحيط الأطلسي[28].

ووضعت "إسرائيل"، أولوياتها الاستراتيجية في ضوء الأولويات الاستراتيجية الغربية، وهي دائماً مستعدة لتغيير وتبديل أولوياتها في ضوء ما قد يطرأ من تغيرات وتعديلات على الأولويات الغربية. ففي الستينيات عندما كان العدو الأكبر للدول الإمبريالية، القومية العربية، كان عدو الصهيونية آنذاك القومية العربية، أما في الوقت الراهن، وبعد أحداث 11 أيلول/ سبتمبر 2001، فقد أصبحت الأصولية الإسلامية هي الخطر الجديد، وبالتالي فقد أصبحت مواجهة "الإرهاب" تمثل الركيزة الأساسية في الاستراتيجية الصهيونية الإسرائيلية. وفي الوقت نفسه، تحرص "إسرائيل" على أن تبين مقدرتها على البقاء والعمل على أداء وظيفتها القتالية والاقتصادية من دون أن يتحمل الراعي الإمبريالي تكلفة عالية، وهذا يتطلب وجود مؤسسة عسكرية ضخمة معبأة بشرياً ومادياً تشرف على كل النشاطات[29].

المبحث الثاني: الاستراتيجية الإسرائيلية للأقليات في الوطن العربي:

ركزت الاستراتيجية الإسرائيلية في تعاملها مع الأقليات على تبني سياسة "شد الأطراف ثم بترها" على حد تعبير الباحثين الإسرائيليين. بمعنى مد الجسور مع الأقليات وجذبها خارج النطاق الوطني، ثم تشجيعها على الانفصال (وهذا هو المقصود بالبتر)، لإضعاف العالم العربي وتفتيته، وتهديد مصالحه في الوقت ذاته. وفي إطار تلك الاستراتيجية قامت عناصر الموساد بفتح خطوط اتصال مع تلك الأقليات[30].

وكان أريل شارون قد وضع استراتيجية لتفتيت الوطن العربي، قبل قيامه باحتلال لبنان سنة 1982، وقال في مقابلة مع جريدة معاريف Maarif الإسرائيلية إن الظروف "مؤاتية لتحقيق مشروع تفتيت الدول العربية وبسط الهيمنة الإسرائيلية على المنطقة". وتحدث عن الصراع المحتمل حدوثه بين الشيعة والسنة والأكراد داخل العراق، وبين السنة والعلويين في سورية، وبين الطوائف المتناحرة في لبنان، وبين الفلسطينيين والبدو في الأردن، والسنة والشيعة في المنطقة الشرقية في السعودية، والمسلمين والأقباط في مصر، وبين الشمال المسلم والجنوب المسيحي - الوثني في السودان، وبين العرب والبربر في المغرب العربي الكبير[31].

وجدد شارون بعد تسلمه وزارة الدفاع الإسرائيلية سنة 1981، الحديث عن الحلم الصهيوني بإنشاء دويلات تحكمها أقليات دينية "هذه الهيمنة العبرانية تستعيد لنفسها الحلم القديم بإلغاء هيمنة المسلمين السنة على مجمل الشرق الأوسط عبر إيجاد دويلات مستقلة تحكمها أقليات دينية أو على الأقل تشجيع طموحات هذه الأقليات. لذا يجب مساعدة مسيحيي لبنان، والدروز والشيعة الذين يتواجدون في مناطق أكثر قرباً من الحدود الإسرائيلية"[32].

وأكد هذا المعنى، الباحث العسكري الإسرائيلي زئيف شيف Zaif Shiev، إذ قال إن استراتيجية شد الأطراف التي تم تبنيها في أواخر الخمسينيات جرى تجاوزها، بحيث أصبح المرفوع الآن هو شعار البتر وليس الشد، وبمقتضى ذلك فإن الدعم الموجه إلى الأقليات تطور، ولم يعد يستهدف إضعاف الموقف العربي في مواجهة "إسرائيل" فقط، وإنما أصبح يولي أهمية خاصة لعملية "البتر" لتلبية طموحات الجماعات العرقية والدينية في الانفصال، وتشكيل الكيانات المستقلة عن الدول العربية[33].

وتعدُّ الدراسة التي وضعها عوديد يينون Oded Yinon، أحد موظفي وزارة الخارجية الإسرائيلية، أهم الدراسات الإسرائيلية الاستراتيجية وأخطرها وهي متعلقة بدعم "إسرائيل" للأقليات في الوطن العربي، من أجل تحقيق خططها في تجزئة الوطن العربي وإضعافه. وحملت الدراسة عنوان "استراتيجية إسرائيل في الثمانينيات A Strategy for Israel in the Nineteen Eighties وقدمها يينون لوزارتي الخارجية والدفاع الإسرائيليتين، ونشرها في مجلة Direction الصادرة عن إدارة الاستعلامات التابعة للمنظمة الصهيونية العالمية (كيفونيم Kivunim)، في العدد رقم 1982/2/14، أي قبل أشهر من الاجتياح الإسرائيلي للبنان. وقد دعا فيها صراحة إلى تفتيت وتحطيم الدول العربية لعدة دويلات، وتحويل المنطقة كلها إلى مجموعة من الدويلات الطائفية الضعيفة والصغيرة، تكون خاضعة لـ"إسرائيل". وتقوم نظرة الكاتب إلى الواقع العربي، على أنه تتنازعه الانقسامات الطائفية في الدرجة الأولى "وتسيطر على معظم سكانه مجموعات مستبدة تتمتع بامتيازات خيالية. ولهذا فإن على "إسرائيل" أن تعمل بكل طاقاتها العسكرية والسياسية على إنهاء الدول العربية وتجزئتها إلى دويلات طائفية لا حول لها ولا قوة، تدور في فلك الإمبراطورية الإسرائيلية"[34]. ويرى يينون أن السلام المبني على أساس كامب ديفيد "خطيئة ارتكبتها إسرائيل" وطالب بإصلاح ما تسبب به الاتفاق مع مصر من ضرر لـ"إسرائيل". ودعا إلى السيطرة على الموارد العربية إذا ما أرادت "إسرائيل" الاستمرار في الوجود. وتدعو الدراسة إلى تجزئة مصر إلى وحدات، ما سيؤدي إلى إضعافها، ويجعل "إسرائيل" قادرة على التنصل من التزاماتها باتفاقيات كامب ديفيد. وقال إن تجزئة مصر إلى وحدات هو هدف "إسرائيل" السياسي في الثمانينيات، وإن مصر مفككة ومنقسمة إلى عناصر كثيرة لا تشكل أي تهديد لـ"إسرائيل" بل ضمانة للأمن والسلام لوقت طويل. وإن انهيار مصر هو بداية الانهيار الكبير الذي سيصيب دولاً أخرى. ويرى يينون أن مصر فقدت قوتها السياسية القائدة في العالم العربي، وتتخبط في مشاكل داخلية متأزمة، ولهذا فإن الوقت ملائم بنظره لتنفيذ مشروع التفتيت. وتفتيت مصر كما يرى يينون سيؤدي إلى تفكيك السودان وليبيا. "فإن بلداناً أبعد من ذلك سوف تتأثر هي الأخرى ولن تستمر في إبقاء صورتها الحالية وسوف تتفكك نتيجة تفكك مصر، فوجود دولة مسيحية قبطية في أعالي مصر يعدُّ تطوراً تاريخياً، إلا أن اتفاقيات السلام هي التي أخرت هذا الوضع، لكن ذلك يبدو

حتمياً في المدى البعيد". وتنص دراسة يينون، على تفتيت مصر إلى كانتونات طائفية، دويلة قبطية مسيحية عاصمتها الإسكندرية في أعالي مصر، ودويلة النوبة عاصمتها أسوان، ودويلة إسلامية، عاصمتها القاهرة، ودويلة تكون تحت النفوذ الإسرائيلي. ودعا يينون إلى تجزئة السودان إلى ثلاث دويلات طائفية، دويلة في النوبة ودويلة إسلامية في الشمال وأخرى مسيحية في الجنوب. أما دول المغرب العربي فقد دعا إلى إقامة دويلة بربرية فيها. كما اقترح مخطط يينون تقسيم لبنان إلى سبعة كانتونات، دويلة سنية تساندها سورية ودويلة مارونية ودويلة بيروت الدولية وكانتون فلسطين وآخر كتائبي ودويلة تحت النفوذ الإسرائيلي وأخرى درزية. وقال:

> إن إسرائيل غير قادرة على أن تحقق عن طريق الاحتلال العسكري استراتيجيتها، إن الجيش الإسرائيلي بكل فروعه غير كاف لاحتلال هذه المناطق الكبيرة المترامية الأطراف، لذلك فإن الحل العسكري أو التفتيتي لمثل هذه القضية هو عن طريق دفع أطراف أخرى لتقوم بمثل هذه الدور. بينما تستطيع من خلال تجزئة لبنان إلى خمس دويلات أن تحقق ذلك[35].

أما بالنسبة إلى سورية، فقد فدعا يينون إلى إقامة دولة علوية على طول الساحل، ودولة سنية في منطقة حلب وأخرى سنية في دمشق ودولة درزية في هضبة الجولان تمتد إلى حوران وشمال الأردن. ووصف يينون العراق بأنه الدولة الأقوى في المنطقة من ناحية إمكاناته البشرية والمادية التي تشكل خطراً حقيقياً على "إسرائيل" في المستقبل القريب والبعيد. وقال:

> إن العراق الغني بالنفط من جهة، والذي يكثر فيه الانشقاق والأحقاد في الداخل من جهة أخرى، هو المرشح المضمون لتحقيق أهداف إسرائيل، فالعراق أقوى من سورية وقوته تشكل في المدى القصير خطراً على إسرائيل أكثر من أي خطر آخر. إن الحرب العراقية - الإيرانية سوف تؤدي إلى تفتيت العراق وتؤدي إلى انهياره من الداخل قبل أن يصبح في إمكانه التأهب لخوض الصراع على جبهة واسعة ضدنا.

وما يحدث في العراق حالياً بعد الاحتلال الأمريكي من محاولات ضرب وحدته الوطنية تمهيداً لتجزئته، يؤكد ما خطط له يينون قبل ربع قرن. ولم تسلم منطقة الخليج العربي من مخطط يينون، فدعا أيضاً إلى تقسيم منطقة الخليج العربي، على أساس أن:

> البنية السياسية في شبه الجزيرة العربية معرضة لمختلف أشكال الانقسامات، وهذا أمر حتمي، وبخاصة في العربية السعودية. وبغض النظر عما إذا كانت قوتها الاقتصادية القائمة على النفط ستظل على حالها لا تمس أو أن هذه القوة ستتقلص على المدى البعيد، فإن الانشقاقات الداخلية والانقسامات هي تطور طبيعي واضح وطبيعي في ضوء البنية السياسية الحالية.

وبالنسبة إلى الأردن فهو برأي يينون:

> يشكل هدفاً استراتيجياً مباشراً على المدى القصير، ولكن ليس ذلك على المدى البعيد، لأنه يشكل خطراً حقيقياً على المدى البعيد، وذلك بعد تجزئته وإنهاء حكم الملك حسين الذي طال، وانتقال السلطة إلى الفلسطينيين، على أن يتم ذلك في المستقبل القريب. وإن على إسرائيل أن توجه سياستها لإذابة هذا الكيان وتنهي النظام الحالي فتنتقل السلطة إلى الأغلبية الفلسطينية، وعليه فإن تغيير النظام في شرق الأردن سوف يحل مشكلة المناطق المكتظة من السكان العرب غرب الأردن[36].

واعتمد يينون في مشروعه على:

- أن واقع العالم العربي يشبه بيتاً قابلاً للسقوط يسهل هدمه بسبب خليط الأقليات العرقية المتناحرة.
- أن سياسة السلام وإرجاع الأراضي من خلال الاعتماد على الولايات المتحدة، من شأنها أن تمنع تحقيق الحلم الصهيوني الكبير أو أن تعطل الأهداف القومية، انطلاقاً من حاجات سياسية ضيقة.
- أن تجزئة الأقطار العربية، وخصوصاً المحيطة بفلسطين، هي الضمانة الرئيسية لبقاء "إسرائيل" وقوتها.

ووصف البروفيسور الإسرائيلي المعارض إسرائيل شاهاك، الذي ترجم الخطة من العبرية إلى الإنكليزية، بأنها تمثل وجهة نظر بعض قادة "إسرائيل" في منطقة الشرق الأوسط المستندة إلى تقسيم المنطقة بأكملها إلى دويلات صغيرة[37].

وصدر كتاب بعنوان "الأقليات والشرق الأوسط" في سنة 1985 عن رئاسة الأركان الإسرائيلية يتضمن المخططات نفسها التي جاءت في خطة يينون، وأشرف على الكتاب

يحزقيـل درور، لتحقيق الأهـداف الإسرائيلية. وبدأ بتنفيذ مـا جاء في خطة بينـون في بعض الدول العربية، والاستعانة بالأقليات من أجل تنفيذه. وعلى الرغم من رفض البابا شنودة تطبيع العلاقات مع "إسرائيل" ومنعه الأقباط من زيارة الأماكن المقدسة في القدس، إلا أن بعض الأقباط خارج مصر، بدأوا الاتصال مع السلطات الإسرائيلية لمساعدتهم. وأرسلت "الجمعية الوطنية القبطية في المهجر" رسالة لرئيس الحكومة الإسرائيلية أريل شارون، تطلب فيها وساطته لحل مشاكل الأقباط في مصر. وأرسلت تلك الرسالة، بعد الأحداث التي شهدتها مصر من جراء طلب إحدى المصريات القبطيات، وهي زوجة قس مصري، اعتناق الدين الإسلامي في سنة 2004.

وتأكيداً لأهمية قضية الأقليات بالنسبة إلى "إسرائيل"، فقد عقدت عدة ندوات ومؤتمرات في مراكز البحوث والجامعات الإسرائيلية، ناقشت مخططات ومشاريع إسرائيلية لتنفيذها في الوطن العربي. وتمخضت عنها المواقف التالية:

1. تأييد "إسرائيل" للنزعات الانفصالية والإثنية في الوطن العربي.

2. البحث في أساليب دعم الأقليات في الأقطار العربية.

3. الدفاع عن الأقليات التي تتعرض لاضطهاد عربي في المحافل الدولية.

ومن أهم تلك المؤتمرات والندوات:

أولاً: الندوة التي عقدت في سنة 1979 في مركز الأبحاث السياسية التابع لوزارة الخارجية الإسرائيلية، شارك فيها باحثون إسرائيليون مختصون في الشؤون السياسية والمهمات الخاصة وبعض العسكريين، أمثال ديفيد ساسون David Sasoon مدير عام وزارة الخارجية الإسرائيلية، ويهوشفاط هاركابي رئيس الاستخبارات العسكرية السابق، وديفيد كمحي David Kimhi مدير عام وزارة الخارجية السابق، وبرئاسة مدير المركز زيونستين Zuonastin. وبحث المجتمعون في مستقبل العلاقة بين "إسرائيل" والدول العربية، وأوصت الندوة بدعم الأقليات في الوطن العربي وتشجيعهم على إقامة كيانات خاصة بهم.

ثانياً: الندوة التي عقدها مركز دايان لأبحاث الشرق الأوسط وأفريقيا التابع لجامعة تـل أبيب سنة 1990، تحت عنوان "تفتيت المنطقة العربية" قدم فيها 20 بحثاً، قدمها متخصصون إسرائيليون في الشؤون العربية، ومن المشاركين البروفيسور يحزقيل

درور وأوري لوبراني وديفيد ساسون مدير قسم المهمات الخاصة ورئيس شعبة الاستخبارات العسكرية. ووضع المؤتمر توصيات في كيفية الاستفادة من التناقضات الموجودة بين الأقليات والدول العربية والاتصال معها وكيفية تقديم المساعدات لها ودعمها[38].

ثالثاً: الندوة التي نظمها مركز بارايلان للأبحاث الاستراتيجية التابع لجامعة بار إيلان الإسرائيلية في 1992/5/22، بالتعاون مع مركز الأبحاث السياسية بوزارة الخارجية الإسرائيلية عن "الموقف الإسرائيلي من الجماعات الإثنية والطائفية في العالم العربي". وشارك فيه خبراء وباحثون إسرائيليون متخصصون في الشؤون الاستراتيجية والعربية، منهم ديفيد كيمحي وإيهوشقاط هيركابي وأوري لوبراني وعوفر ابانجو الباحثة الإسرائيلية المتخصصة في شؤون الأكراد. وقدم في الندوة أحد عشر بحثاً عن الأقليات في الوطن العربي، وصدرت توصيات عن المؤتمر عبرت عن موقف الحكومة الإسرائيلية من انتشار الأقليات العرقية والطائفية في الدول العربية ولخص المؤتمر توصياته في ما يلي:

1. ضرورة تقديم الدعم العسكري وعدم الاكتفاء بالدعم السياسي المعنوي للأقليات.
2. إن مصلحة "إسرائيل" تقتضي أن تتكرس تلك الصراعات وتتعمق، لأن تجزئة الوطن العربي تؤدي إلى إضعافه وتشتيت قواه، ما يؤدي إلى بقاء "إسرائيل".
3. إن تفتيت الدول العربية الرئيسية يتطلب جهوداً عملية من جانب "إسرائيل" لدعم الأقليات مادياً وعدم الاكتفاء بالدعم المعنوي.
4. الاتصال المباشر بتلك الجماعات وحثها على الثورة والانفصال وإقامة كيانات مستقلة.
5. الاستعانة ببعض الدول لتحقيق عدم الاستقرار في الدول التي توجد فيها الأقليات.

رابعاً: الندوة التي عقدها مركز بار إيلان سنة 1993، عن الأقليات ومستقبل الصراع العربي الإسرائيلي، وتنبأت الأوراق التي قدمت بأن الصراع في العقدين القادمين سيكون داخلياً في الدول العربية نفسها، بينها وبين الأقليات فيها[39].

خامساً: الندوة التي نظمها منبر معز حلان لدراسة قضايا الأمن القومي بعد عام واحد على توقيع اتفاق أوسلو مع منظمة التحرير الفلسطينية سنة 1993، وتوصلت الندوة إلى أن "إسرائيل" لم تعد محور الصراع أو هاجس الخطر على الدول العربية، كما توصلت إلى:

1. أن نهاية التسعينيات وبداية القرن الواحد والعشرين ستشهدان تحولات كبيرة في شكل الصراعات وطبيعتها في الشرق الأوسط، لأن الصراع العربي الإسرائيلي الذي خفت حدته بعد التوقيع على اتفاقيات التسوية مع الأطراف العربية سوف يتحول إلى صراعات داخلية في الدول العربية، وصراعات اجتماعية وطائفية وعرقية، أي إن خطوط المواجهة بين الدول العربية و"إسرائيل" ستنتقل إلى داخل الدول العربية المجاورة لـ"إسرائيل".

2. أن من مصلحة "إسرائيل" أن تنقل خطوط المواجهة بينها وبين الدول العربية بعيداً عنها، وعليها أن تستخدم جميع الوسائل من أجل الإسراع في هذه الصراعات عن طريق دعم فريق ضد فريق آخر.

3. أن من مصلحة "إسرائيل" دعم إقامة علاقات خاصة مع دول الجوار (تركيا وإثيوبيا وإيران)[40].

ودعمت الولايات المتحدة الأمريكية الموقف الإسرائيلي من الأقليات في الوطن العربي عن طريق مشروع أمريكي متعلق بالاضطهاد الديني Religions Persecution Act نال تأييداً كبيراً من الكونغرس الأمريكي. ويدعو القانون إلى فرض عقوبات على الدول العربية والإسلامية التي تحد من حرية الأقليات أو التي لا تقوم بدور إيجابي لمنع التعرض للأقليات. وأشار القانون بالاسم إلى كل من مصر والسعودية والسودان. وتسعى الولايات المتحدة للتوفيق بين دعمها لـ"إسرائيل"، وتبرير سيطرتها على المشرق العربي، من خلال تأييدها للأقليات لإضعاف الوطن العربي.

وتستند "إسرائيل" في مؤامراتها وخططها في تفتيت الأقطار العربية، إلى وجود تناقضات بين الأقليات في الوطن العربي والأغلبية العربية، علماً بأن التناقضات الكبيرة داخل المجتمع الإسرائيلي هي التي من الممكن أن تؤثر على بقاء "إسرائيل". فالانقسامات كامنة في جوهر المجتمع الإسرائيلي، كالانقسام الإثني بين اليهود الشرقيين السفارديم Sephardim واليهود الغربيين الإشكنازيم Ashkenazia،

والانقسام الاجتماعي - الثقافي بين المهاجرين القدامى والمهاجرين الجدد القادمين بشكل خاص من الاتحاد السوفياتي، والانقسام القومي بين الفلسطينيين العرب واليهود، والانقسامات بين اليهود العلمانيين واليهود المتدينين، وبين المستوطنين وبقية فئات المجتمع الإسرائيلي، وبين أحزاب اليمين وأحزاب اليسار. كل تلك التناقضات والانقسامات قد تفجر "إسرائيل" من الداخل قبل أن يحدث مثل هذا الأمر في أي دولة عربية.

المبحث الثالث: المخططات الإسرائيلية لتفتيت الوطن العربي:

وضعت "إسرائيل" بناء على الدراسات والندوات والمؤتمرات السرية والعلنية التي عقدتها، مخططات ومشاريع مختلفة للاستفادة من الأقليات في الوطن العربي، تتحدث عن استراتيجية التفتيت والتجزئة للعالمين العربي والإسلامي إلى دويلات صغيرة، تقوم على أسس طائفية وعرقية. وقد لخصت تلك الاستراتيجية في السياسة التي تبنت موقف "شد الأطراف ثم بترها". بمعنى مد الجسور مع الأقليات وجذبها خارج النطاق الوطني، ثم تشجيعها على الانفصال، لإضعاف العالم العربي وتفتيته، وتهديد مصالحه في الوقت ذاته. وفي إطار تلك الاستراتيجية قامت عناصر الموساد بفتح خطوط اتصال مع تلك الأقليات، وفي مقدمتها الأكراد في العراق، والموارنة في لبنان، والجنوبيون في السودان.

ولهذا فإن المخططات الإسرائيلية تجاه الأقليات تقسم العالم العربي إلى أربعة أقسام:

1. دائرة الهلال الخصيب، ويتولى كل من العراق وسورية قيادتها.
2. دائرة وادي النيل، وتمثل مصر الدولة الرائدة فيها.
3. دائرة شبه الجزيرة العربية وتمثل السعودية الدولة القائدة فيها.
4. دائرة المغرب العربي، وعلى رأسها المغرب والجزائر.

أولاً: العراق:

لعبت "إسرائيل" دوراً مهماً في التخطيط للاحتلال الأمريكي - البريطاني للعراق، في نيسان/ أبريل 2003، ولما بعد الاحتلال، لإخراجه من معادلة الصراع العربي - الإسرائيلي، تمهيداً لتفتيته، ولهذا فقد كانت من أكثر المستفيدين من العدوان على الشعب العراقي. وحاولت خلق الفتن الطائفية بين الشيعة والسنة والأكراد والتركمان، تنفيذاً لمخططاتها في تجزئة العراق منذ أكثر من نصف قرن، وخاصة أن العراق من الدول التي سعت الحركة الصهيونية و"إسرائيل" إلى إضعافها وتفتيتها بسبب وجود أقليات عرقية وإثنية وقومية وطائفية فيه، منذ بداية الصراع في المنطقة. ونظراً لأهمية العراق في الاستراتيجية الإسرائيلية، سيتم استعراض الموقف الصهيوني - الإسرائيلي في محاولة تجزئة العراق، ومن ثم الدور الذي تلعبه "إسرائيل" في العراق منذ الغزو الأمريكي - البريطاني لهذا البلد العربي.

1. الموقف الإسرائيلي من العراق:

تنظر "إسرائيل" إلى العراق منذ قيامها سنة 1948، باعتباره مصدر تهديد فعلي بالغ الخطورة على الأمن الإسرائيلي. وقد ارتكز الموقف الإسرائيلي على عدة اعتبارات، كان في مقدمتها الخلفية التاريخية لموقف اليهود من العراق بسبب السبي اليهودي من فلسطين للعراق في عهد نبوخذ نصر. ومروراً لمشاركته في حرب 1948 والمعارك التي خاضها الجيش العراقي بشجاعة كبيرة في شمال فلسطين (جنين وطولكرم) ضد العصابات الصهيونية. والعراق هو الدولة العربية الوحيدة التي شاركت في تلك الحرب، ولم توقع على اتفاقية هدنة مع "إسرائيل"، كما فعلت مصر والأردن وسورية ولبنان (اتفاقيات رودس سنة 1949). كما أن العراق شارك في الحروب العربية - الإسرائيلية (1948 و1967 و1973) من دون اعتبار لطبيعة أنظمة الحكم فيه. وحاول أن يطور قدراته العسكرية باستمرار، واضعاً في مقدمة أهداف هذا التطوير مواجهة ما سمي في الخطاب السياسي العراقي، "مواجهة الخطر الإسرائيلي"، وهو ما دفع العراق بصفة خاصة إلى محاولة العمل على امتلاك قدرات متطورة في مجال أسلحة الدمار الشامل، ولا سيما في مجال التسلح النووي. وتلك المواقف هي التي أخافت "إسرائيل" من قدرات العراق وجعلتها تنظر بقلق إليه بسبب محاولاته تعزيز دوره القيادي على الساحة العربية والإقليمية. وجعل الاستراتيجية الإسرائيلية في المشرق العربي، تركز على إضعاف العراق وتدمير قوته العسكرية وتشجيع الصراعات بين أبنائه. ولهذا فقد استغلت "إسرائيل" الأكراد في شمال العراق، على أساس أنهم شعب يبحث عن وطن قومي، في خططها الرامية إلى تجزئة العراق وإضعافه، فعمدت إلى تشجيع الاتجاهات الانفصالية في الحركة الكردية، كي تستمر الحرب في العراق من أجل إضعاف قدراته السياسية والعسكرية. كما أن الاضطرابات في العراق تفسح المجال لزعزعة المنطقة بكاملها، ووجود صراع إثني في المنطقة يشكل حجة قوية تسوغ وجود الكيان الصهيوني وتدعم استمراره. وتحدث زئيف شيف المراسل العسكري لجريدة هآرتس الإسرائيلية خلال حرب الخليج الأولى، عن دور "إسرائيل" في تجزئة العراق إلى دولة شيعية وأخرى سنية، وثالثة كردية[41].

واستغلت الحركة الصهيونية و"إسرائيل" في ما بعد بشكل مبرمج، وجود الأكراد في العراق البالغ عددهم 3-4 ملايين ويقطنون في السليمانية وأربيل وكركوك، للاتصال

معهم وحث بعض زعاماتهم على التنسيق معها من أجل تشجيعهم على التمرد والانفصال عن السلطة المركزية. ويؤكد د. يهودا لاوبير أن:

> شخصيات صهيونية معروفة تولت الاتصالات مع أكراد العراق، ومن أبرزهم إيلياهو ساسون وموشي دايان ومردخاي بن فورات، حيث جرت تلك الاتصالات منذ النصف الثاني من الثلاثينيات مع مصطفى البرزاني وبعض القيادات الكردية التي كانت تفصح عن رغبتها في الانفصال وإقامة كيان كردي على غرار الكيان اليهودي الذي كانت الحركة الصهيونية تعد العدة لإقامته[42].

وتطورت العلاقات بين بعض قيادات الأكراد و"إسرائيل" بعد قيامها، حيث أمدت "إسرائيل" الأكراد بالسلاح. ويعترف د. أوري جوربائيل، بأن "إسرائيل" أمدت الأكراد بالسلاح بعد 1948، ويقول:

> بتكليف مباشر من زعامات إسرائيل قام تنظيم هاشورا بنقل كميات الأسلحة التي كانت في حوزته في الموصل وكركوك والمنطقة الشمالية ووضعها تحت تصرف البعض من الأكراد. واتخذت هذه الخطوة نتيجة للاتصالات السرية التي قامت بها شخصيات إسرائيلية وبتكليف رسمي من وزارة الدفاع الإسرائيلية من بينهم شلومو هليل ومردخاي بن فورات[43].

وكان من نتائج الدعم الإسرائيلي للأكراد، أن أدى إلى تأزم الأوضاع وخلق الفتنة بين بعض القادة الأكراد والسلطة المركزية في بغداد. ونتيجة لذلك فقد بدأت الأوضاع بالاشتعال في سنة 1961 في شمال العراق، حيث قدمت "إسرائيل" كل أشكال الدعم المادي والمعنوي للأكراد، عبر الأراضي التركية والإيرانية. ويعترف دافيد كمحي رجل المخابرات الإسرائيلية المعروف، بلقائه مع الزعيم الكردي مصطفى البرزاني:

> التقينا للمرة الأولى زعيم الأكراد الشهير مصطفى البرزاني وناقشنا خلالها المسائل الإقليمية واحتمال نشوء تعاون إسرائيلي - كردي في شهر أيار 1965 حيث أرسلني الإسرائيليون إلى العراق لإجراء اتصالات مع الملا. وكان العراق هو البلد العربي الأكثر عدائية لإسرائيل خاصة من خلال حملاته الكلامية، والبلد الوحيد الذي قاوم نشوء دولة إسرائيل عام 1948 ورفض التوقيع على اتفاق الهدنة. واعتبرت إسرائيل أن وجود حليف لها داخل العراق أمر

يتميز بحسنات واضحة بالنسبة إلى وجود الجيش العراقي البعيد عن الجبهة الإسرائيلية الشرقية حيث يشكل وجوده تهديداً لأمن إسرائيل[44].

وزاد الدعم الإسرائيلي للأكراد بعد حرب حزيران/ يونيو 1967، على أساس أن الهزيمة التي لحقت بالجيوش العربية شجعت القادة الأكراد الانفصاليين على تمتين علاقاتهم مع "إسرائيل" للحصول على مساعدات عسكرية لاستخدامها ضد العراق، وبالمقابل فإن "إسرائيل" هي المستفيدة، لأن ذلك يدعم مشروعها بتفتيت العراق. وكان زئيف شيف مراسل صحيفة هآرتس العسكري قد كتب مقالة في 1982/6/2، عشية الغزو الإسرائيلي لبنان، وكانت الحرب العراقية – الإيرانية ما زالت قائمة، قال فيه: "إن مصلحة إسرائيل تتطلب تجزئة العراق إلى دولة شيعية وأخرى سنية وفصل الجزء الكردي في شمال العراق".

وبعد حرب الخليج الثانية، زادت "إسرائيل" دعمها واتصالها مع بعض قادة الأكراد شمال العراق، إذ عقدت عدة لقاءات بينهم وبين بعض رجال الموساد الإسرائيلي في تركيا. وقد وصل إلى منطقة الأكراد 150 مستشاراً إسرائيلياً سنة 1995 للمساعدة في تدريب الأكراد وتقديم المعدات العسكرية.

ولم يكن الهدف من دعم "إسرائيل" للأكراد من أجل إضعاف العراق فقط، بل أيضاً لإقامة دولة كردية، تكون حليفة لها وقريبة من منطقة الخليج العربي الغنية بالنفط، تخدم مصالحها ومصالح الدول الغربية. كما أن "إسرائيل" كانت تطمح وتدفع باتجاه أن تدخل حقول النفط في شمال العراق ضمن الدولة الكردية، وهو ما تسعى إلى تحقيقه حالياً، في ظل الأنباء عن شراء شركات إسرائيلية لأراض في المناطق التي يسيطر عليها الأكراد في شمال العراق.

ويؤكد أوري لوبراني سفير "إسرائيل" الأسبق في إيران وإثيوبيا، أن بلاده أسهمت في تغذية الحروب الكامنة التي عاشتها منطقة كردستان العراقية لسنين طويلة من خلال إيران وتركيا، كما عززت الحركات الانفصالية من أجل تقسيم العراق، وخصوصاً في المنطقة الشمالية[45].

ويبدو أن "إسرائيل" وجدت في قضية الأكراد في شمال العراق النقطة الضعيفة التي من الممكن أن تدخل فيها لتنفيذ مخططاتها في تفتيت العراق ودول عربية أخرى، وذلك من خلال استغلال الحروب والفتن وافتعال الأزمات وتقويض كل الاتفاقيات التي يتم

التوصل إليها بين زعماء الحركات الكردية والحكومة المركزية في بغداد. وكان الهدف الرئيسي لـ"إسرائيل" هو إضعاف العراق وليس مساعدة الأكراد في إقامة دولتهم وإقامة كيان ذاتي مستقل[46].

ومن الممكن أن يؤدي انفصال الأكراد وتكوين دولة خاصة بهم في العراق إلى تهديد الأمن في المنطقة، وخاصة في العراق، لأنه سيشجع أقليات أخرى كالتركمان للمطالبة بالانفصال عن العراق. وعلى الرغم من تعيين الكردي جلال الطالباني رئيساً للعراق، إلا أن ذلك لن يلغي محاولات "إسرائيل" تشجيع الأكراد على الانفصال عن الوطن الأم، وإقامة دولة كردية في شمال العراق.

2. الاستراتيجية الإسرائيلية في العراق بعد الاحتلال الأمريكي:

التقت الاستراتيجية الأمريكية مع الاستراتيجية الإسرائيلية في العراق، وحدث تعاون كبير بين الجانبين عند التحضير لغزو العراق. وقد اشتمل هذا التعاون على مشاركة "إسرائيل" في صياغة الخطط العسكرية الأمريكية لضرب العراق، إذ لم يقتصر التعاون الأمريكي - الإسرائيلي على مجرد التزام الولايات المتحدة بإبلاغ "إسرائيل" مسبقاً بأي خطط لشن هجمات على العراق، بل من الواضح أيضاً أن الجانب الإسرائيلي يشارك في وضع الخطط العسكرية الأمريكية. وقد بدا ذلك واضحاً أثناء زيارة الأميرال الأمريكي جيمس ميتزرجر James Metzrger لـ"إسرائيل" في أول شهر تشرين الثاني/ نوفمبر 2002، عشية التخطيط لاحتلال العراق. والتقى ميتزجر خلال الزيارة مع رئيس الأركان الجنرال موشيه يعلون Moshe Yalon، وعدد من المسؤولين الإسرائيليين. واتفق في تلك الزيارة على مشاركة قوات كوماندوس إسرائيلية بالعمل في الأراضي العراقية، جنباً إلى جنب مع الكوماندوس الأمريكيين قبل بدء الحرب، وعلى تقديم "إسرائيل" التسهيلات للقوات الأمريكية للتدريب على حرب المدن في العراق، نظراً لخبرة القوات الإسرائيلية في حرب المدن ضد الفلسطينيين. وبالتالي، فإن التنسيق الأمريكي - الإسرائيلي وصل إلى مستوى عال للغاية، وهو ما دعا رئيس الوزراء الإسرائيلي أريل شارون إلى القول بأن التنسيق الاستراتيجي الأمريكي - الإسرائيلي قد وصل إلى مستوى غير مسبوق[47].

وأثبتت الأحداث في العراق بعد العدوان الأمريكي - البريطاني، وجود تحالف ثلاثي يضم كلاً من الولايات المتحدة وبريطانيا و"إسرائيل". وبدأت تظهر معالم التعاون من خلال التعاون العسكري بين الجيش الأمريكي والجيش الإسرائيلي قبل الاحتلال

الأمريكي للعراق وبعده. وظهر ذلك باستعمال جنود الاحتلال الأمريكي في العراق الممارسات والسياسات نفسها التي يستعملها الجنود الإسرائيليون ضد الفلسطينيين. واعترفت جريدة نيويورك تايمز New York Times، بأن الجيش الأمريكي بدأ في تطبيق الاستراتيجية الصارمة في العراق التي تعلموها من الإسرائيليين قبل الحرب. وأكد أحد قادة الكتائب الأمريكية في العراق، اللفتنانت كولونيل ناثان ساسامان Nathan Sassaman، أن الجيش الأمريكي درس خبرات وتكتيكات "إسرائيل" في حرب العصابات مع الفلسطينيين، وأن خبراء دفاع إسرائيليين أطلعوا القادة الأمريكيين قبل الحرب على خبراتهم في حرب المدن. ومع أن الولايات المتحدة تنفي وجود قوات إسرائيلية في العراق لمساعدة القوات الأمريكية، إلا أن الصحيفة الأمريكية تؤكد على لسان البريجادير الأمريكي الجنرال مايكل فين Michael Vine، أن ضباطاً أمريكيين سافروا إلى "إسرائيل" أخيراً للاستفادة من الدروس التي خرج بها الإسرائيليون من القتال في الأراضي الفلسطينية[48].

وأكدت صحيفة "لوفيغارو" الفرنسية وجود مستشارين عسكريين إسرائيليين يعملون مع قوات الاحتلال الأمريكي في العراق، وأن القوات الأمريكية تفضل أن تبقي علاقتها مع المستشارين الإسرائيليين سرية، غير أن الأمر تجاوز حدود السرية وأصبح معروفاً لدى الجميع في العراق. كما ذكر جورج مالبروتو، مراسل الصحيفة في العاصمة العراقية أن الجيش الأمريكي يتبنى الأساليب العسكرية ذاتها للقوات الإسرائيلية، وأن تلك القوات تلجأ للتفتيش داخل الحارات والشوارع منزلاً منزلاً للقبض على من يصفهم بالمشتبه فيهم. وهذا يشكل أحد الأشياء التي اقتبسها الجيش الأمريكي في العراق من الجيش الإسرائيلي في الأراضي الفلسطينية. وختم المراسل تقريره بالقول: "إن استخدام القوات الإسرائيلية والأمريكية الأسلحة الثقيلة ضد المقاومين أصبح مألوفاً في العراق وفلسطين، على الرغم مما قد ينتج من هذا الاستخدام من ضحايا في صفوف المدنيين، ومن تأليب كل الشعب على الاحتلال"[49].

ويأتي الاعتراف الذي أدلى به الحاخام اليهودي أرفينغ السون Arvink Alson، وهو برتبة رائد في الجيش الأمريكي في العراق، تأكيداً على وجود عشرات الجنود الأمريكان اليهود في العراق، "وأن معظم الشبان اليهود في الجيش الأمريكي المتواجدين في العراق، تتراوح أعمارهم بين 18 و19، وهي المرة الأولى التي يغادرون فيها أمريكا، حيث يلتحق الفتيان والفتيات اليهود بالخدمة العسكرية بعد انتهاء دراستهم"[50].

وإلى جانب الوجود العسكري، فإن الموساد الإسرائيلي استفاد من وجود الاحتلال الأمريكي ليرسل عملاءه إلى العراق. وحسب ما نشرته صحيفة "ديلي نيوز" البريطانية، فإن عملاء "إسرائيليين يعملون داخل العراق وينقلون للأمريكيين معلومات استخبارية حساسة جداً، وأن قمر التجسس الإسرائيلي المتطور "أوفك - 4" ينقل معلومات باستمرار للاستخبارات الأمريكية".

كما زار مستشارون عسكريون إسرائيليون العراق، بعد تصاعد المقاومة العراقية ضد القوات الأمريكية، ضمن برنامج لمساعدة القوات الأمريكية على التصدي للمقاومة العراقية. ويدرب خبراء إسرائيليون فرق اغتيالات أمريكية في العراق. وحسب ما جاء في جريدة الغارديان The Guardian البريطانية، نقلاً عن مصادر عسكرية واستخباراتية أمريكية، أن الجيش الإسرائيلي بعث بقوة متخصصة في حرب العصابات في المدن إلى قاعدة فورت براغ في ولاية نورث كارولينا الأمريكية، حيث يتم عادة تدريب فرق المهمات الخاصة في الجيش الأمريكي لتدريب قوة خاصة على عمليات الاغتيال. ومن الملاحظ أن الجيش الأمريكي بدأ يستعمل التكتيكات نفسها في العراق، التي يستعملها الجيش الإسرائيلي في الأراضي الفلسطينية، كالعقوبات الجماعية وهدم المنازل. وذكرت الغارديان أن القوات الأمريكية الخاصة التي تدربت في فورت براغ على أيدي الإسرائيليين، تقوم بعمليات الاغتيال في العراق[51].

كما أكدت مجلة "ذي نيويوركر" The New Yorker الأمريكية أن القوة العسكرية الخاصة التي يتم تشكيلها بمساعدة الإسرائيليين تحمل اسم "الوحدة الخاصة رقم 121" وتتكون من خيرة المقاتلين في الجيش الأمريكي، ومن أبرز قادتها الجنرال ويليام جيري بويكن، الذي هاجم في شهر تشرين الأول/ أكتوبر 2003، الإسلام والمسلمين في الولايات المتحدة. وأكدت مصادر إسرائيلية، أن الجيش الإسرائيلي صمم نموذجاً لمدينة فلسطينية في صحراء النقب لتدريب الجيش الإسرائيلي والقوات الخاصة التابعة له على اقتحام المدن الفلسطينية، ووضعها تحت تصرف القوات الأمريكية للتدرب عليها. ونقل عن قائد عسكري أمريكي في تل أبيب قوله إن ضباطاً أمريكيين يزورون "إسرائيل" بشكل دوري منذ العدوان الأمريكي على العراق للاطلاع على الأساليب التي ينتهجها الجيش الإسرائيلي في الأراضي الفلسطينية المحتلة. وقال إن قوة من كبار الضباط الإسرائيليين يتابعون التدريبات الأمريكية في هذه المدينة، ويركزون بشكل خاص على تأهيل ضباط

ميدانيين قبيل توجههم إلى العراق. وقالت مصادر صحفية إن الجيش الأمريكي في العراق يتبنى أساليب عسكرية إسرائيلية لمواجهة المقاومة العراقية، حيث بدأت القوات الأمريكية بهدم المباني التي يشتبه بأنها استخدمت من قبل المهاجمين العراقيين، كذلك بدأ الأمريكيون بإحاطة قرى كاملة بأسيجة من الأسلاك الشائكة، بهدف السيطرة على تحركات السكان عن طريق نصب حواجز عسكرية وفحص الهويات الشخصية. وأكدت مجلة نيويوركر أن القوات الأمريكية الخاصة في العراق تتلقى مساعدة سرية من "إسرائيل". وأضاف المقال أن القوات الأمريكية الخاصة عملت بشكل وثيق مع عناصر كوماندوس ووحدات استخبارات إسرائيلية خلال التحضير للحرب على العراق. وأوضح المقال الذي يحمل توقيع الصحافي الأمريكي المعروف سيمور هيرش Seymour M. Hersh، أن الإدارة الأمريكية والحكومة الإسرائيلية قررتا الحفاظ على السرية المتعلقة بتعاونهما. ولاحظ هيرش، أن اعتماد الإدارة الأمريكية على العمليات السرية يزداد، مشيراً إلى أن الأولوية لدى القوات الأمريكية الخاصة هي القضاء على القيادة البعثية من خلال الاعتقال أو القتل. ولتحقيق هذا الهدف تشكلت فرقة من الأجهزة الخاصة في البحرية ووكالة الاستخبارات المركزية الأمريكية (سي.أي.إيه C.I.A) وقدمت تقريراً عن عملياتها في كانون الثاني/ يناير 2004[52].

كما كشف الصحافي الأمريكي هيرش مرة ثانية في مجلة نيويوركر في 2004/6/20، أن عملاء إسرائيليين، ومن بينهم أعضاء في جهاز الموساد الإسرائيلي ينشطون في كردستان العراقية، ويقدمون أنفسهم بوصفهم رجال أعمال، يقومون بتدريب فرق كوماندوس كردية، تدعيماً لانفصال كردستان عن العراق.

وكان الجنرال مايكل فين نائب رئيس الأركان الأمريكي والمسؤول عن التخطيط العسكري في البنتاغون، اعترف بالتعاون الأمريكي - الإسرائيلي، في مجال محاربة "العصابات المسلحة"، وقال إن ضباطاً أمريكيين زاروا "إسرائيل" للاستفادة من تجربتها ضد الفلسطينيين. كما اعترفت "إسرائيل" بهذا التعاون، وقال أحد الجنرالات الإسرائيليين: "إننا دائماً نشرك القوات الأمريكية في الخبرات التي يكتسبها جيشنا في الضفة الغربية وقطاع غزة"[53].

وأشار الباحث الإسرائيلي البريغادير جنرال احتياط شلومو بروم Shlemo Brom من مركز جافي للأبحاث الاستراتيجية في جامعة تل أبيب، إلى دور الاستخبارات الإسرائيلية في الحرب على العراق. وقال إن الولايات المتحدة وبريطانيا، وفي إطار تشكيل

لجنة تحقيق لبحث دور أجهزة الاستخبارات عشية الحرب على العراق، تبين وجود شريك ثالث في تقديم المعلومات التي استند إليها الحلفاء في الاستعداد للحرب، وفي القدرات غير التقليدية العراقية. وأكد الباحث الإسرائيلي أن الفشل الاستخباراتي في الحرب، وفي تقديم معلومات غير دقيقة عن قدرة العراق العسكرية، يعود إلى المعلومات المبالغ فيها والكاذبة التي قدمتها أجهزة الاستخبارات الإسرائيلية للولايات المتحدة وبريطانيا. وقال بروم الذي شغل منصب نائب رئيس قسم التخطيط الاستراتيجي في هيئة أركان الجيش الإسرائيلي سابقاً، إن الصورة المبالغ فيها بخصوص القدرات غير التقليدية العراقية مست بثقة الإسرائيليين بالأجهزة المسؤولة عن تقييم الأوضاع وبأصحاب حق اتخاذ القرار. كما أن أجهزة المخابرات الأمريكية والبريطانية والأجنبية، وفقاً لما قال بروم، قد فقدت ثقتها بالمخابرات الإسرائيلية، لأن "إسرائيل" قدمت معلومات كاذبة لها، خدمة للمصالح الإسرائيلية العليا في المنطقة[54]. وإن تقديم معلومات مغلوطة عن مزاعم امتلاك نظام صدام حسين أسلحة دمار شامل، كيماوية وبيولوجية ونووية، الهدف منها التضخيم من الخطر الذى يمثله العراق على العالم بأسره بصفة عامة، وعلى الأمن الأمريكى وبالطبع الأمن الإسرائيلي بصفة خاصة. فالواقع أن التحالف الاستراتيجي الوثيق مع اليمين الجمهوري المتطرف الحاكم فى الإدارة والكونغرس ووزارة الدفاع (البنتاغون) ومراكز البحوث المرتبطة به والتي تعرف بـ think- tanks لا يقتصر على الجهات الرسمية بين الحكومتين الأمريكية والإسرائيلية، بل يصل إلى داخل دوائر صناعة التفكير والقرار والإعلام، بمعنى أن كثيراً من الصقور من المحافظين الجدد في الولايات المتحدة والمنادين بضرورة انفراد أمريكا بقيادة العالم لجعل القرن الواحد والعشرين قرناً أمريكياً بلا منازع، يرتبطون بالمصلحة المادية وبالتوجه العقيدي الديني الأصولي المغطى بغطاء أيديولوجي بدوائر اللوبي الصهيوني وبمراكز البحوث وبنوك التفكير المرتبطة بهذا اللوبي، حتى أطلق على هؤلاء بحق عصابة "إسرائيل" فى واشنطن. وتبين أن غالبية هؤلاء البالغ عددهم 25 مستشاراً هم من اليهود المتطرفين المؤيدين لليكود الإسرائيلي، وهم أعضاء في منظمة إيباك الصهيونية، ومن المحافظين الجدد الذين دعموا وصول الرئيس بوش الابن للبيت الأبيض، وعلى رأسهم ريتشارد بيرل Richard Perle. ومن ثم فإن ما فعلته إدارة بوش الابن من تبني معلومات مضللة ومزورة، دستها كل من أجهزة الاستخبارات الأمريكية والبريطانية والإسرائيلية، عن مزاعم بسعي صدام حسين لشراء مادة اليورانيوم من النيجر، من أجل تطوير قدرة

العراق النوويــة، ما هي إلا أكاذيـب مضللة. وذكرها الرئيس بوش الابن صراحــة في خطابه عن حالة الاتحاد في أواخر كانون الثاني/ يناير 2003 في إطار التحضير لشن الحرب على العراق ومحاولة إقناع الرأي العــام البريطاني والأمريكي تحديداً بضرورة الإسراع في العدوان لوقف محاولة نظام صدام تطوير قدرته النووية والتفتيش عن أسلحة التدمير الشامل بعد احتلال العراق، بعد أن أخفقت فرق التفتيش التابعة للأمم المتحدة في العثور عليها حسب الزعم الأمريكي. ومنذ احتلال العراق ثار جدال واسع داخل كل من مجلس العموم البريطاني والكونغرس الأمريكي لكشـف هذه المزاعم التي كشفت عنها جهات عدة منها التلفزيون البريطاني أو هيئة إذاعة بي بي سي BBC وكذلك نواب ديموقراطيون في الكونغرس ونواب عارضـوا الحرب في مجلس العموم البريطاني ســواء من حزب العمال الحاكــم أو من حزبي؛ المحافظين والديموقراطي الحر المعارضين[55].

واعترف أنتوني زيني Antony Zini، المبعوث الأمريكي الخاص السابق للشرق الأوسط لشبكة CBS التلفزيونية الأمريكية، بأن عناصر رفيعة المستوى في الإدارة الأمريكية مارست ضغوطاً لغزو العراق، بهدف خدمة المصالح الإسرائيلية في الشرق الأوسط. وانتقد زيني سياسة بلاده في الحرب العدوانية على العراق، وقال إن مجموعة من كبار المسؤولين من "المحافظين الجدد" هي المسؤولة عن ذلك، وإن معظمهم "من أصل يهودي، استأثروا بالسياسة الأمريكية". وحسب ما قاله زيني، فإن المحافظين الجدد أقنعوا الرئيس جورج بوش، ووزير الخارجية كولن باول Colin Powell، بغزو العراق بهدف تغيير الشرق الأوسط. ولا يوجد سياسي أو رجل عسكري أو دبلوماسي جاد لا يعرف مصدر كل هذا[56].

كما استفادت "إسرائيل" عسكرياً من نتائج العدوان على العراق، بسبب زيادة تفوقها العسكري على الدول العربية بعد تدمير الجيش العراقي الذي كانت تخشاه دائماً. وجاء في التقرير السنوي لمركز جافي للدراسات الاستراتيجية في جامعة تل أبيب، أن الفجوة الاستراتيجية لمصلحة "إسرائيل" مقابل الدول العربية بلغت الذروة في أعقاب الحرب على العراق، وإطاحة نظام الرئيس العراقي السابق صدام حسين. وأشار التقرير الذي صدر في نهاية سنة 2003، تحت عنوان "التوازن الاستراتيجي في الشرق الأوسط 2002-2003" إلى أن تدمير الجيش العراقي وحله سيساعد في إعادة النظر في نظرية الأمن الإسرائيلية وحجم ومكونات الميزانية العسكرية وأولويات برامج

تسلح "إسرائيل". وأوضح معدو التقرير أن انتقال التهديد من التقليدي لـ"إسرائيل" إلى تهديدات "الإرهاب"، والسلاح غير التقليدي يمكّن "إسرائيل" من التركيز على بناء وتوفير رد على هذه "التهديدات"، بما في ذلك في خطط تطوير الأسلحة، وذلك على حساب الرد على التهديد التقليدي. وقال المدير المساعد في مركز جافي د. أفرايم كام Avraym Kam، إنه في أعقاب الهزيمة التي مني بها الجيش العراقي اختفت الدولة الأكثر راديكالية في الشرق الأوسط، وهو ما يضعف سائر الدول العربية. وأعرب "كام" عن اعتقاده بأن الانتصار العسكري الأمريكي في الحرب على العراق، سيحد بدرجة كبيرة من سباق التسلح في الشرق الأوسط[57].

وتدفق رجال الأعمال الإسرائيليون على العراق، وأعلن جون تيلور نائب وزير المال الأمريكي أن طريق المستثمرين الإسرائيليين إلى العراق مفتوحة. وكشف مدير عام شركة نيتافيم الإسرائيلية لإنتاج عتاد الري الزراعي، أمام المشاركين في مؤتمر إسرائيلي عقد في تل أبيب، أن ممثل الشركة الإسرائيلية زار في الأسبوع الأول من شهر كانون الأول/ ديسمبر 2003 بغداد، والتقى مع موظفين عراقيين في وزارة الزراعة العراقية وبحث معهم إمكانات مساهمة الشركة الإسرائيلية في ترميم المرافق العراقية التي تضررت خلال الحرب[58].

ونشرت صحيفة معاريف العبرية أن أكثر من سبعين شركة إسرائيلية تسللت إلى العراق منذ اللحظات الأولى للاحتلال الأمريكي. وكان رئيس هيئة الأركان الإسرائيلي السابق الجنرال الاحتياطي أمنون شاحاك Amnon Shahak، على رأس مجموعة من الشركات الإسرائيلية التي بدأت العمل في العراق، على الرغم من التعتيم الذي حاولت تلك الشركات القيام به. ومن تلك الشركات، شركة دان التي تصدر حافلات، وشركة ريبنتكس التي تصدر المعاطف الواقية من الرصاص، وشركة شريونيت حوسيم التي تعمل في مجال الأبواب المتينة، وشركة تامي - 4 لأجهزة تنقية المياه، وشركة ترليدور المنتجة للأسلاك الشائكة، وشركة سكال للإلكترونيات، وشركة سونول للوقود، وشركة غايه كوم للهواتف وغيرها[59].

كما قام الإسرائيليون بشراء الأراضي في شمال العراق الغني بالنفط، حسب ما ذكرته صحيفة يديعوت أحرونوت نقلاً عن صحيفة أشكام التركية. وأكدت الصحيفة أن الإدارة الأمريكية في العراق أصدرت تراخيص تتيح لشركات إسرائيلية امتلاك الأراضي العراقية، لاستغلالها في التنقيب عن النفط في شمال العراق[60].

وجرى الحديث في "إسرائيل" عن إعادة العمل في أنبوب النفط التيب لاين Tip Line من كركوك العراقية عبر الأراضي الأردنية إلى ميناء حيفا كما كان الوضع عليه خلال الانتداب البريطاني على فلسطين مع شركة نفط آي بي سي IPC البريطانية. وتسربت معلومات عن أن أحد المسؤولين في وزارة الدفاع الأمريكية طلب من رافي باراك Rafi Barak، مندوب ممثلية "إسرائيل" في واشنطن، درس المسائل المتعلقة بأنبوب النفط العراقي. كما أن وزير البنية التحتية والطاقة الإسرائيلي يوسف بارتسكي Yousuf Bartski بحث الموضوع مع المسؤولين الأمريكان. واعترف الوزير الإسرائيلي بأن تشغيل الأنبوب سوف يوفر على الخزينة الإسرائيلية مبالغ كبيرة من الكلفة الباهظة لنقل احتياجات "إسرائيل" من النفط من روسيا. وقال إنه "يريد من الولايات المتحدة بعد بسط سيطرتها على العراق، فحص إمكانية تشغيل خط أنابيب النفط من الموصل إلى حيفا ومد إسرائيل بالنفط العراقي". وكان العراق قد أوقف تدفق النفط من الأنبوب في 1948/4/17، أي قبل أيام من إعلان قيام "إسرائيل". وعلى الرغم من إعلان الأردن رفضه مرور الخط عبر أراضيه، إلا أن "إسرائيل" ماضية في دراسة الموضوع[61].

وكان بنيامين نتنياهو Binyamin Netanyahu، رئيس الوزراء الإسرائيلي السابق ووزير المالية المستقيل في صيف 2005 من حكومة شارون، أول من صرح وتوقع فتح خط أنابيب نفطي من العراق إلى "إسرائيل"، حيث أبلغ مجموعة من المستثمرين البريطانيين ذلك بقوله: "لن يطول الأمد قبل أن يتدفق النفط العراقي على حيفا"، ولكن من دون تحديد موعد لذلك. كما أبلغ نتنياهو وكالة رويترز بأن الحكومة الإسرائيلية "في المراحل الأولية من بحث إمكانية إعادة فتح خط الأنابيب الذي كان في عهد الانتداب البريطاني يضخ النفط من الموصل إلى حيفا مروراً بالأردن، وأن هذا ليس حلماً"[62].

ويعتبر مشروع إعادة تشغيل خط أنابيب التيب لاين الإسرائيلي القديم أحد المشروعات المهمة التي تحاول "إسرائيل" تنفيذها في المنطقة في الفترة الأخيرة، كمشروع قناة البحر الميت أو قناة النقب. إلا أن التطورات المحيطة بهذا المشروع (الذي يهدف إلى نقل بترول غرب سيبيريا بالأساس عبر خط عسقلان - إيلات إلى شرق آسيا)، تشير إلى أنه قد يتم تشغيله في وقت قريب، على الرغم من تطورات قضية خودوركوفسكي في روسيا، وهو ما ستكون له آثار سلبية على قناة السويس وخليج العقبة.

ومن جهة أخرى، فقد بات من المؤكد افتتاح "إسرائيل" فرعاً لمركز الدراسات الشرق أوسطية في بغداد يدعى المؤسسة الإسرائيلية لدراسات الصحافة العربية (ميمري) The Middle East Media Research Institute-MEMRI ويديره الجنرال الإسرائيلي المتقاعد يغال كارمون Igal Carmon، المستشرق الإسرائيلي المعروف بمواقفه اليمينية المتطرفة. وكان كارمون قد شغل بعد إحالته على التقاعد منصب مستشار رئيس الوزراء لشؤون الإرهاب. وقالت مصادر المركز في العاصمة العراقية، إن المركز باشر عمله بعد أن حصل على موافقة قوات الاحتلال الأمريكي، وإنه يهتم بتغطية الأحداث في العراق بعد تغيير نظام الحكم. ويقوم المركز بتزويد المؤسسات الإسرائيلية الرسمية بالترجمات عن الصحف العراقية والعربية. ومقر المركز في العاصمة الأمريكية واشنطن، وله فروع في لندن وبرلين والقدس الغربية، إلى جانب فرعه الجديد في بغداد[63].

وأكد العميد العراقي محمد رياض الحلاق، وهو ضابط سابق في الاستخبارات العسكرية العراقية، أن العراق "أصبح قاعدة انطلاق مركزية لجهاز الموساد في المستقبل القريب، باتجاه ثلاث دول كبرى في المنطقة هي المملكة العربية السعودية وسورية وإيران". وأشار الحلاق الذي كان معتقلاً لدى المخابرات الأمريكية بالقرب من مطار بغداد الدولي، إلى أن "بعض التحقيقات التي أجريت معه كانت من طرف إسرائيليين، لأن طبيعة الأسئلة المطروحة تشير بوضوح إلى ذلك"[64].

وأعرب باحثون عراقيون عن اعتقادهم "أن العلاقة بين الموساد والمخابرات المركزية في العراق ذات شقين، الأول: علاقة فيها تحالف وتبادل معلومات مكثف وتنفيذ عمليات مشتركة. الثاني: علاقة تنافس إلى حد أن طرفا يخفي معلومات عن الطرف الآخر"[65].

كما أعلن الشيخ صدر الدين الخفاجي من المجلس الأعلى للثورة الإسلامية في العراق "أن عناصر من الاستخبارات الإسرائيلية - الموساد - تقوم بالإشراف على التلفزيون العراقي الذي تشرف عليه القوات الأمريكية، وأن القصر الجمهوري في بغداد أخذ يتحول إلى أكبر قاعدة استخباراتية أمريكية إسرائيلية في المنطقة"[66].

ولا شك أن الاستراتيجية الإسرائيلية في العراق تهدف إلى تغيير الخريطة السياسية لهذا البلد العربي وتفتيته بالتعاون مع الولايات المتحدة الأمريكية في المنطقة. ولا يمكن فصل الاستراتيجية الإسرائيلية في العراق عن بقية الاستراتيجيات الإسرائيلية في

مناطق مختلفة أخرى في الوطن العربي، وعن الاستراتيجية الأمريكية في العراق الهادفة إلى إضعاف العراق وتجزئته. كما أكد ليزلي غلب Lesslie H. Gelb، الرئيس السابق لمجلس العلاقات الخارجية في الكونغرس الأمريكي، في مقالة له نشرها في نيويورك تايمز بعنوان "الحل القائم على ثلاث دول" تحدث فيه صراحة عن مستقبل العراق من خلال إقامة ثلاث دويلات، الأكراد في الشمال، والسنة في الوسط، والشيعة في الجنوب، وتُرسم حدود الدويلات الثلاث على أساس إثني ومذهبي. وقال إن الهدف من ذلك هو دعم الأكراد والشيعة وإضعاف السنة، وإن "على أمريكا أن تمنح معظم الأموال إلى الطرفين الكردي والشيعي". ويعترف غلب، بأن تجزئة العراق سوف تؤدي إلى الفوضى والخطورة، ولكنه يطالب حكومته بإجراء تعديلات في إقامة المواطنين العراقيين، وأن يتم توزيعهم ونقلهم من مكان إلى آخر، حسب توزيعهم الإثني والمذهبي، حتى لو تطلب ذلك استعمال القوة من أجل فرض التقسيم والتجزئة في العراق[67].

وهذا المخطط يلتقي مع ما نشر عن وجود خطة أمريكية - إسرائيلية تم وضع تفاصيلها وتسربت إلى الاتحاد الأوروبي، تهدف إلى تغيير الخارطة السياسية والحدودية في منطقة الشرق الأوسط وإزالة دولة العراق من الكيان العربي. وورد في المخطط الإتيان بقيادة عراقية ستؤدي إلى حدوث حرب أهلية بين السنة والشيعة والأكراد، ما يتطلب فرض الحل الأمريكي - الإسرائيلي بتجزئة العراق واضعاً في اعتباره عدة احتمالات منها: إمكانية استقلال الأكراد في دولة لهم، على الرغم مما تسببه من تخوفات لحليفتها تركيا، وإقامة دولة شيعية في الجنوب وما يسبب ذلك من حساسية لبعض دول الخليج العربي. ويلتقي هذا السيناريو مع السيناريو الإسرائيلي في تفتيت الدول العربية الذي تحدث عنه إينون في مخططه التفتيتي من قبل[68]. ولا شك أن نجاح الولايات المتحدة و"إسرائيل" في تقسيم العراق سيؤدي إلى تقسيم دول عربية أخرى. ويلعب أنصار "إسرائيل" في الولايات المتحدة دوراً مهماً في تقسيم العراق والوطن العربي. ويؤيد مسؤولون في وزارة الدفاع الأمريكية ودوائر أخرى وأعضاء في الكونغرس من الحزبين وشخصيات سياسية وإعلامية وفكرية مؤثرة تعمل في مؤسسات مهمة ومن بينها المؤرخ برنارد لويس. ويؤيد هذا التيار تحويل العراق إلى فيدرالية في مرحلة أولى تمهيداً لتقسيمه وتفكيكه. ويركز في حملته على أن تحقيق ذلك لن يكون أمراً استثنائياً وشاذاً في تاريخ الأمم، إذ إن التاريخ شهد انهيار دول عدة وتفككها كان آخرها الاتحاد السوفياتي وكذلك يوغوسلافيا. ويدعو هذا التيار التقسيمي إدارة بوش إلى التخلي تدريجاً عن دعم

وحدة العراق والعمل على إيجاد الظروف الملائمة داخلياً وخارجياً لتقسيم البلد إلى ثلاثة كيانات: الكيان الشيعي في الجنوب والكيان السني في بغداد والوسط، والكيان الكردي في الشمال الذي سيضم أيضاً الآشوريين والكلدان والتركمان[69].

وما يحدث في العراق حالياً، يؤكد أن "إسرائيل" المستفيد الرئيسي من الاحتلال الأمريكي لهذا البلد العربي، بسبب انهيار الجبهة الشرقية، بعد تدمير القوة العسكرية العراقية. ويعترف المحلل العسكري الإسرائيلي زيف شيف بانهيار الجبهة الشرقية والإتلاف الحربي العربي بعد احتلال العراق، ويقول: "لا يوجد اليوم تحالف حربي ضد إسرائيل، ولا يوجد اليوم أي فرصة لإقامة جبهة شرقية ضدها. كما يمكن الاستنتاج بأن الوجود الجمعي العربي قد ضعف، بالتالي لا غرو في أن التقدير الاستخباري الإسرائيلي المتجدد توصل إلى الاستنتاج بأن مجال المناورة لإسرائيل قد اتسع"[70].

وهو ما توصل إليه الصحفي العربي المعروف محمد حسنين هيكل، في حديثه على قناة الجزيرة الفضائية، عندما أبدى تخوفه على مصر، بسبب انفراد "إسرائيل" بها، ونقل معظم قواتها للجبهة المصرية[71].

إلى جانب أن "إسرائيل" وجدت الاحتلال الأمريكي للعراق أنه سيساعد في تفكيك الوطن العربي، حسب ما اعترف به الجنرال الاحتياط أروي ساغي Arwi Saghi رئيس شعبة الاستخبارات الإسرائيلية السابق، الذي قال: "لم يعد هناك قومية عربية في مواجهة إسرائيل" على أساس "أن الغزو الأمريكي للعراق وإسقاط صدام حسين، نسف خرافات كثيرة مثل وحدة الموقف العربي، وأثبت انقسام العرب". وأكد موشي يعلون رئيس أركان الجيش الإسرائيلي لصحيفة يديعوت أحرونوت الإسرائيلية، وجهة النظر الإسرائيلية تلك بقوله: "نحن لم نعد نتحدث عن عالم عربي، ولا عن وحدة عربية، وإنما يدور الحديث عن مصالح فئوية خاصة"[72].

وتخشى "إسرائيل" من أن يؤدي تصاعد المقاومة العراقية للقوات الأمريكية في العراق، إلى إجبار تلك القوات على الانسحاب، ما يشكل ضربة كبيرة للمخططات الإسرائيلية في تجزئة العراق. وأكد زئيف شيف في هذا المجال، القلق الذي أصاب المسؤولين العسكريين الإسرائيليين من احتمال هزيمة القوات الأمريكية في العراق وانسحابها "القلق يسود كل المنشغلين الإسرائيليين بمستقبل الشرق الأوسط الذين يجمعون على أن نتائج المعركة في العراق ستؤثر كذلك على إسرائيل وعلى

مستوى الأمن الذي ستشعر به كل الدول في المنطقة. وأن الفرح يسود العديد من الدول العربية بمن في ذلك الذين عارضوا في الماضي صدام حسين جراء المأزق الأمريكي"[73].

وتأتي الدعوات الصريحة التي خرجت من بعض القيادات العراقية، لإقامة إقليم فيدرالي للشيعة في العراق، إلى جانب إقليم كردي في شمال العراق، بمثابة التأكيد على مشاريع التجزئة التي تخطط لها الولايات المتحدة و"إسرائيل" في العراق. خاصة ما أعقب مناقشة الدستور العراقي، ورفضه من قبل فئة كبيرة من الشعب العراقي، بسبب استبعاده الطابع العربي للعراق، وعلى اعتبار أن الكونفيدرالية هي التي ستطبق على النظام السياسي فيه. وما يحدث في العراق بعد مرور عدّة سنوات من الاحتلال الأمريكي من مواجهات بين الطوائف المختلفة في العراق، يؤكد على وجود جهات أجنبية لها مصلحة في حدوث تلك المواجهات، وأن "إسرائيل" تقف وراءها. وجاء تقرير لجنة بيكر - هاميلتون الذي ربط بين القضية الفلسطينية والعراق، لكي يثبت ما حاولت الولايات المتحدة الأمريكية إنكاره من قبل، وهو دخول "إسرائيل" كأحد العناصر الفاعلة والمؤثرة في العراق.

ثانياً: سورية:

اهتمت الحركة الصهيونية و"إسرائيل" بإضعاف سورية، عن طريق خلق فتن طائفية وعرقية ومذهبية فيها، تمهيداً لتفتيتها إلى دويلات صغيرة ضمن مخططاتها لتفتيت الوطن العربي. وكان الاهتمام الإسرائيلي بخلق صراعات محلية في سورية، والمراهنة عليها لإضعافها ومنعها من مقاومة الوجود الإسرائيلي على حدودها، سمة رئيسية في الاستراتيجية الإسرائيلية في التعامل مع سورية. وتزايد الاهتمام الإسرائيلي بالتآمر على سورية، بعد الوحدة التي تمت بينها وبين مصر عام 1958، حتى لا تتكرر تلك الوحدة. ووضعت دراسات عديدة تتناول الوسائل التي على "إسرائيل" القيام بها من أجل إضعاف سورية، ووجدت تلك الدراسات أن على "إسرائيل" استغلال نقاط الضعف -حسب الاعتقاد الإسرائيلي- في سورية، الموجودة في هذا البلد العربي، وذلك عن طريق استغلال وجود الأقليات فيها. ومن تلك الدراسات الحديثة التي وضعتها مراكز الدراسات الإسرائيلية، دراسة وضعها الباحث الإسرائيلي د. يعقوب شمشوني في الندوة التي عقدها مركز دايان في 1994/2/28. وحللت الدراسة أوضاع الأقليات الطائفية والعرقية في سورية، وقال:

إن الصراعات الطائفية في سورية مجمدة ومرهونة ببقاء الحكم الحالي فيها، ولكن هذه الصراعات سوف تتفجر بشكل دموي وعنيف حيث يهدف الصراع إلى مسك زمام الحكم مستقبلاً، لأن الصراع المتوقع في سورية لاحقاً لن يكون صراعاً بين رموز وشخصيات على السلطة، بل سيكون مظهره طائفياً لا سيما أن مجموعة العلويين القابضة على زمام الأمور لن تسمح للأغلبية السنية بالعودة إلى السيطرة على مقاليد السلطة في سورية، وسينضم إلى هذا الصراع الذي سيكون بشكل حرب عنيفة تنسف الاستقرار السياسي والاقتصادي خلال الفترة القادمة، الدروز في السويداء والأكراد الذين يعيشون في مناطق متاخمة لتركيا والعراق والذين قد يعلنون عن انضمامهم إلى الكيان الكردي في شمال العراق[74].

كما قدم د. استيمار رابينوفتش Istimar Rabinovitch، المتخصص في الشؤون السورية، دراسة عن التركيبة الديموغرافية في سورية، وادعى أن قضية الأقليات فيها "قنبلة موقوتة قد تنفجر في أي لحظة مثلما انفجرت من قبل في كل من لبنان والعراق ويوغوسلافيا". وركز على موضوع الدروز في سورية ولبنان وفلسطين، وإمكانية الاستفادة من الدروز الذين يقيمون في "إسرائيل" للاتصال مع الدروز السوريين للتأثير عليهم ودعوتهم لإقامة كانتون درزي يضم الدروز في سورية ولبنان (نسبتهم في سورية 3%). ويشير الباحث الإسرائيلي إلى العلاقة بين الحركة الصهيونية والدروز في الأربعينيات، وإلى أن المخابرات الإسرائيلية سعت إلى إقامة دويلة درزية تمتد حدودها من محافظة السويداء في جبل العرب في سورية حتى منطقة خلدة جنوب بيروت. كما أن هناك مخطط تشجيع إقامة دولة علوية في سورية. واعترف رابينوفتش بوجود عدة "جمعيات يهودية صهيونية كانت نشطة في مناطق العلويين قبل الاستقلال، منها حركة فابي وحركة حالوت هاتسوفيتم، واستمرت العلاقة حتى قيام الدولة واستقلال سورية"[75].

وما حدث في مدينة القامشلي في سورية في شهر آذار/ مارس 2004، من مواجهة بين بعض الأكراد وقوات الأمن السورية ما هو إلا دليل على ما تخطط له "إسرائيل"؛ أي الاستفادة من انهيار النظام والأمن في العراق، وزيادة نفوذ التيار الكردي العراقي المطالب بالانفصال عن العراق، وتحريك الأكراد في سورية لكي يقوموا بما قام به أكراد العراق، واستغلال الظروف المحيطة باغتيال رئيس وزراء لبنان السابق رفيق الحريري، للضغط على سورية، وإضعافها تمهيداً لضرب وحدتها الوطنية، خدمة لـ"إسرائيل" واستراتيجيتها في المنطقة.

ثالثاً: لبنان:

وجدت الحركة الصهيونية و"إسرائيل" في لبنان الحلقة الأكثر ضعفاً في الدول العربية التي من الممكن تنفيذ مخططاتها فيها. كما أن لبنان من وجهة النظر الصهيونية، هو خطأ جغرافي وتاريخي، حسب ما ذكر موشي أرينز السفير الإسرائيلي السابق في واشنطن، الذي ادعى أن "الكيان المسيحي/ الدرزي كيان مركب يحمل في ذاته عطبه التكويني منذ لحظة تأسيسه أو إعلانه دولة لبنان الكبير". وفي اجتماع عقد في 1954/2/27، ضم بن غوريون وموشيه شاريت Moshe Sharett، ووزير الدفاع الإسرائيلي في ذلك الوقت، ولافون Lavon ورئيس الأركان موشي دايان، عرض اقتراح يقضي بافتعال اضطرابات وإحداث فوضى في لبنان، تمهيداً لإقامة دولة مارونية فيه. وقال بن غوريون إن الوقت مناسب "لدفع الموارنة إلى المطالبة بإقامة دولة مسيحية". ويقول شاريت في مذكراته إن بن غوريون "عدد المبررات التاريخية المشجعة على إقامة كيان لبناني مسيحي"، وكان الحضور كما يقول شاريت متحمسين لذلك وطالبوا "بإنفاق مائة ألف أو حتى مليون دولار، إذ إن المشروع الذي رسمناه سوف يؤدي عند نجاحه إلى إحداث تغيير أساسي وحاسم في الشرق الأوسط وستبدأ مرحلة جديدة". وجاء في رسالة وجهها بن غوريون لموشيه شاريت في 1954/2/27 (يوم عقد الاجتماع) ونشرتها صحيفة دافار الإسرائيلية في 1971/10/29، أنه:

من الواضح أن لبنان هو الحلقة الأضعف في الجامعة العربية... إذ يشكل المسيحيون الأغلبية عبر التاريخ اللبناني، وهذه الأغلبية لها تراثها وثقافتها المختلفة عن تراث وثقافة الدول العربية الأخرى الأعضاء في الجامعة العربية... وهكذا تبدو مسألة خلق دولة مسيحية أمراً طبيعياً، كان مثل هذا الأمر يبدو شبه مستحيل في الظروف العادية. أما في حال انتشار الفوضى والاضطرابات وظهور أعراض الثورة أو الحرب الأهلية، فإن الأمر يصبح مختلفاً ومن دون مبادرتنا ودعمنا القوي لا يمكن إخراج تلك الدولة إلى حيّز الوجود. يبدو لي أن هذا هو واجبنا الأساسي أو على الأقل أحد الهموم الرئيسية لسياستنا الخارجية. فلنركز جهدنا جميعاً على هذه القضية، فقد لاحت في الأفق فرصتنا التاريخية ولن يغفر لنا التاريخ إضاعتها سدى. وفي سبيل الوصول إلى ما نبتغيه، علينا فرض قيود على الحدود اللبنانية وتنظيمها، ويستحسن اختيار بعض اللبنانيين في الداخل والخارج وتجنيدهم من أجل خلق الدولة المارونية[76].

وفي اجتماع آخر عقد 1954/5/16، حضره بن غوريون وشاريت ودايان وكبار مسؤولي وزارة الدفاع والخارجية الإسرائيلية، اقترح بن غوريون الاستفادة من التوتر بين العراق وسورية، وتفاقم الأوضاع الداخلية في سورية، لتحريك الأوضاع في لبنان. ووافق دايان على ذلك، وكان الأخير يريد كما جاء في مذكرات شاريت، العثور على ضابط لبناني وبرتبة رائد للقيام بدور تؤيده "إسرائيل" في لبنان. وجاء في المذكرات أن دايان اقترح احتلال الجيش الإسرائيلي لأراضٍ على الحدود مع لبنان، وخلق "كيان مسيحي يقيم علاقات وثيقة مع إسرائيل"[77]. واعترف موشيه شاريت، في مذكراته أن بن غوريون كان متحمساً لإقامة دولة مسيحية في لبنان لزعزعة الاستقرار في المنطقة ولإقامة نظام ماروني يكون تابعاً لـ"إسرائيل"، وأن رئيس وزراء "إسرائيل" كان يريد خلط الأوراق في الشرق الأوسط لإقامة نظام جديد فيه.

وكانت استراتيجية بن غوريون لتفتيت لبنان سنة 1954، تنص على:

1. أن لبنان هو أضعف حلقة في الدول العربية.

2. أن المسيحيين هم أغلبية في لبنان التاريخي، ولهم تقاليد وحضارة تختلف عن تقاليد بقية الدول العربية.

3. أن فرنسا أخطأت عندما جعلت للبنان حدوداً دائمة.

4. أن إنشاء دولة مسيحية في لبنان هو أمر طبيعي له جذور تاريخية.

5. أنه من دون مبادرة "إسرائيل" ومساعدتها الفعالة لن يتم إنشاء دولة مسيحية في لبنان.

6. أن الأمر لا يتحقق من دون اجتزاء حدود لبنان[78].

وكان بن غوريون يريد إقامة دولة طائفية بجوار "إسرائيل" "لأن الأمور تأخذ طابعاً آخر في حالات الفوضى والثورة والحرب الأهلية حتى يتحول الضعيف إلى بطل ربما حان الوقت الآن لإقامة دولة مسيحية في جوارنا"[79].

إلا أن موشي شاريت أبدى تحفظاً في رسالة بعثها لبن غوريون في 1954/3/18 في تنفيذ خطته في لبنان، ففي الوقت الذي عهد لقسم الأبحاث في وزارته (الخارجية) بوضع دراسة من أجل أن يصبح لبنان جمهورية مسيحية، اعترف بأنه لا فائدة من محاولة إثارة الوضع في لبنان من الخارج إذا لم يكن لها وجود في الداخل. وأكد شاريت في رسالته

أنه لا يوجد في لبنان -في ذلك الوقت- حركة تنوي تحويل لبنان إلى دولة مسيحية، تكون السلطة فيها بأيدي الموارنة. كما أن إقامة دولة مسيحية سوف يؤدي إلى ذهاب المسلمين في لبنان إلى سورية، وضم ما بقي منه لسورية[80].

وأرسل ساسون، المسؤول الصهيوني عن شؤون لبنان، رسالة لشاريت في 1954/3/28، أبدى فيها معارضته لوجهة نظر الأخير المتحفظة عن لبنان. وقال فيها:

إننا نجانب الحقيقة إذا حددنا بشكل قاطع أن جميع الموارنة بمن فيهم أهالي بكركي، سلموا بالوضع القائم من صميم قلوبهم. فلو كان الأمر كذلك، فلماذا لا نزال نرى معارضة مارونية شديدة لكل مشروع عراقي أو سوري لا يتحدث عن الوحدة العربية أو اتحاد فيدرالي عربي وحسب، بل عن شيء أكثر تواضعاً، عن مجرد مزيد من التقارب بين البلاد العربية؟.

وأضاف ساسون محاولاً الدفاع عن وجهة نظر بن غوريون للتدخل في لبنان:

لن نساير الحقيقة إذا قلنا إن جميع الزعماء الموارنة تخلوا عن أحلام إعادة لبنان المسيحي إلى سابق عهده. ونحن نسمع حتى يومنا هذا مطالبة مارونية بالخروج من الجامعة العربية. ونشهد حتى يومنا هذا هجمات مارونية على أولئك الذين يفكرون في إمكان قيام اتحاد اقتصادي مع سورية، ولا نزال نقرأ حتى اليوم على صفحات الصحف المارونية تحذيرات للرئيس الماروني لئلا يتمادى في المشاركة مع المسلمين[81].

وشجع بن غوريون على قيام كانتونات عرقية وطائفية للأقليات في الوطن العربي تمهيداً لانسلاخها عن الدول العربية، وكلف مجموعة من الإسرائيليين أمثال يسرائيل جاليلي (خبير في الشؤون الاستراتيجية) وميكال يادين (خبير في الشؤون العسكرية) وموشيه ساسون (خبير في الشؤون السياسية العربية) وروبين شيلواح (خبير في شؤون الأكراد) على إعداد تلك الخطة[82].

ومن أجل ذلك، عرض السفير الإسرائيلي في روما إلياهو ساسون، مع نجيب صفير، بناء على موافقة من الرئيس اللبناني الأسبق كميل شمعون في 1955/2/12، اقتراح أن توافق "إسرائيل" على:

• ضمان حدود لبنان.

• الإسراع إلى نجدة لبنان عند تعرضه لهجوم سوري.

- أن تشتري "إسرائيل" فائض الإنتاج الزراعي اللبناني، مقابل أن يعترف لبنان بـ"إسرائيل".
- أن يتم اجتماع بينه وبين كميل شمعون خلال زيارة الأخير لروما.

ولكن اللقاء تأخر حتى الحرب الأهلية سنة 1976، عندما أعادت "إسرائيل" عرض مخططها إقامة دولة مارونية خلال اللقاء الذي عقد بين إسحق رابين الذي كان وزيراً للخارجية في ذلك الوقت، والرئيس اللبناني الأسبق كميل شمعون وزعيم حزب الكتائب بيار جميّل. وتمخض عن الاجتماع إرسال ألف عنصر من عناصر الميليشيات المسلحة اللبنانية اليمينية إلى "إسرائيل" عن طريق قبرص لتدريبهم في "إسرائيل"[83].

وما زالت "إسرائيل" تطمح إلى تنفيذ هذا المخطط، في محاولاتها خلق تكوينات عسكرية متمردة على السلطة المركزية في بيروت، واستخدامها ورقة لإشعال الحرب الأهلية في لبنان، وتشجيع الطوائف الدينية على الانفصال والتمرد. وهو ما حاولت أن تنفذه طوال السنوات الماضية، وخاصة بعد سنة 1982، بتكوين جيش لبنان الجنوبي بقيادة سعد حداد وانطوان لحد[84].

وخلال العدوان الإسرائيلي على لبنان في 2006/7/13، الذي دام أكثر من شهر، اتصلت "إسرائيل" مع بعض الأطراف التي لها علاقة مسبقة معها، من أجل إعادة البحث في خططها لدعم إقامة دويلات في لبنان. وإذا كانت "إسرائيل" قد فشلت حتى الآن في توظيف بعض الخلافات الموجودة لدى الشعب اللبناني، إلا أنها لن تيأس في استمرار محاولاتها لتجزئة لبنان وإضعافه.

رابعاً: الجزائر:

شجعت "إسرائيل" الحركات الانفصالية للبربر في الجزائر، البالغ عددهم 4.5 ملايين نسمة، من أصل 9 ملايين في دول المغرب العربي[85]. وخططت لإقامة دويلات بربرية في المغرب العربي مستندة إلى بعض الأحداث الداخلية التي تستغلها للتأثير على بعض الأشخاص الذين يفكرون بالانفصال عن الوطن الأم. ويقول عن تلك المؤشرات البروفيسور روفائيل يسرائيل Rafael Israel، الباحث الإسرائيلي ورئيس قسم التاريخ الإسلامي في الجامعة العبرية إن:

وجود تيارٍ معادٍ لحملة التعريب التي دعت إليها الدولة والتي تُعدُّ الجزائر جزءاً من فرنسا، الذي تعزز خاصة بعد استقالة الرئيس الجزائري الأسبق الشاذلي بن جديد، إذ أبدى بعض زعماء البربر تعاطفهم مع هذا التيار لأنه يلتقي مع رغباتهم. وكذلك وجود جناح يدعو إلى أفرقة الجزائر، ويقف موقفاً عدائياً ضد الثقافة العربية والتعريب لإيمانه بأن دور الجزائر يكمن في هويتها الإفريقية. إضافة إلى نمو تيار إسلامي، يحتضن البربر والعرب وكل الداعين إلى فرنسة وأفرقة الجزائر، باعتبار أن الإسلام عقيدة توحيدية يمكن أن تحسم مشكلة الانقسام والتشتيت. وأخيراً ظهور أحزاب جديدة تمثل جماعات البربر، كحزب حسين آية أحمد الذي ينادي بالعلمانية والديموقراطية. وأرسل الموساد الإسرائيلي شموئيل طوليداو (من أصل مغربي وشغل منصب مستشار رئيس الوزراء الإسرائيلي للشؤون العربية) إلى الجزائر والمغرب واستقر في باريس، من أجل تنظيم اليهود في البلدين والاتصال مع بعض زعماء البربر قبل استقلال الجزائر [86].

وأرسلت "إسرائيل" السلاح عبر وسطاء في أوروبا إلى البربر في الجزائر، وانكشفت تلك العمليات بعد إحباط سلطات الأمن الجزائرية في شهر أبريل/ نيسان 1994 محاولة لتهريب مسدسات وبنادق من طراز عوزي للجزائر. كما أحبطت في شهر يوليو/ تموز من 1994 محاولة لتهريب أسلحة إسرائيلية عبر زورقين بحريين. وكان الدعم الإسرائيلي للأقليات في اتجاهين:

1. إمداد بعض الجماعات البربرية النشطة بالسلاح عن طريق فرنسا منذ سنة 1993، وتم اكتشاف نفق كبير في مدينة ولس شرق الجزائر، يحتوي على أسلحة وذخيرة إسرائيلية.

2. استقدام بعض العناصر البربرية لـ"إسرائيل" لكي تتدرب على السلاح وعلى العمليات العسكرية الخاصة بحرب العصابات. وكانت قد وصلت إلى ميناء حيفا في 1994/4/18 باخرة تقل 250 جزائرياً من البربر الذين تتراوح أعمارهم ما بين 20-30 سنة على باخرة تابعة لشركة الملاحة الإسرائيلية آتية من مرسيليا الفرنسية. وقبل ذلك، كانت قد وصلت مجموعة أخرى في أواخر شهر شباط/ فبراير 1994 ونزلت في مستوطنة كفارات الواقعة شرق حيفا وكان يقود المجموعة شخص يطلق عليه اسم ابن حلول. والمجموعة الثانية كان يقودها شخص اسمه أبو أطلس وهو ضابط سابق من البربر في

الجيش الجزائري ونزلت المجموعة الثانية في مستوطنة يوكنعام على طريق مجيدو –
حيفا التي يقطنها يهود مغاربة[87].

وتدعم "إسرائيل"، مطالب البربر في الجزائر وتثير قضية التمييز ضدهم على الصعيدين السياسي
والقانوني. وتدعم العناصر البربرية التي ترفض التعريب من أجل حثها على الانفصال. وظهرت أيدي
"إسرائيل" في تلك المحاولات بالطلب من اليهود الفرنسيين دعم البربر في فرنسا، والاستفادة من
الخلافات بين زعماء البربر (العروش) والسلطة المركزية في الجزائر، التي ظهرت في دعوة (العروش)
بمقاطعة الانتخابات الرئاسية الجزائرية التي جرت في شهر نيسان/ أبريل 2004.

خامساً: السودان:

استغلت "إسرائيل" قضية جنوب السودان بشكل كبير منذ بداية التمرد، على أساس أن السودان
يمثل العمق الاستراتيجي لمصر في عهد الرئيس جمال عبد الناصر. ووجدت "إسرائيل" في النزاع بين
الشمال والجنوب بيئة مواتية لكي تتدخل في زيادة الخلافات والاستفادة منها لإضعاف السودان ومصر.
وما يحدث في إقليم دارفور السوداني حالياً، والضغوطات الدولية التي تقودها الولايات المتحدة
الأمريكية ضد السودان بعد توقف المعارك بين الانفصاليين والجيش السوداني في الجنوب، تشير إلى دور
إسرائيلي جديد في الأحداث الجارية في دارفور بعد أن أدّت دوراً كبيراً في دعم الانفصاليين في الجنوب.
وفي كتاب صدر في سنة 2003 عن مركز ديان لأبحاث الشرق الأوسط وإفريقيا (التابع لجامعة تل أبيب)
بعنوان "إسرائيل وحركة تحرير جنوب السودان: نقطة البداية ومرحلة الانطلاق" لمؤلفه موشي فرجي
Moshe Farji، وهو عميد متقاعد وثيق الصلة بدوائر المخابرات الإسرائيلية (الموساد)، تفاصيل مهمة عن
الدور الكبير الذي قامت به الاستخبارات الإسرائيلية في مساندة ودعم الانفصاليين في جنوب السودان.
وكذلك الاستراتيجية الإسرائيلية في إضعاف الوطن العربي حتى بعد توقيع مصر على اتفاقية السلام مع
"إسرائيل" في سنة 1979.

فقد تناول الفصل الأول من الكتاب عنوان "إفريقيا كمدخل إلى السودان"، وفيه معلومات مهمة
عن المخطط الإسرائيلي لاحتواء إفريقيا والانتشار في قلبها للاقتراب من السودان والإحاطة به، لكي
تتمكن من النفاذ إلى جنوبه. وقد أشار المؤلف إلى أن هذا المخطط بدأ تنفيذه في أواخر الخمسينيات
وأوائل الستينيات، وذكر في هذا الصدد ما نصه:

حرصت إسرائيل على إيفاد دبلوماسيين وخبراء إلى إفريقيا، أمثال إيهود احزبائيل واشير بن ناتان رجل المهمات الصعبة في الموساد، لكي تجد موطئ قدم لها في جنوب السودان، من خلال إثيوبيا والكونغو وأوغندا وكينيا. وقد لعب أهرون زعير أحد كبار رجال الموساد والمسؤول السابق في جهاز الدفاع خطة الاحتواء، من خلال إيفاد أكثر من خمسة آلاف خبير ومستشار، في الزراعة والبناء والتشييد، بالإضافة إلى المستشارين العسكريين، من أجل تنظيم وتدريب وتسليح جيوش تلك الدول المجاورة للسودان.

وكان مهندس المخطط أوري لوبراني، مستشار بن غوريون، الذي عمل على دعم حركات التمرد والانفصال في جنوبه[88].

ووصل عدد المستشارين الإسرائيليين الذين تولوا مهام تدريب الوحدات الخاصة سنة 1960 إلى 600 مستشار. وأدى ذلك تلقائياً إلى تدفق السلاح الإسرائيلي على المتمردين، بدءاً بالرشاش "عوزي" ووصولاً إلى الصواريخ "جبرائيل" والطائرات المقاتلة، وإقامة ثلاثة مطارات جوية في تشاد، على الحدود المجاورة للسودان. وبعد استقلال إريتريا سنة 1993 ألقت "إسرائيل" بثقلها وراءها، وقدمت لها كل دعم سياسي وعسكري ممكن، حتى اعتبرها مؤلف الكتاب أقوى حليف استراتيجي لـ"إسرائيل" في القارة الإفريقية، وأهم قاعدة تشرف على البحر الأحمر وتهدد أمن اليمن والسودان معاً. وبدأت الاتصالات مع المتمردين في جنوب السودان من خلال القنصلية الإسرائيلية في أديس أبابا. وأدّت الشركات الإسرائيلية التي أنشأت في إثيوبيا دوراً مهماً كواجهة لإجراء تلك الاتصالات. وكان أشير بن ناثان رجل الموساد النشط الذي أصبح يدير شركة "انكودا" في إثيوبيا، هو أول من قام بالاتصال مع الزعماء الجنوبيين. وبعد دراسة أوضاع الجنوب وقع الاختيار على قبيلة الدنكا أقوى قبائل المنطقة لكي تكون الباب الذي تتسلل منه "إسرائيل" إلى الجنوب. أما الذي قام بالدور البارز في توسيع نطاق تلك الاتصالات وتوثيقها، فقد كان دافيد كيمحي رجل المهمات الخاصة في الموساد، الذي عين في ما بعد، مديراً عاماً لوزارة الخارجية الإسرائيلية.

ويعرض موشي فرجي، المراحل التي مرَّ بها دعم "إسرائيل" للحركة الانفصالية في الجنوب بأنها خمس مراحل:

1. المرحلة الأولى في الخمسينيات، إذ ركزت "إسرائيل" على أمرين، أولهما تقديم المساعدات الإنسانية للجنوبيين (الأدوية والمواد الغذائية والأطباء)، وثانيهما استثمار التباين القبلي بين الجنوبيين أنفسهم، وتعميق هوة الصراع بين الجنوبيين والشماليين.

2. المرحلة الثانية في الستينيات، عندما بدأت صفقات الأسلحة الإسرائيلية تتدفق على جنوب السودان عبر الأراضي الأوغندية. وكانت أول صفقة في سنة 1962، ومعظمها من الأسلحة الروسية الخفيفة التي غنمتها "إسرائيل" من مصر خلال العدوان الثلاثي على مصر سنة 1956، بالإضافة إلى الرشاش "الإسرائيلي" عوزي. وبعد اتساع نطاق تدريب المتمردين الجنوبيين في أوغندا وإثيوبيا وكينيا، وكانت إثيوبيا أكبر قاعدة لإيصال الأسلحة والذخائر إلى جنوب السودان، كما اتسع نطاق تزويد الجنوبيين بالسلاح من الدول المجاورة. وحينما تولى أوري لوبراني، مهندس عملية التطويق والاختراق منصب سفير "إسرائيل" في أوغندا ثم في إثيوبيا، تطور ذلك الدعم إلى حد أن بعض ضباط القوات الإسرائيلية الخاصة كانوا ينتقلون لتدريب الانفصاليين في مناطق جنوب السودان.

3. المرحلة الثالثة من منتصف الستينيات حتى السبعينيات، وفيها استمر تدفق الأسلحة الإسرائيلية للمتمردين في جنوب السودان من خلال وسيط إسرائيلي اسمه "جابي شفيق" كان يعمل لحساب الموساد. وبعض هذه الأسلحة كانت روسية استولت عليها "إسرائيل" في حرب 1967، وقامت طائرات شحن بإسقاطها على المعسكر الرئيسي للانفصاليين. وأنشأت "إسرائيل" مدرسة لضباط المشاة لتخريج الكوادر العسكرية لقيادة فصائل التمرد. وكانت عناصر إسرائيلية تشترك بالفعل في بعض المعارك مقدمة خبرتها للجنوبيين. واستمرت "إسرائيل" تغذي فكرة الانفصال لدى المتمردين في الجنوب، عبر تصوير صراعهم مع الحكومة المركزية بأنه بين شمال عربي مسلم محتل، وجنوب زنجي إفريقي مسيحي مضطهد.

4. المرحلة الرابعة، تبدأ من أواخر السبعينيات وتنتهي في أواخر الثمانينيات. وفيها جرى استئناف دعم التمرد المسلح بزعامة العقيد جون قرنق John Kranak ابتداء من سنة 1983. وفي تلك الفترة ظهر النفط في جنوب السودان، ما عزز دعم الجهات الأجنبية للحركة الانفصالية. وفيها أيضاً ضاعفت إثيوبيا دعمها للجنوبيين سواء بالسلاح أو عن طريق وضع محطة للإذاعة تحت تصرفهم. كما ألقت "إسرائيل" بثقل قوي إلى جانب جيش جون قرنق، فزودته بأسلحة متقدمة، ودربت عشرة من طياريه على قيادة

مقاتلات خفيفة للهجوم على المراكز الحكومية في الجنوب، ووفرت له صوراً عن مواقع القوات الحكومية التقطتها أقمارها الصناعية. كما أرسلت "إسرائيل" بعض خبرائها لوضع الخطط والقتال إلى جانب الانفصاليين، وقد قتل منهم خمسة ضباط في معارك دارت في نهاية سنة 1988، وكان بينهم اثنان من ضباط الموساد. وثبت أن الضباط الإسرائيليين اشتركوا في العمليات التي أدت إلى احتلال ثلاث مدن في سنة 1990، وهي مدن مامبيو واندارا وطمبوه.

5. المرحلة الخامسة، بدأت في أواخر سنة 1990 واستمرت حتى بدء المفاوضات بين حركة جون قرنق والحكومة السودانية سنة 2002. وفيها وصل الدعم الإسرائيلي للانفصاليين ذروته، بالأموال والسلاح لتعزيز موقفهم التفاوضي مع الحكومة المركزية في الشمال.

ويلاحظ عمق الاتصالات التي كانت تجري بين السفارات الأمريكية والإسرائيلية في كينيا وأوغندا لتنسيق جهودهما في دعم جون قرنق وحركته. وكان قرنق قد حصل على منحة دراسية أمريكية مكنته من الحصول على درجة الدكتوراه في الاقتصاد الزراعي، وأهلته لتلقي دورات عسكرية في الولايات المتحدة. وبعدها التحق بدورة عسكرية في "إسرائيل"، التي زارها ثلاث مرات، وظل على علاقة وثيقة ومنتظمة مع سفراء "إسرائيل" في الدول المجاورة، وخصوصاً كينيا. كما كانت "إسرائيل" تدفع رواتب القادة والضباط الانفصاليين، ويُقدر مجموع ما قدمته "إسرائيل" "لجيش تحرير الجنوب" بـ 500 مليون دولار، قامت الولايات المتحدة بتغطية الجانب الأكبر منه.

ووضعت "إسرائيل" تحت تصرف جون قرنق سنة 2003، مجموعة من الضباط من يهود الفلاشا، ذوي الأصول الإثيوبية الذين هاجروا إليها في الثمانينيات. وكان جون قرنق، بعدما أحكم سيطرته على الجنوب بمساعدة الإسرائيليين، قد استعد لإعلان الانفصال، وأصدرت وزارة الدفاع الأمريكية تعليماتها إلى قواتها الموجودة في كينيا وإريتريا بالاستعداد للتدخل في السودان إذا ما لزم الأمر. ولهذا فقد مارست الحكومة الأمريكية ضغوطات كبيرة على الحكومة السودانية لكي تستجيب لشروط قرنق في مفاوضات السلام[89].

وفي دراسة أخرى قدمتها يهوديت روبين الباحثة في مركز دايان لأبحاث الشرق الأوسط، تناولت المخطط الإسرائيلي في دعم الانفصاليين في جنوب السودان، قالت إن

بلادها أدّت دوراً في تعميق الفجوة بين الأطراف المتصارعة من أجل بلوغ هدف التفتيت لتجريد مصر من عمقها الاستراتيجي وانشغال السودان بهمومه الداخلية. ولأن الحرب الدائرة في جنوب السودان منذ حوالي أربعة عقود تقريباً، تعكس بشكل واضح أن الدولة ذات التعددية العرقية أو الطائفية مهددة دائماً بالانقسام، وهذا يتطلب من "إسرائيل" العمل على إقامة التحالفات مع الجماعات العرقية والدينية المعادية للعرب في جنوب السودان، ودعم "إسرائيل" للتمرد العسكري وتزويد المتمردين بالسلاح وتدريبهم في "إسرائيل"، وإقامة تحالفات مع الدول المحاذية للسودان والمعادية له والضغط على قيادات التمرد لإعلان انفصالهم عن السودان، ومحاصرة السودان اقتصادياً وعسكرياً، من خلال افتعال الأزمات الداخلية من أجل إضعافه وتفتيت قواه[90].

كما أدّت "إسرائيل" دوراً مهماً في إقناع الولايات المتحدة بدعم جون قرنق وتبني وجهة نظره في مفاوضات السلام التي تمت في كينيا بين الحكومة المركزية في الخرطوم والانفصاليين. وعلى الرغم من التوقيع على اتفاقية السلام بين الطرفين، إلا أن "إسرائيل" لم تسحب مستشاريها العسكريين من جنوب السودان، ما يدل على أنها لم تغلق الباب بوجه تدخلها في تنفيذ استراتيجيتها بدعم انفصال الجنوب عن السودان، وخاصة أن جون قرنق حليفها الذي دعمته طوال السنوات الماضية، أصبح نائباً لرئيس الجمهورية في السودان، لم يكن يمانع في دفع الاستحقاقات المطلوبة منه تجاهها. وبعد مقتله، وجدت "إسرائيل" أنها خسرت أحد أهم حلفائها في إفريقيا، ولهذا فقد عبرت الصحافة الإسرائيلية عن فداحة الخسارة التي لحقت بـ"إسرائيل" من فقدان قرنق. كما دعا مسؤول إسرائيلي في وزارة الخارجية الإسرائيلية، الولايات المتحدة الأمريكية "والرئيس جورج بوش على وجه الخصوص لإنقاذ المسيحيين في السودان عقب مصرع قرنق، وحمايتهم من الإسلاميين في السودان". وبدأت "إسرائيل"، في إثارة المجتمع الدولي ضد الحكومة السودانية، فقد حذر مكتب رئيس الوزراء الإسرائيلي "من تعطل المسيرة السلمية في السودان بعد غياب وتلاشي وجود زعيم قوي في جنوب السودان يقوم بالدور نفسه الذي كان يقوم به قرنق". كما حذرت صحيفة يديعوت أحرونوت، من عودة سيطرة الإسلاميين على جنوب السودان عقب مصرع قرنق قائلة: "إن مصرع قرنق سيؤدي إلى سعي الإسلاميين للسيطرة على الجنوب مرة أخرى لتطبيق الشريعة الإسلامية، وإنها شريعة تسمح بسفك دماء الغير"[91].

ولا شك أن لـ"إسرائيل" علاقات جيدة أيضاً مع الرئيس الجديد لحركة انفصال الجنوب، الجنرال سلفا كير مياردیت، الذي أصبح نائباً لرئيس السودان بعد مصرع قرنق، والذي من الممكن أن تستخدمه أيضاً في مخططاتها في تفتيت السودان.

سادساً: الخليج العربي:

اهتمت الحركة الصهيونية و"إسرائيل" بمنطقة الخليج العربي لأهميته الجغرافية والنفطية. وحاولت الصهيونية أن تدخل أجزاء من منطقة الخليج العربي ضمن حدود الدولة اليهودية. وأول تلك المشاريع، كان مشروع إقامة دولة يهودية في الخليج العربي الذي ورد ضمن رسالة تقدم بها الطبيب اليهودي الروسي م.ل. روتشستين Rotshstin في سنة 1917، للحكومة البريطانية لإقامة دولة يهودية في منطقة الخليج. والثاني، مشروع نورمان بنتويش Norman Bintwish الذي ضمنه في كتابه (فلسطين اليهود الماضي والحاضر والمستقبل) الصادر سنة 1919، واحتوى على خريطة لفلسطين تدخل فيها منطقة الخليج العربي. وبعد قيامها استمرت "إسرائيل" في الاهتمام بالخليج العربي من خلال عقد تحالفات مع نظام شاه إيران، والتركيز على التنوع الطائفي فيه. وتحاول "إسرائيل" إقامة علاقات مع بعض دول الخليج العربي من أجل الوصول إلى منابع النفط العربية، ولكي تستغل قضية الأقلية الشيعية في تلك الدول.

وفي الواقع، فإن الدعوات والمخططات الإسرائيلية الداعية إلى تفتيت الوطن العربي وتجزئته، والتي تصدر عن بعض المسؤولين الإسرائيليين، لم تعد بمثابة مشاريع فقط، بل أصبحت قابلة للتنفيذ في بعض الأقطار العربية. وتلتقي تلك المشاريع مع المخططات الأمريكية التي وضعها مفكرو المحافظين الجدد ومنظروهم في الولايات المتحدة، والتي تتفق تماماً مع المخططات الصهيونية. وتريد "إسرائيل" أن تنقل معاركها إلى داخل الأقطار العربية من أجل استمرار تفوقها وهيمنتها على العرب، وإبعاد الخطر عن حدودها.

هوامش الفصل الثاني

[1] عوني فرسخ، "إشكاليات الأقليات في التاريخ العربي،" المنابر، بيروت، السنة 7، العدد 68، أيار 1993، ص 45. وعن الأقليات انظر: تيد روبرت جان، أقليات في خطر (القاهرة: مدبولي، 1995).

[2] الأقليات في المنطقة العربية وأثرها على الأمن القومي العربي، وزارة الدفاع - مصر، القاهرة، 1999، ص 121.

[3] وليد عبد الحي، التوظيف السياسي لمشكلة الأقليات، محاضرة في المنتدى العربي، عمان، 2002/2/20.

[4] نيفين مسعد، الأقليات والاستقرار السياسي في الوطن العربي، رسالة دكتوراه، جامعة القاهرة، كلية الاقتصاد، قسم العلوم السياسية، 1987، ص 19.

[5] ساسين عساف، "الصهيونية والنزاعات الأهلية،" النزاعات الأهلية العربية: العوامل الداخلية والخارجية (بيروت: مركز دراسات الوحدة العربية، 1997)، ص 147.

[6] تبلغ نسبة الأقليات في الوطن العربي 20%، موزعة على محاور اللغة 13% والدين 9% والمذهب 16%.

[7] نور الدين مصالحة، إسرائيل الكبرى والفلسطينيون سياسة التوسع 1967 – 2000 (بيروت: مؤسسة الدراسات الفلسطينية، 2000)، ص 53.

[8] جوناثان رندل، حرب الألف سنة حتى آخر مسيحي: أمراء الحرب المسيحيون والمغامرة الإسرائيلية في لبنان، ترجمة بشار رضا (بيروت: العهد للنشر والتوزيع، 1984)، ص 155.

[9] عدنان السيد حسين، عصر التسوية: سياسة "كامب ديفيد" وأبعادها الإقليمية والدولية (بيروت: دار النفائس، 1990)، ص 232.

[10] عبد الوهاب المسيري وسوسن حسين، موسوعة المفاهيم والمصطلحات الصهيونية (القاهرة: مركز الدراسات السياسية والاستراتيجية، دار الأهرام، 1975)، ص 147.

[11] صلاح المختار، "علاقات إسرائيل في العالم العربي،" نشرة دراسات، العدد 88، آذار 1995، ص 5.

[12] الحسن، الأقليات في الواقع العربي، 1995، ص 66.

[13] الأقليات في المنطقة العربية وأثرها على الأمن القومي العربي، وزارة الدفاع - مصر، القاهرة، 1999، ص 58.

[14] من رسالة بن غوريون لموشيه شاريت في 1945/2/27 ورسالة موشيه شاريت لبن غوريون في 1945/3/18 ورسالة ساسون لموشيه شاريت في 1945/3/19 نشرتها جريدة دافار الإسرائيلية في 1971/10/29 عشية الحرب الأهلية اللبنانية، وتتحدث الرسالة عن لبنان والمشروع الصهيوني لتغذية الفتنة الطائفية وإقامة دويلات طائفية مارونية ودرزية وسنية وكردية وشيعية.

[15] موشي فرجي، إسرائيل وحركة تحرير جنوب السودان: نقطة البداية ومرحلة الانطلاق (تل أبيب: مركز دايان لأبحاث الشرق الأوسط وأفريقيا، 2003)، ص 48.

[16] نور الدين مصالحة، مرجع سابق، ص 15.

[17] Israel Shlaim, *The Great Power and the Middle East Crises of 1958*, pp. 183-184. وردت في كتاب نور الدين مصالحة، مرجع سابق، ص 52.

[18] ديفيد كاما، "الصراع لماذا؟ وإلى متى،" ترجمات خاصة بمؤسسة الأرض للدراسات الفلسطينية، جاء في كتاب: حبيب قهوجي، استراتيجية الصهيونية وإسرائيل، ص 127، وذكر في مقالة: عبد الله عبد الدائم، مرجع سابق، ص 24.

[19] جريدة معاريف، إسرائيل، 1977/9/20، جاء في كتاب: استراتيجية الصهيونية وإسرائيل (دمشق: مؤسسة الأرض)، ص 128، ومقالة: عبد الله عبد الدائم، شؤون عربية، العدد 55، ص 24.

[20] المرجع نفسه.

[21] يعقوب شمشوني، "تأييد إسرائيل للنزعات الانفصالية،" من بحوث ندوة **الموقف الإسرائيلي من الجماعات الإثنية والطائفية في العالم العربي**، جامعة بار إيلان (القاهرة: ترجمة الدار العربية للدراسات والنشر والترجمة)، ص 45.

[22] المرجع نفسه، ص 27.

[23] حفاي اشر، "مصالح إسرائيل المشروعة في لبنان،" **دافار**، 1981/4/14، نشرته مؤسسة الدراسات الفلسطينية، بيروت، السنة 11، العدد 5، أيار 1981، ص 277.

[24] فهمي هويدي، "بروتوكولات الاختراق الإسرائيلي،" **جريدة الخليج**، الإمارات، 2004/6/1.

[25] يهودا لاوبير، "إسرائيل وتأييد الأقليات في العالم العربي،" من بحث قدم في ندوة مركز دايان، ص 37.

[26] "حزب العمل ومواصلة مخطط التفتيت لوحدة الأقطار العربية،" **مجلد تقديرات استراتيجية**، مصر، الدار العربية للدراسات والنشر والترجمة، ملف رقم 1، العدد 4، أيار 1995، ص 18.

[27] عبد الوهاب المسيري، **الأيديولوجية الصهيونية**، ص 263.

[28] المرجع نفسه.

[29] المرجع نفسه، ص 265.

[30] أوردها فهمي هويدي في مقالته بعنوان: "أصابع إسرائيل في الخرطوم،" **الخليج**، 2004/6/8، عن كتاب: موشي فرجي، **مرجع سابق**.

[31] **معاريف**، 1981/12/18.

[32] جوناثان رندل، **حرب الألف سنة حتى آخر مسيحي**، ص 189.

[33] فهمي هويدي، **مرجع سابق**.

[34] Oded Yinon, A Strategy for Israel in the Nineteen Eighties," *Direction Journal*, Tel Aviv, No. 7. Kivunim, 1982.

[35] أوري أفنيري، "خطة إسرائيلية لتحطيم الدول العربية وتحويلها إلى دويلات طائفية،" **مجلة هعولام هزيه**، ترجمة دار الجليل، عمان، 1983/2/19، ص 5.

[36] Israel Shahak, *The Zionist Plan for the Middle East* (Bolmont: Association of Arab – American University Graduates, 1982).

[37] Ibid.

[38] صلاح المختار، **مرجع سابق**، ص 6-7.

[39] المرجع نفسه، ص 39.

[40] حلمي الزعبي، **دراسات إسرائيلية**، رقم 101، القاهرة، 1995.

[41] **جريدة هآرتس**، إسرائيل، 1982/6/2.

[42] يهودا لاوبير، مرجع سابق، ص 24-25.

[43] أوري جوربائيل، "دعم إسرائيل للحركة الكردية قبل وبعد حرب الخليج،" من بحوث ندوة مركز بار إيلان، ص 50.

[44] دافيد كيمحي، **الخيار الأخير 1967-1991** (بيروت: مكتبة بيسان، 1992)، ص 237-238.

[45] ندوة بار إيلان، 1990.

[46] ناظم عبد الجواد الجاسور، **الأمة العربية ومشاريع التفتيت** (عمان: الأهلية، 1998)، ص 55.

[47] أحمد إبراهيم محمود، "إسرائيل وضرب العراق: الدور المحتمل والمكاسب الاستراتيجية،" **نشرة مختارات إسرائيلية**، القاهرة، مركز الدراسات السياسية والاستراتيجية، دار الأهرام، العدد 97، كانون الثاني/ يناير 2003.

[48] New York Times Newspaprs, 7/12/2003.

49 *Le Figaro, Paris*, 3/8/2004.

50 نواف الزرو، **حروب إسرائيل في العراق** (عمان: مطابع الدستور، 2005)، ص 123.

51 *The Guardian Newspaper*, London, 9/12/2003.

52 **جريدة القدس العربي**، لندن، 2003/12/9.

53 **جريدة الحياة**، لندن، 2003/12/10.

54 *Ha'artz*, 4/12/2003.

55 أحمد ثابت، "الدور الإسرائيلي في الكذب بشأن الأسلحة العراقية،" **نشرة مختارات إسرائيلية**، القاهرة، مركز الدراسات السياسية والاستراتيجية، دار الأهرام ، العدد 104، آب/ أغسطس 2003.

56 المنظمة العربية لمناهضة التمييز، القاهرة، 2004/5/24.

57 تقرير مركز "جافي"، "التفوق العسكري الإسرائيلي على الدول العربية بلغ ذروته بعد الحرب على العراق،" موقع المشهد الإسرائيلي في مركز مدار الفلسطيني، رام الله، بتاريخ 2003/9/26.

58 **جريدة القدس**، القدس، 2003/12/8.

59 نواف الزرو، **مرجع سابق**، ص 144.

60 **جريدة يديعوت أحرونوت**، إسرائيل، 2003/10/21.

61 **الحياة**، 2003/8/31.

62 **معاريف**، 2003/6/22.

63 **جريدة الزمان**، لندن، 2003/8/12.

64 نواف الزرو، **مرجع سابق**، ص 125.

65 **المرجع نفسه**.

66 **المرجع نفسه**، ص 126.

67 *New York Times*, 25/11/2003.

68 مركز مدار الفلسطيني، رام الله، 2003/10/16.

69 **القدس**، 2004/10/30.

70 **هآرتس**، 2004/11/12.

71 قناة الجزيرة، "برنامج مع هيكل: تجربة حياة،" 2005/6/23.

72 نواف الزرو، **مرجع سابق**، ص 102.

73 زئيف شيف، **هآرتس**، 2004/4/9.

74 يعقوب شمشوني، "الأقليات الإثنية والطائفية في العالم العربي في ظل التحولات الدولية،" من بحوث مركز دايان، ص 10.

75 استيمار رابينوفتش، سورية هل ستبقى دولة موحدة في ظل انتعاش الاتجاهات الانفصالية في المنطقة والعالم، ندوة جامعة بار إيلان، ص 65-64.

76 ليفيا روكاخ، **قراءة في يوميات موشيه شاريت: خطة إسرائيل لإقامة الكيان الماروني** (بيروت: دار ابن خلدون، 1984)، ص 48.

77 **المرجع نفسه**، ص 55-54.

78 نشرها ساسين عساف، **ثقافة المواجهة** (بيروت: دار النفائس، 1996)، ص 38.

79 عبد الوهاب المسيري، **الأيديولوجية الصهيونية**، ص 54.

80 "3 وثائق من 22 سنة تؤكد: خطط إسرائيل لتمزيق لبنان،" **العمل الشهري**، العددان 5-6، 1977، ص 73-84، أوردها ساسين عساف، "الصهيونية والنزاعات الأهلية،" ص 161.

81 **المرجع نفسه**، ص 162.

82 Micheal Bar Zohar, *Ben Gurion: The Armed Prophet* (USA: Prentice – Hall, 1968), pp. 111 - 113.

83 جوناثان رندل، **حرب الألف عام في لبنان**، ترجمة فندي الشقا (بيروت: دار المروج، 1984)، ص 209 و216-221.

84 Kirsten Schulze, *Israel's Covert Diplomacy in Lebanon* (London: Macmillan Press,1998).

85 روفائيل يسرائيل، "إسرائيل ونضال البربر في شمال إفريقيا،" من بحوث بار إيلان، 1992، ص81.

86 المرجع نفسه، ص 82. ومرجع رسالة ماجستير في جامعة القاهرة، كلية الاقتصاد والعلوم السياسية، ص 117.

87 صلاح المختار، **مرجع سابق**، ص 37-38.

88 أوردها فهمي هويدي في مقالته بعنوان: "أصابع إسرائيل في الخرطوم،" عن كتاب: موشي فرجي، **مرجع سابق.**

89 **المرجع نفسه.**

90 يهوديت روبين، إسرائيل ونضال جنوب السودان من أجل الاستقلال والحرية، مركز بار إيلان، ص 129.

91 http://www.islammemo.cc/taqrer/one_news.asp

الفصل الثالث

موقف "إسرائيل" من الوحدة العربية

المبحث الأول: موقف الحركة الصهيونية و"إسرائيل" من الوحدة العربية:

لاحظنا في الفصل الأول تشكيك الاستعمار والصهيونية بوجود الأمة العربية وبالوطن العربي الواحد، ومحاولة إسقاط الثقافة العربية - الإسلامية عن منطقة الشرق الأوسط بحجة أنه متعدد الهويات والأقليات. ولهذا، ومن أجل تشويه صورة العرب والمسلمين، فقد سعت الحركة الصهيونية أيضاً إلى التشكيك بالقومية العربية وإلى محاولة تفتيت الوطن العربي وتدمير وحدته القومية، منذ بداية المشروع الصهيوني، على عدة مستويات. فقد ركزت الأدبيات الصهيونية والإسرائيلية ومواقف القادة الصهاينة والإسرائيليين، على نفي عروبة المنطقة، والتشكيك في الوحدة العربية والقومية العربية. وكان مخطط تجزئة الوطن العربي إلى دويلات صغيرة فكرة ترددت باستمرار في التفكير الاستراتيجي الإسرائيلي، وحلماً كبيراً سعت الحركة الصهيونية و"إسرائيل" إلى تحقيقه منذ بداية المشروع الصهيوني، لأن وجود دولة عربية موحدة قادرة على أن تواجه الخطر الصهيوني، وتحافظ على الأمن القومي العربي هو خطر يهدد وجودها. وكانت النظرة الصهيونية إلى القومية والوحدة العربية، مبنية على أساس عنصري واستعماري واستيطاني، لاعتقادها بتفوق اليهود على العرب، وتفوق اليهود على الآخرين. وقد أثرت البيئة والثقافة الاستعمارية في تكوين هذه النظرة، وخاصة أن "القومية اليهودية" ولدت في بيئة ظهور القوميات في أوروبا، وظهور فكرة الاستيطان الأوروبي في آسيا وإفريقيا. وكما يقول مكسيم رودنسون فإن "الفلسفة التي كانت قائمة في أوروبا آنذاك قامت على اعتبار كل رقعة من الأرض تقع خارج ذلك العالم (أي أوروبا) خالية. ليس من السكان بالطبع بل بكونها تؤلف فراغاً حضارياً، وبذلك تصبح ملائمة للاستعمار"[1].

وربطت الحركة الصهيونية مشروعها بالمشروع والمصالح الاستعمارية الأوروبية، للعمل معاً على تفتيت الوطن العربي وإقامة دولة يهودية في فلسطين تمنع قيام الوحدة العربية. ومن خلال استعراض وجهات نظر بعض السياسيين والمفكرين الإسرائيليين من الوحدة العربية، سوف نلاحظ أن ما يقلق "إسرائيل" هو أن تتحقق الوحدة العربية ولو بعد أجيال على يد جيل قريب من الإيحاءات التاريخية لحركة التحرر القومي

العربي. ولهذا فإن القادة الإسرائيليين يريدون تفتيت الوطن العربي، بدءاً بتقويض الكيانات الجغرافية القائمة حالياً، وانتهاء بمحو فكرة الأمة العربية الواحدة، مروراً بضرب النظام العربي وتصفية مؤسساته الوحدوية.

ومن إنكار الحركة الصهيونية و"إسرائيل" وجود الأمة العربية الواحدة، إلى التشكيك بوجود وطن عربي موحد، يتمحور الموقف الإسرائيلي من الوحدة العربية، وهو ما سنحاول معالجته في هذا الفصل. إذ سيتم استعراض وجهات نظر القادة والمسؤولين الصهاينة والإسرائيليين في ما يتعلق بمواقفهم من الوحدة العربية والقومية العربية، منذ بدء المشروع الصهيوني إلى ما بعد قيام "إسرائيل". فقد أصدر يتسحاق بن تسفي Itzhak Ben-Tsfi عضو اللجنة التنفيذية للهستدروت وأحد زعماء الحركة الصهيونية في سنة 1920 (الذي أصبح ثاني رئيس لـ"إسرائيل" بعد وايزمان) أصدر كتيباً عن العرب بعنوان "الحركة العربية" قال فيه: "إن القبائل التي تتكلم اللغة العربية ليست ولم تكن ذات يوم أمة واحدة وليس لدى العرب أي نزعة ذاتية أو موضوعية لتوحيد قواهم وإن استعمال اللغة العربية لا يمكن اعتباره أساساً للحديث عن أمة عربية واحدة، بل إن العرب هم خليط من القبائل والطوائف الدينية"[2].

وذكر ناحوم سوكولوف، أحد قادة الحركة الصهيونية في مذكرة رفعها إلى وزارة الخارجية البريطانية بتاريخ 1916/4/12 "أن إنشاء كومنولث يهودي في فلسطين تحت حماية إنكلترا سيقيم جداراً فاصلاً بين عرب آسيا وعرب الشمال الإفريقي. وهذا سيكون فيه خدمة كبرى لدولة تضم في حوزتها عرباً من الجانبين"[3].

كما وصف سوكولوف في كتابه "تاريخ الصهيونية" العرب، بقوله: "إن شعوب القسم العربي من الإمبراطورية العثمانية عبارة عن شلة من الأعراق والمعتقدات والطوائف والأنظمة الاجتماعية المختلفة بدون أي رابطة مشتركة غير اللغة. إن الصفات الطبيعية لأرضهم تجعل ثلثهم برابرة مفترسين رحلاً يخافهم الثلثان الباقيان"[4].

وحسب رأي بن غوريون، فإن الشرق الأوسط ليس منطقة عربية خالصة، بل على النقيض من ذلك فإن غالبية سكانه ليسوا عرباً، فالأتراك والإيرانيون واليهود، دون الأخذ في الاعتبار الأكراد والأقليات غير العربية في الدول العربية، هم أكثر من العرب في الشرق الأوسط. ولهذا فقد أنكر أبا إيبان وزير خارجية "إسرائيل" السابق، في كتابه "صوت إسرائيل" وجود وحدة عربية عبر التاريخ، ويقول إن العرب كانوا في

خلافات عبر التاريخ وإن فترات الوحدة بينهم كانت قصيرة وتمت بالقوة وإن التجزئة السياسية التي تعيشها الأقطار العربية لم تأت عن طريق الاستعمار، بل أرادها العرب ولم يعترضوا عليها، كما أن الروابط الثقافية والتراثية التي تجمع الدول العربية غير كافية لتحقيق الوحدة السياسية[5].

كما نفى الكاتب الصهيوني د. ب. زيف D.B.Zeif في كتابه الصادر في لندن سنة 1948 وجود العرب الذين تحدث عنهم بقالب أيديولوجي عنصري "في الواقع ليس هناك أي عرب في أي مكان؛ بل لا يوجد حتى عرق مختلط اختلاطاً منسجماً إلى حد ما. لقد اختفى العرق العربي من الوجود كلياً في جميع أنحاء شبه الجزيرة العربية، ومن حل محلهم هم خليط من الأجناس على درجة واطئة من التطور البشري ويتكلمون باللسان العربي". ويمضي زيف في كلامه عن العرب ويقول: "نظراً لأن نقاء النسب في ملة محمد يحل دائماً محل نقاء الدم، فمن أين لنا أن نجد أحفاد قريش الآن؟ وحتى في صميم قلب الصحراء العربية جرى تلويث العرق باطراد باستيراد سيل من النساء الإماء وكثير منهن في السنوات الأخيرة من السودان والأقاليم الإفريقية الأخرى"[6].

وعلى النقيض من زيف الذي أنكر وجود العرب حتى في الجزيرة العربية، فإن الكاتب الإسرائيلي دافيد كاما، اعترف بوجود العرب في الجزيرة العربية فقط وقال بأن "هنالك وطناً واحداً عائداً للعرب ليسوا غرباء فيه هو الجزيرة العربية، أما بقية البلاد التي يقطنونها فليسوا إلا محتلين لها مسيطرين عليها يقيمون فيها إمبراطورية مغتصبة ويستنكرون بكل وقاحة الحقوق الطبيعية للشعوب التي لها الحق الشرعي في هذه المنطقة قبل الاحتلال العربي". وإن العرب عبارة عن طوائف وشعوب مختلفة وقبائل متناحرة، وإن الأمة العربية "ليست ولم تكن ذات يوم أمة واحدة، وإن العرب ليسوا أمة بل هم خليط من القبائل والطوائف العربية، وإن حركتهم القومية ليست في جوهرها إلا تقليداً لأوروبا وبضاعة مجلوبة مستوردة من الخارج"[7].

ولم تكتف الحركة الصهيونية بنفي وجود الأمة العربية والوطن العربي فقط، بل إن بعض الصهاينة أمثال الكاتب الصهيوني ف. جرفاسي F.Gerfasi، ادعوا أن تمسك القومية العربية بالوحدة العربية يشكل عقبة أمام تحقيق السلام في الشرق الأوسط وقال: "القومية العربية بتمسكها بالوحدة العربية هي العقبة الرئيسية أمام السلام بين الدول العربية وإسرائيل، وإن الوحدة العربية لا تجد لها سنداً في التاريخ العربي وإنها كانت الاستثناء لا القاعدة وما من شيء قسم الوطن العربي مثل الإصرار على توحيده"[8].

وفي المقابل، فإن الإسرائيليين يعترفون بأنهم خدموا الغرب عن طريق محاربة القومية العربية التي نادى بها الزعيم عبد الناصر، ويربط الكاتب الإسرائيلي شموئيل يعري Shamuil Yaari بين المصالح الأوروبية والانتصار الإسرائيلي في حرب 1967 ويقول: "إن إسرائيل ساهمت في إقامة استقرار في المنطقة التي تعتبر الدول العربية دعامتها وترسخ النفوذ الأمريكي بطرد النفوذ السوفياتي. لقد خرج الغرب رابحاً في 1967 لأن إسرائيل حطمت الناصرية"[9].

كما أدت "إسرائيل" دوراً كبيراً في إثارة الخلافات بين الأقطار العربية، لأن ذلك من شأنه أن يضعف العرب ويقويها. ويعترف شمعون بيريز Shimon Peres بأنه "لكي نكون قوة سياسية في الشرق الأوسط يجب أن تتسع الخلافات بين العرب"[10].

كما أكد العميد الإسرائيلي وأحد القادة العسكريين افيعزرا يعري Ifiazra Yaari، أن من مستلزمات الأمن القومي الإسرائيلي إحداث المزيد من الانقسامات داخل كل دولة عربية وبين الدول العربية بعضها مع بعض[11].

ولم يكن نفي الحركة الصهيونية لوجود الأمة العربية فقط، بل إنها أنكرت كذلك وجود الشعب الفلسطيني في فلسطين، وادعت أن فلسطين أرض بلا شعب لشعب بلا أرض (أي اليهود). ولهذا فقد رفض المؤتمر الصهيوني السابع في آب/ أغسطس 1905، الاعتراف بوجود العرب الفلسطينيين، عندما أثار ماكس نوردو الوجود العربي في فلسطين، بعد نشر نجيب عازوري بيانه التاريخي في نهاية 1904 بعنوان "بلاد العرب للعرب" وكتابه "يقظة الأمة العربية" سنة 1905 دعا فيه إلى الحذر من الاستعمار والمشروع الصهيوني في فلسطين. وقال ماكس نوردو:

> إن الصعوبات التي نواجهها في علاقاتنا مع السكان العرب في أرض إسرائيل ليست أكبر الصعوبات ولا أسوأها، بالنسبة للمسألة العربية بأسرها، إن أكبر أعدائنا هم القوميون دعاة العروبة خارج أرض إسرائيل وخصومنا في سورية ومصر الذين يقومون بكل ما في وسعهم لإثارة شعور الكراهية ضد الصهيونية والهجرة اليهودية إلى أرض إسرائيل. ويثير أولئك مشاعر الفلاحين الجهلة والمساكين بحلم مسكر عن إمبراطورية عربية كبيرة في آسيا وإفريقيا الشمالية، تضم سورية وفلسطين والعراق والجزيرة العربية ومصر، وبدون شك ليبيا وتونس والجزائر ومراكش أيضاً. إن أكبر أعدائنا هم القوميون دعاة العروبة. وأعتقد أنه من واجبنا أن نثبت للعرب أن مشاريع الوحدة العربية ليست ألا

وهـماً... والدول الأوروبية سـتضطر لأن تدرس المسـألة إذا كانت مصالـح كل واحدة منها متطابقة مع تطلعات دعاة العروبة[12].

وعاد ماكس نوردو وأنكر وجود الأمة العربية بعد سنوات. وكتب في مقالة له سنة 1920 قال فيها:

> لحسن حظنا لا يزال تعبير "الأمة العربية" حتى الآن على الأقل كلمة فارغة. إنه غير موجود إلا في عقول الصحفيين السوريين المسيحيين المتبجحين، وعقول بعض تلامذتهم وشركائهم من المسلمين. هناك حقاً عرب لكن لا توجد أمة عربية بمفهوم المدنية الأوروبية لتعبير الأمة ولا وحدة بين جماهيرها. إن بدوياً في شمال إفريقيا بعيد كل البعد عن مواطن في بغداد كبعد الهندي الأحمر في الولايات المتحدة عن رجل الأعمال في وول ستريت أو السياسي في مجلس النواب الأمريكي. إن القرابة بين فلاح من مصر وتاجر من مسقط أو بدوي من العراق وبين بائع من اليمن أو حرفي في بيروت أقل من القرابة بين مزارع أرز إيطالي في لومبارو ومربي أبقار فرنسي في نورماندي، وحتى الآن لم تسيطر فكرة القومية والاستعمارية على عقولهم. والعلاقة بين ملايين السكان محصورة في اللغة والدين وليس في التطلع نحو دولة مستقلة قوية تضم مساحات واسعة من آسيا وإفريقيا ولا تستطيع تحمل تدخل أجنبي داخل حدودها. إن العلاقة الداخلية المستمرة منذ مئات السنين تمزقهم، والقبائل المختلفة يناصب بعضها بعضاً العداء، والمنافسة التقليدية القائمة بينها أقوى -إلى حد بعيد- من شعورها بالتضامن. وأخيراً فبالنظر إلى التطور القائم في منطقة آسيا فإنه لا يزال من المبكر بالنسبة لنا أن نرتعد خوفاً من خطر دولة عربية مجاورة معادية لنا، إن هذه الدولة غير قائمة حتى الآن وإلى أن تقوم -هذا إذا قامت في يوم من الأيام- سيكون لدينا متسع من الوقت لملاءمة أنفسنا مع الوقائع الجديدة[13].

ولم يهتم الزعيم الصهيوني المتطرف جابوتنسـكي، الذي يُعدُّ الأب الروحي لمناحيم بيغين وإسـحق شـامير وأريل شـارون والليكود الإسرائيلي، بوجود العـرب في كتابه "تركيا والحـرب" عند حديثه عن الإرث التركي، وقال إن ما يطلق عليه "حركة عربية" تسمية سابقة لأوانها، وإن الآمال العربية بتحقيق النهضة والاسـتقلال هي فكرة غامضة كفكرة الأمة العربية، وانشـق الداعون إلى الوحدة العربية لأن مجرد تشـابه اللغات لا يعنـي وجود أمة عربية واحدة وقال: "إن رابطة الأمة هي الشـعور بالوحدة القوميـة، وهـذا الشرط الأسـاسي لا تحققـه قبائل مختلفة تسـكن شريطـاً متصلاً مـن الأرض يمتد

على الشاطئ الشمالي لإفريقيا وغرب آسيا من المحيط إلى الخليج والذي يمكن أن يشكل يوماً ما أساساً لدعاية نشطة للوحدة القومية"[14].

وحذر أوروبا من قيام الوحدة العربية وادعى أنه إذا تحققت -على الرغم من أنه يرفض وجود العرب- "فإنه ستحدث أعظم الكوارث الاستعمارية المعروفة في التاريخ لأنه سيهدد [لأنها ستهدد] الوجود الأوروبي في شواطئ إفريقيا وتلك الأجزاء من آسيا التي تزمع أوروبا إنشاء حكم فيها"[15].

ويلاحظ التناقض في موقف الحركة الصهيونية من العرب، فهي أنكرت وجود الأمة العربية وإمكانية تحقيق الوحدة العربية، إلا أنها في الوقت نفسه، حذرت من خطورتها على المشروع الصهيوني. كما أن الحركة الصهيونية التي كانت تحاول نفي وجود العرب وتعدّهم بدواً رحلاً غير مرتبطين بالأرض، اعترفت بحتمية الصراع بينها وبين القومية العربية عند قيام "إسرائيل". وقال جابوتنسكي في خطاب ألقاه في تل أبيب 1929: "إن فلسطين ملتقى حضارتين (العرب واليهود) لا تشتركان في مفاهيمهما الروحية، ولذلك فإن التقارب بينهما استحالة تاريخية"[16].

ويقول الكاتب الإسرائيلي جورج فرانك Goerge Frank في كتابه "قضية إسرائيل": "وكما أوضحنا من قبل فإن للعرب تصوراً وهماً حول أنفسهم وحول العالم من حولهم بسبب المعتقدات الإسلامية التي تمنع التطور السياسي، لقد تحول الإسلام في يد الزعماء الطموحين إلى أداة لخلق الوحدة، حيث لا توجد الوحدة من أجل تحقيق افتراضات مستحيلة مثل حلم الوحدة العربية أو إزالة دولة لمجرد أنها يهودية"[17]. أما الكاتب الصهيوني نسيم رجوان Nasim Rajwan فيؤكد في كتابه "من الفكر الصهيوني" على التناقض بين القومية العربية والصهيونية ويقول:

> وفي الوقت نفسه فإن الكارثة الفلسطينية وإنشاء إسرائيل دولة ديناميكية على طراز غربي في وسط العالم العربي كانت ضربة شديدة القسوة للكبرياء والاعتزاز العربي، فكان لا بد للقومية الضيقة والتطرف والتعصب من إحراز نصر محتوم، وما لبثت بفضل أصوات العقل والاعتدال أن صمتت، وبالتعسف والتحكم غالباً، وسادت روح الثأر ولم يعد يرضى العرب بما هو أقل من وحدة عربية شاملة وشرق أوسط عربي بكامله واليوم بعد ربع قرن من الاضطرابات والصراع هنالك دلائل تشير إلى أن الفترة العنيفة من البعث العربي تقارب نهايتها[18].

ولم يؤثر إنكار زعماء الحركة الصهيونية و"إسرائيل" على وجود الأمة العربية، على تخوفهم من الوحدة العربية، لأن "إسرائيل" كانت تنظر إلى الدول العربية والقوة العربية وكأنها قوة واحدة تهددها، وأن الخطر الذي يهددها ليس من دولة عربية واحدة، بل من الدول العربية كلها. وكانت تنظر بكل حذر وتخوف من التنسيق بين الدول العربية، وتخشى من استقلال الدول العربية عن الاستعمار، ولهذا فقد أدت "إسرائيل" دوراً معادياً لاستقلال الدول العربية وللقضايا العربية في المحافل الدولية. وصوتت ضد استقلال تونس سنة 1952، وفي العام نفسه عارضت المشروع المقدم من كتلة البلاد الأفرو آسيوية التي كانت تريد طرح مسألة تحرير المستعمرات في إفريقيا الشمالية أمام الجمعية العامة للأمم المتحدة. ووقفت ضد استقلال الجزائر في الدورة العاشرة للجمعية العامة للأمم المتحدة سنة 1955، وفي الدورة 13 للجمعية العامة للأمم المتحدة سنة 1958، وكانت تدعم موقف فرنسا المعارض لاستقلال الجزائر. وانحازت إلى جانب بريطانيا في مفاوضات الجلاء مع مصر، وضد استقلال عدن ومحميات جنوب شبه الجزيرة العربية سنة 1965.

وخلال مفاوضات إيفيان بين جبهة التحرير الجزائرية وفرنسا، وقفت الصحافة الإسرائيلية إلى جانب الجيش السري الفرنسي الذي كان يقف ضد استقلال الجزائر ويسعى إلى إقامة دويلة فرنسية في الجزائر.

ولا شك أن "إسرائيل" كانت قد وضعت استراتيجية محددة لها في الشرق الأوسط من خلال إثارة الصراعات على أساس قومي وديني، وعلى اعتبار "أن القومية العربية حركة تريد إبادة غير العرب على الأراضي التي تسكنها الشعوب العربية... أهدافها التوسع على حساب الشعوب غير العربية، حركة كهذه تجعل من تلك الشعوب مواطنين من الدرجة الثانية في أحسن الحالات"[19].

وحددت دراسة إسرائيلية بعنوان "إسرائيل على مشارف القرن الـ21" صادرة سنة 1988م عن معهد "فان لير" الإسرائيلي في القدس والمتخصص في الدراسات الاستراتيجية، الغايات والأهداف "القومية" لدولة "إسرائيل". وتمثل الهدف "القومي" الأعلى لـ"إسرائيل" في إقامة "إسرائيل" الكبرى ذات الهوية اليهودية النقية، كقوة إقليمية عظمى مهيمنة في منطقة الشرق الأوسط. ويتحقق ذلك من خلال الردع الوقائي والانتقامي، وتأمين عمليات الضم والاستيطان وتهويد الأراضي، والتحكم في المنطقة سياسياً واقتصادياً

وثقافياً مع الاعتماد على الذات عسكرياً واقتصادياً. وهذا يستلزم ضمان بقاء الدولة العبرية في الشرق الأوسط داخل حدود آمنة معترف بها دولياً، وفي ظل تفوق حضاري وعلاقات عميقة مع جيرانها العرب ودول الجوار الجغرافي الأخرى، وتكثيف الاستيطان وتقليص الوجود العربي فيها إلى أدنى حدّ، والسعي إلى مدّ السيطرة الإسرائيلية بأساليب مباشرة وغير مباشرة إلى منابع أنهار الأردن وجنوب لبنان وجبل الشيخ، مع السعي إلى الحصول على حصة من مياه النيل في إطار التعاون الإقليمي مع مصر[20].

وتمضي الدراسة الإسرائيلية إلى طرح ما هو مطلوب من "إسرائيل" القيام به، وهو استمرار البقاء "القومي" بدرجة عالية من الصلابة ونقاء الجنس اليهودي، وتقليص الوجود العربي في أرض "إسرائيل"، مع السعي إلى تقوية روابط التماسك الاجتماعي والقضاء على الصراعات والتناقضات العرقية والثقافية والاجتماعية والسياسية التي تسود المجتمع اليهودي. ويرتبط الهدف الاجتماعي بالهدف الأيديولوجي بشكل مباشر، الذي يتمثل في إحياء الحضارة اليهودية بإعادة بعث الروح اليهودية الدينية في المجتمع الإسرائيلي، وتقوية التقاليد اليهودية بين الشباب، وإثراء فكرة الصهيونية مبدأً أساسياً، وإعادة بناء الهيكل مكان المسجد الأقصى باعتباره الهدف الأسمى ليهود العالم، والقادر على توحيدهم والتفافهم حول "إسرائيل". مع العمل في الوقت ذاته على زرع عوامل الفرقة والتشتت والتحزب الفكري ونشرها في البلدان العربية، وبما يؤدي إلى زيادة التطرف الديني والطائفي والعرقي، والقضاء على فكرتي القومية العربية والتضامن الإسلامي وإحلالهما بفكرة التعاون الإقليمي الشرق أوسطي، وتوظيف الأصولية الإسلامية وأيديولوجيات الأقليات في المنطقة لمصلحة "إسرائيل".

أمام تلك المواقف، يمكن تلخيص الموقف الصهيوني/ الإسرائيلي من الوحدة العربية بالنقاط الآتية:

1. التلاقي العضوي بين الاستعمار الأوروبي والصهيونية من الوحدة العربية، التي سبق أن عالجناها من قبل.
2. الشعور الديني بتفوق اليهود على العرب، وبحقهم التاريخي والتوراتي بإقامة "إسرائيل"، من دون النظر إلى انعكاس ذلك على العرب وعلى وحدتهم.
3. تناقض أهداف القومية العربية مع الأهداف القومية اليهودية، وضرورة العمل مع القوى الاستعمارية على ضرب المشروع القومي العربي.

4. اعتقاد "إسرائيل" أن الوحدة العربية تشكل خطراً على وجودها واستمرارها، ولهذا فقد وقفت ضدّ المشاريع الوحدوية العربية (الوحدة بين مصر وسورية).

5. استغلال "إسرائيل" للأقليات القومية والطائفية الموجودة في الوطن العربي، من أجل خلق تناقضات بينها وبين الأمة العربية، لإبقاء حالة عدم الاستقرار والصراعات.

وهذا يؤكد ما توصل إليه ساطع الحصري، المفكر القومي العربي، عند معالجته لخطورة التجزئة على الوطن العربي بقوله: "لا يجوز أن يقال إن العرب خسروا معركة فلسطين مع إنهم كانوا سبع دول، بل يجب أن يقال إن العرب خسروا معركة فلسطين لأنهم كانوا سبع دول"[21].

المبحث الثاني: موقف "إسرائيل" من الوحدة بين مصر وسورية:

قامت الحركة الصهيونية و"إسرائيل" بترجمة أهدافهما ضد القومية العربية والوحدة العربية من خلال مواقفهما من قيام الجمهورية العربية المتحدة سنة 1958، إذ شعرت "إسرائيل" بأن وجودها أصبح في خطر. وفي المقابل تشكل مع تلك الوحدة، نهوض عربي شامل، ما أثر في إضعاف القوى المعادية للوحدة العربية، كـ"إسرائيل" والدول الغربية. وطبقت "إسرائيل" عملياً ما كانت قد أعلنته نظرياً من قبل في إطار محاربتها للوحدة العربية في تعاملها مع الوحدة بين مصر وسورية، لأنها شعرت بأن تلك الوحدة قد وضعتها بين كماشة، وأنها تحاصرها وستقضي عليها، لأنها أكثر المتضررين من تلك الوحدة. كما رأت أن الوحدة -مثلها مثل الدوائر الاستعمارية الغربية- موجهة ضدها وضد مشاريعها في الوطن العربي، وبالتالي فشل تلك المشاريع الداعية إلى تجزئة الوطن العربي. ووجدت "إسرائيل" في الوحدة بين مصر وسورية أنها تشكل نفياً لوجودها على أساس أنها تهدف إلى تدميرها، ما يدل على أن الانقسام العربي هو الذي يسمح لـ"إسرائيل" بالبقاء. و"إسرائيل" التي درست التاريخ جيداً، تعرف أن صلاح الدين الأيوبي لم يستطع طرد الفرنجة من فلسطين، إلا بعد أن أقام تعاوناً وقيادة موحدة بين مصر وسورية.

وتمت الوحدة بين مصر وسورية، بعد أن شعرت الأخيرة بالأخطار التي كانت تهددها من قبل "إسرائيل" والدوائر الغربية، وتزايد الغارات الإسرائيلية على أراضيها. وكانت "إسرائيل" قد هاجمت المواقع السورية في بحيرة طبرية (الكرسي وأبو تايه) ليلة 1955/12/11، وقتلت فيها 37 جندياً سورية و12 مدنياً وأسرت 30 آخرين، وقاد تلك القوات رئيس الوزراء الإسرائيلي السابق أريل شارون. ويبدو أن الشعور بالخطر المشترك على مصر وسورية من "إسرائيل"، قد أسهما في الإسراع بإقامة الوحدة بينهما. ولا نبالغ في القول بأن "إسرائيل" قد بدأت تضع خطتها للعدوان على مصر وسورية سنة 1967، منذ حدوث الانفصال سنة 1962، وأن "إسرائيل" لم تكن تجرؤ على مهاجمتهما لو كانت الوحدة بينهما ما زالت قائمة. ولهذا، بعد قيام الوحدة بين مصر وسورية، اتخذت "إسرائيل" ردود الفعل الآتية لمحاربتها:

1. قام بن غوريون، رئيس وزراء "إسرائيل" في ذلك الوقت، بإرسال رسالة إلى الرئيس الأمريكي دوايت أيزنهاور Dwight D. Eisenhower تناول فيها خطورة قيام الوحدة على أمن "إسرائيل" وعما تخطط له من الرد عليها. وقال في رسالته: "إن إسرائيل بحاجة إلى مانع قوي يصد عنها احتمالات الهجوم العربي. وإن هذا المانع لا يمكن أن يتمثل إلا في أن يكون لإسرائيل جيش قوي تستطيع أن تواجه [به] تيار الوحدة الذي ازداد قوة". وفي رسالة ثانية أكد بن غوريون للرئيس الأمريكي على:

أن عوامل الوحدة العربية تعمل بنشاط وقوة وإذا نجح مسعاها فإن حصار إسرائيل يصبح كاملاً، وتصبح جيوش الدول العربية قادرة على أن توجه إليها ضربات خطيرة من جهات متعددة. وسوف يعني ذلك تدهوراً خطيراً في مقتضيات أمن إسرائيل، لأنه كما تعلم بخبرتك العسكرية الفذة (مخاطباً أيزنهاور) ليس لإسرائيل أي عمق من الناحية الجغرافية[22].

2. قامت "إسرائيل" بزيادة قوتها العسكرية وانتهاج طريق الردع عبر تطوير الأبحاث الذرية وامتلاك السلاح النووي الذي طورته من فرنسا، وبتطوير علاقاتها مع الدول الأجنبية والدول القريبة منها التي نفرت هي الأخرى من الوحدة، كتركيا وإيران. وأعلنت تأييدها مشروع الهلال الخصيب، وطالبت صراحة من بريطانيا أن تقدم الدعم للعراق ليحتل سورية والأردن والقسم الشمالي من الجزيرة العربية. وهددت بمنع وجود طوق عربي حولها، وتهديد الأردن باحتلاله إذا انضم إلى الوحدة مع مصر وسورية[23].

3. أبلغت الولايات المتحدة الأمريكية، الجمهورية العربية المتحدة، خلال زيارة روبرت مورفي Robert Murphy نائب وكيل وزير الخارجية الأمريكية إلى القاهرة ولقائه مع عبد الناصر "أن إسرائيل قد تجد نفسها في خطر أمام كل حركة موالية لعبد الناصر تخلع الملك حسين، وأنها قد تتخذ تدابير لدعم حدودها على نهر الأردن باحتلال الأراضي الأردنية الواقعة على الضفة الغربية". وأعلن بن غوريون في 1960/11/4 (بعد عامين على الوحدة) أن "الجمهورية العربية المتحدة، هي الآن أقوى بكثير مما كانت عليه قبل أربع سنوات أثناء الحملة الإسرائيلية على سيناء. لقد أصبح العدو أقوى من قبل وقد غزا سورية. إن مصر تدعمها الآن حلقة من الدول القوية المرتبطة بدول عالمية كبرى"[24].

4. شجعت "إسرائيل"، زيادة الهجرة اليهودية وجذب اليهود في العالم إليها، على أساس أنها في خطر وطالبت بمضاعفة التبرعات من يهود العالم، وربطت "إسرائيل" بين أمنها وهجرة اليهود إليها. وقال بن غوريون: "إنني لا أستطيع أن أقول إننا في أمان لأن سلامتنا المقبلة تعتمد على الهجرة، وعلى تفوق أسلحتنا، وعلى كسبنا لأصدقاء جدد". وعقدت "إسرائيل" بعد عامين من الوحدة، وفي سنة 1960، خمسة مؤتمرات صهيونية عالمية في "إسرائيل" ومؤتمرين في نيويورك، هدفت منها إلى تشجيع هجرة اليهود وجمع التبرعات لـ"إسرائيل". واتخذت قرارات في مختلف المستويات: السياسية (تحالفات) والأمنية (زيادة قوتها العسكرية) والبشرية (زيادة الهجرة اليهودية) رداً على الوحدة[25].

إلا أن الهجرة اليهودية تراجعت خلال الوحدة المصرية - السورية، بعكس ما سعت إليه "إسرائيل"، بسبب مخاوف اليهود من الهجرة، في ظل وجود دولة عربية قوية وموحدة تحيط بـ"إسرائيل". إذ هبطت الهجرة من 71 ألف يهودي هاجروا إليها سنة 1957 (ما قبل الوحدة) إلى 27 ألف مهاجر يهودي خلال العام الأول للوحدة. ويلاحظ أن المعدل السنوي للهجرة الذي كان خلال السنوات الأربع السابقة للوحدة 1954-1957 (44,660) أصبح خلال سنوات الوحدة (29,750)، أي إن معدل الهجرة هبط خلال سنوات الوحدة بنسبة 66%[26].

5. قللت "إسرائيل" خلال فترة الوحدة بين مصر وسورية، من عدوانها ضد الدول العربية المجاورة. فقد بلغت الاعتداءات على الحدود مع مصر قبل الوحدة وبعدها:

جدول رقم (3): الاعتداءات الإسرائيلية على مصر

من 1949-1954	735 اعتداء
من 1955-1958	707 اعتداءات
من 1959-1962	193 اعتداء، ولم يحدث أي اعتداء عام 1962

كما انخفضت الاعتداءات الإسرائيلية على الحدود مع سورية من 3,104 اعتداءات سنة 1958 إلى 824 اعتداء سنة 1959[27].

وبلغت الاعتداءات الإسرائيلية سنة 1960 على جميع الدول العربية 2,250 اعتداء، ارتفعت سنة 1965 (بعد الانفصال) لتصل إلى 6,038 اعتداء.

كما أن سورية قد تشجعت خلال الوحدة، وقامت القوات السورية بعدة هجمات على مواقع إسرائيلية على الحدود المشتركة، وعلى قوارب الصيادين في طبريا (100 هجمة سنة 1960 و25 هجمة سنة 1961). كما أصبح الخطاب السياسي السوري والمصري أكثر تشدداً تجاه "إسرائيل" وأكثر ثقة بالقوة العربية الموحدة خلال الوحدة[28].

ووجد عبد الناصر أن العدوان الإسرائيلي على قرية "التوافيق" السورية الواقعة على الجزء الجنوبي من المنطقة الحرام في مطلع سنة 1960، تهديد للوحدة المصرية - السورية. كما رأى الوحدويون العرب والجماهير العربية التي ارتفعت معنوياتها بعد أن قامت الوحدة، أن إمكان التغلب على "إسرائيل" أصبح أمراً ممكناً. إذ حققت وحدة مصر وسورية بيئة وأجواء قومية ووطنية معادية للاستعمار في الشارع العربي، ما ساعد في إحداث تحولات ثورية في الدول العربية الأخرى أدت إلى إقامة أنظمة وطنية ثورية. واندلعت الثورة في العراق سنة 1958 على الملكية، وفي اليمن سنة 1962 على الإمام، وانطلقت الثورة المسلحة في عدن ضد الاستعمار البريطاني، وساهمت الوحدة في الإسراع بنجاح الثورة الجزائرية واستقلالها سنة 1962. وأصبح إمكان قيام جبهة عربية موحدة ضد "إسرائيل" أمراً ممكناً. وعلى الرغم من الانفصال الذي حدث للوحدة، إلا أن الوحدة المصرية السورية خلقت بيئة وحدوية بين بعض الأقطار العربية، كمشروع الوحدة بين مصر والعراق وسورية سنة 1963 واتحاد الجمهوريات العربية سنة 1971، ومشروع الوحدة المصرية - الليبية سنة 1973.

وقد أثار ذلك "إسرائيل"، إذ أبدى أبا إيبان وزير خارجية "إسرائيل" الأسبق، قلقه من خطر قيام أي وحدة بين الدول العربية، وفي مقابلة مع مجلة رياليتي "Realité" الفرنسية سنة 1966، ربط بقاء "إسرائيل" بتوافر شروط ثلاثة: استمرار المساعدات العسكرية الأمريكية، واستمرار حماية الدول الكبرى للوضع الراهن في الشرق الأوسط، واستمرار الخلافات بين الدول العربية، لأنها -كما يقول- لو اتحدت لما بقيت "إسرائيل"[29].

كما صرح شمعون بيريز في السياق نفسه بأن "كل وحدة عربية هي معادية لإسرائيل، فالوحدة العربية تحت ظل عبد الناصر لا يمكن إلا أن تكون وحدة سلبية أعني أنها موجهة ضد إسرائيل"[30].

119

وأظهر مناحيم بيغن حقده على الوحدة بقوله: "إن شعار الوحدة شعار خداع تحمل لواءه القاهرة وهو يهدف إلى تنصيب ديكتاتور واحد على رقعة تمتد من المحيط الأطلسي حتى الخليج (الفارسي) ولا مكان لإسرائيل في هذه الوحدة"[31].

وربطت مجلة نيوزويك الأمريكية بين الوحدة والمصالح الأمريكية في المنطقة العربية، وقالت في عددها بتاريخ 1958/4/19 "إن الخطر الأكبر يكمن في المستقبل في خطة القاهرة لإقامة دولة عربية كبرى تعتمد في قوتها على بترول الشرق الأوسط. إن القاهرة لا تخفي خططها ولا تفتأ تعلن أن بترول العرب للعرب"[32].

وعندما حدث الانفصال، كانت "إسرائيل" من أكثر الدول ترحيباً به، ودعت حلفاءها من الدول الغربية إلى الاعتراف فوراً بحكومة الانفصال. كما دعا أبا إيبان بعد زيارة أنور السادات للقدس إلى "تفهم كامل بأن هناك خطاً يهودياً في نسيج المنطقة سواء أرادت القومية العربية أو رفضتها لأن نسيج المنطقة يتألف من عدة ألوان لا من لون عربي واحد ولم تضعه اليد العربية فقط"[33].

وقال الكاتب الإسرائيلي شموئيل يعري: "إن إسرائيل أسهمت في إقامة استقرار في المنطقة التي تعتبر الدول الرجعية دعامتها. كما أسهمت في ترسيخ النفوذ الأمريكي وطرد النفوذ السوفياتي. لقد خرج الغرب رابحاً في 1967 لأن إسرائيل حطمت الناصرية"[34]. ولهذا فإن البعض لا يرى أن من أهداف العدوان الإسرائيلي على الدول العربية في 5 حزيران/ يونيو 1967 احتلال الأراضي العربية فقط، بل القضاء على التيار القومي الوحدوي العربي الذي قاده عبد الناصر في المنطقة العربية في تلك الفترة، وأدى إلى تراجع الحركة القومية العربية بعد ذلك. واتفق القوميون العرب:

> بكل اتجاهاتهم على أن ما جرى في الخامس من حزيران هو مؤامرة خارجية كبرى، اشتركت في الإعداد لها وتنفيذها قوى دولية جنباً إلى جنب مع الكيان الصهيوني، وأن هذه القوى أرادت من خلال تلك الحرب أن تضرب مشروع النهوض العربي، ومشروع بناء القدرة العربية، ومشروع التحرر العربي الذي شكل آنذاك نموذجاً للعديد من قوى التحرر وحركة عدم الانحياز[35].

وفي تقرير أعدته السي. أي. إيه بعد الانفصال أظهر خطورة الوحدة بين مصر وسورية على "إسرائيل"، وجاء في التقرير:

إن ضعف الاتجاه الوحدوي بين العرب وخصوصاً انفصال الجمهورية العربية المتحدة، خفض خطر تعرض إسرائيل لاعتداءات متزامنة على جبهتين. وهذا يدعم الموقف الأمني الإسرائيلي، ونحن نعتقد بأن إسرائيل ستكون قادرة على المحافظة على تفوقها العسكري أمام جيرانها العرب، تفوقاً يميزه العرب بحيث يكون رادعاً لهم من مهاجمة إسرائيل[36].

ولهذا فإن سياسة الزعيم عبد الناصر قد حظيت بدعم جماهيري كبير في الخمسينيات والستينيات من القرن الماضي، لأنه رفع شعاري الوحدة العربية، والعمل من أجل تحرير فلسطين، وعدَّته الجماهير العربية بمثابة المنقذ والمحرر. وقد أيقظ عبد الناصر الأمل لدى الأمة العربية، بإمكانية تحقيق الهدفين، وبأن تطلعاتها على وشك الإنجاز، ما جعل "إسرائيل" تسعى إلى ضرب النظام المصري سنتي 1956 و1967 لإضعافه أمام الجماهير العربية.

كما خشيت "إسرائيل" باستمرار من إقامة تحالفات وتعاون بين الدول العربية، وترى أن مثل تلك التحالفات موجهة ضدها. واعترف المعلق العسكري الإسرائيلي زئيف شيف بمعارضة "إسرائيل" إقامة أي تحالف بين الدول العربية ورأى "أن التقارب بين عدوين متطرفين لإسرائيل مثل العراق وسورية وخلق ائتلاف عسكري بينهما هو بمثابة خطر حقيقي"[37].

ويرى البروفيسور شلومو أفنيري Shlomo Avniri وكيل وزارة الخارجية الأسبق في محاضرة له "أن أوضاع العرب من انقسام ونزاعات أدت إلى تفكيك نظامهم الإقليمي وانهياره بعد أن تطورت النزاعات إلى مواجهات ساخنة، مؤكداً عدم وجود خوف مستقبلي لأي تآلف عسكري أو سياسي عربي إثر ذلك"[38].

وفي الواقع فإن الحركة الصهيونية و"إسرائيل" قد حاربتا الوحدة العربية في جميع المراحل، وليس في وحدة مصر وسورية فقط، وحتى الوحدة التي اقترحها الأمير عبد الله لإقامة مملكة عربية في سورية الطبيعية رفضتها الحركة الصهيونية، وقال موشي شاريت (شرتوك) في رده على رسالة وردت للوكالة اليهودية من رئيس الديوان الأميري الأردني محمد الأنسي سنة 1940:

حتى الآن لم يطرح مشروع الأمير عبد الله على بساط البحث، وهناك بعض السياسيين الصهاينة يبدون اهتماماً بالمشروع، غير أنه من الصعب

على الحركة الصهيونية تقبله بسبب فكرة المملكة العربية. صحيح أننا نعرف شخصياً الأمير عبد الله، وعلى الرغم من ذلك، فإن الملكة العربية تشكل عقبة بالنسبة للصهيونية التي لا تستطيع تقبلها[39].

كما وقفت "إسرائيل" ضدّ جميع أشكال الوحدة والتعاون بين الدول العربية، فقد عارضت قيام مجلس التعاون العربي الذي ضم مصر والعراق والأردن واليمن الشمالي في 1989/2/16، واتحاد المغرب العربي الذي أنشأته الجزائر والمغرب وتونس وليبيا وموريتانيا، في اليوم التالي لقيام مجلس التعاون العربي. وأظهرت "إسرائيل" معارضتها للوحدة بين شطري اليمن في 1989/11/30، ومع أن اليمن الجنوبي، كان يؤيد بقوة منظمة التحرير الفلسطينية والمنظمات الفلسطينية الراديكالية، وتوجد قواعد عسكرية فلسطينية في عدن، إلا أن "إسرائيل" عارضت بشدة الوحدة اليمنية من منطلق معاداتها لأي تقارب وحدوي بين قطرين عربيين. ولهذا فإن "إسرائيل" التي قال رئيس الاستخبارات العسكرية الإسرائيلية يهوشفاط هاركابي بأنه إذا فتحت مدرسة في جنوب السودان، فإن ذلك سوف يؤثر على أمن "إسرائيل"، ترى في قيام الوحدة العربية خطراً كبيراً يهدد وجودها بطبيعة الحال.

واهتمام "إسرائيل" بتجزئة الوطن العربي، انعكس على موقفها من اتفاقات التسوية مع الفلسطينيين والعرب. فقد قامت "إسرائيل" بتجزئة الأراضي الفلسطينية المحتلة التي تنسحب منها، في الضفة الغربية وقطاع غزة. فقد قسم اتفاق أوسلو 2، أراضي الضفة الغربية إلى ثلاث مناطق:

- منطقة أ: تشمل الانسحاب من ست مدن فلسطينية هي نابلس وجنين وطولكرم وقلقيلية ورام الله وبيت لحم والجزء الأكبر من مدينة الخليل، وتبلغ مساحتها 3% من الضفة الغربية. وأصبحت بموجب الاتفاق خاضعة لسلطة الحكم الذاتي الفلسطيني، وتتمتع بالصلاحيات والمسؤوليات المتعلقة بالأمن والنظام العام.
- منطقة ب: يقيم فيها 68% من سكان الضفة الغربية، وتشمل 27%من مساحة الضفة وتضم 450 قرية وبلدة فلسطينية. وهذه المنطقة تختلف عما تم الاتفاق عليه في منطقة ألف، إذ تحتفظ "إسرائيل" لنفسها في هذه المنطقة بالمسؤولية الأمنية العليا، بينما تتولى السلطة الفلسطينية بواسطة الشرطة الفلسطينية مسؤولية النظام العام إلى جانب المسؤوليات الإدارية والمدنية كما في المنطقة أ.

● منطقة ج: تشمل ما بقي من أراضي الضفة الغربية غير المأهولة بكثافة سكانية، التي توجد فيها قواعد عسكرية للجيش الإسرائيلي والمستوطنات، ولا تتمتع السلطة الفلسطينية بأي صلاحيات أو مسؤوليات أمنية فيها.

وأدخل قطاع غزة ضمن منطقة رابعة، والقدس الشرقية في منطقة خامسة، أي إن "إسرائيل" جزأت أراضي الضفة الغربية وقطاع غزة إلى خمس مناطق، وهذا يدخل ضمن سياستها في تجزئة وإضعاف كل ما له علاقة بالعرب. وها هي تنسحب من قطاع غزة في 2005/9/11، وتترك الضفة الغربية تحت احتلالها، والتي من الممكن أن تقوم بتجزئتها أيضاً في السنوات القادمة. وما زالت تمنع أي اتصال جغرافي بين الضفة الغربية وقطاع غزة، وخاصة بعد نجاح حركة حماس في الانتخابات التشريعية، وتشكيلها للحكومة الفلسطينية في شهر آذار/ مارس 2006.

المبحث الثالث: موقف "إسرائيل" من العرب في مرحلة التسوية:

ما زالت "إسرائيل" غير مؤهلة ولا مستعدة لتغير موقفها من العرب في مرحلة التسوية، لأنها لا تستطيع أن تنسلخ وتقاوم ما تراكم لديها من مؤثرات معادية للعرب في مرحلة الصراع. وثار نقاش لدى بعض المفكرين الإسرائيليين بعد الانتفاضة الفلسطينية الأولى -التي هزت إلى حد كبير الشخصية المشوهة التي بناها الفكر الإسرائيلي عن الشخصية العربية- وبعد التوقيع على اتفاقية أوسلو، عن نوعية العلاقة التي من الممكن أن تنشأ في المستقبل، بين الفلسطينيين والعرب من جهة، والإسرائيليين من جهة ثانية. وانتقد الأكاديمي الإسرائيلي البروفيسور يهودا بنيامين Yahouda Benyamin، وهو عالم نفسي من جامعة حيفا، موقف الإسرائيليين من الفلسطينيين في كتابه "أرض إسرائيل مشكلة الصهيونية" الذي ألفه بعد الانتفاضة، وقال: "إن على الإسرائيليين أن يعرفوا الحقيقية، وهو أنه يوجد شعب آخر يعيش في هذه الأرض" كما قال:

> إن التحدي الذي يواجهنا هو ما العمل مع عرب الشرق الأوسط الذين يعيشون هنا وكيف ينبغي العيش معهم؟ قبل مئة سنة اكتشف الصهاينة أن ثمة عرباً في إسرائيل واليوم بعد مئة سنة لا تزال الصهيونية تحت وقع المفاجأة لوجود عرب يعيشون في هذه البلاد. إن هذا الاكتشاف صعب جداً لدرجة أنه أصبح بمثابة التحدي الأكثر جدية للصهيونية، عدا أنه يمثل الفشل الأكثر لها[40].

وكان من المتوقع، بعد أن حققت الحركة الصهيونية هدفها بقيام "إسرائيل"، ونجحت في عقد معاهدات تسوية مع بعض الدول العربية، أن تقوم بتغيير واضح في تعاملها مع العرب ونظرتها إليهم، ولكنها لم تفعل، بل على العكس استمرت في موقفها السابق المعادي للعرب. ولهذا فإن السؤال الذي يثار في هذا الوقت، هو عن إمكانية استمرار "إسرائيل" في تشويه الشخصية العربية كما كانت تفعل من قبل، وفي محاربتها للعرب والوحدة العربية.

وقبل الإجابة عن هذا السؤال، لا بدّ من التأكيد على أن المجتمع الإسرائيلي هو مجتمع غير موحد في نظرته إلى التسوية مع العرب، بعكس ما كان عليه خلال سنوات الصراع والحروب، حيث كان موحداً تقريباً في موقفه المعادي والصدامي مع العرب. وهذا يعني

أن الصراع والعداء مع العرب وحد المجتمع الإسرائيلي ضدهم، بينما من الممكن أن يؤدي التعايش السلمي مع العرب إلى إحداث نزاعات ومشاكل داخل المجتمع الإسرائيلي بين معسكر المؤيدين والمعارضين للسلام. وظهر هذا واضحاً، من اغتيال رئيس وزراء "إسرائيل" السابق اسحق رابين، على أيدي المتطرف الإسرائيلي إيغال عامير، المعارض لعملية السلام مع العرب وانسحاب "إسرائيل" من الأراضي العربية المحتلة، والذي يمثل تياراً لا يستهان به داخل المجتمع الإسرائيلي. وكذلك تأييد أكثر من نصف المجتمع الإسرائيلي انتخاب اليمين الإسرائيلي المعارض لعملية التسوية، ووصول مجرم الحرب شارون لرئاسة الحكومة اليمينية بالتحالف مع الأحزاب الدينية المتطرفة. ولهذا فإن احتمالات حدوث تغيير في الفكر الإسرائيلي تجاه الشخصية العربية، مرتبط بمواقف كل طرف من الإسرائيليين بعملية التسوية، وباقتناع السلطة الإسرائيلية بضرورة حدوث تغيير في الثقافة ومناهج التعليم الإسرائيلية، وفي المفاهيم التي كانت سائدة من قبل التسوية مثل "إسرائيل" الكبرى والاعتراف بوجود الشعب الفلسطيني وحقوقه، والحضارة والثقافة العربية، واعتقاد اليهود بتفوق العنصر اليهودي على العربي.

ولم تعط التجربة الأولى للتسوية بين "إسرائيل" ومصر بعد التوقيع على معاهدة السلام بينهما في سنة 1979، أية مؤشرات على حدوث تغير حقيقي في موقف "إسرائيل" من العرب. إذ كان من المتوقع أن تؤثر اتفاقية السلام بين أكبر دولة عربية و"إسرائيل" إلى تغيير في رأي الإسرائيليين من العرب، ولكن هذا لم يتم، واستمر الفكر الإسرائيلي في تشويه صورة العرب. وفي دراسة مشتركة قام بها الدكتور إدير كوهين والدكتور مريام روث Maryam Routh، من جامعة حيفا، واستندا فيها إلى استطلاع للرأي العام الإسرائيلي، أجري على 260 طالباً يهودياً في سنة 1985، أي بعد ست سنوات من التوقيع على اتفاقية السلام المصرية - الإسرائيلية، تبين أن صورة العربي لدى الطلاب الذين أجري الاستطلاع معهم لم تتغير، وبقي العربي كما جاء في الدراسة، خاطف الأولاد وقاتلاً ومجرماً وإرهابياً[41].

وكذلك موقف الحركات اليمينية المتطرفة مثل حركة غوش أمونيم الإسرائيلية، التي كانت قد وصفت الرئيس المصري أنور السادات، قبل التوقيع على معاهدة السلام المصرية الإسرائيلية بأنه "نازي متعصب من بين النازيين الذين قاموا بثورة 23 تموز/ يوليو 1952". وبعد معاهدة السلام بسنوات عندما اغتيل السادات،

عبر أحد زعماء الحركة نفسـها عن فرحته مـن اغتيال الرئيس المصري وقال "هكذا يكون رد الرب لأعدائـه"[42].

وفي دراسة أعدها البروفيسور الإسرائيلي دانئيل بارطال Danial Bartal من جامعة تل أبيب، في مطلع سنة 1997، أي بعد وصول اليمين الإسرائيلي بزعامة نتنياهو إلى السلطة، توصل الباحث بعد مراجعة 142 كتاباً من كتب التدريس المعتمدة في مختلف مراحل التعليم الابتدائية والإعدادية والثانوية لمواد التاريخ والآداب والجغرافيا، إلى أن تلك الكتب ما زالت تعبّر عن القناعات التي سادت في المجتمع الإسرائيلي قبل 30 سنة، وأن الإنسان العربي ما زال يقدم في مناهج التعليم، بعد التوقيع على اتفاقية السلام مع مصر قبل 20 سنة، واتفاقيتي أوسلو ووادي عربة، بصورة مشوهة عن طريق تقديمه إما بصورة جندي عدواني شرير، أو فلاح جاهل متخلف. وأكد بارطال على أن المناهج التعليمية الإسرائيلية لم تعكس المتغيرات التي طرأت على الصراع العربي - الإسرائيلي منذ زيارة الرئيس المصري أنور السادات للقدس في سنة 1977، وأن السلام لا يزال يعرض في كتب الدراسة الإسرائيلية على أنه فكرة خيالية غير واقعية[43].

كما أن معظم الأحزاب السياسية الإسرائيلية، ولا سيما اليمينية، لم تغير مواقفها من العرب بعد التوقيع على اتفاقيات السلام بين "إسرائيل" ومصر والأردن ومنظمة التحرير الفلسطينية. وعلى الرغم من وجود تيار يهودي جديد، قاده فيلسوف "إسرائيل"، ييشاياهو ليبوفتش Yashayahu Lebouvitz، ضد التيار الديني المتطرف والداعي إلى إقامة "إسرائيل" الكبرى، إلا أن الأحزاب الدينية والقومية اليمينية مستمرة في نظرتها إلى العرب وفي معاداتهم، ولم تغير في أدبياتها من النظر إلى العرب النظرة العنصرية السابقة نفسها قبل مسيرة التسوية. وكان ليبوفتش قد انتقد مواقف تلك الأحزاب ودعوتها إلى سيطرة "إسرائيل" على العرب، ودعا إلى انسحاب "إسرائيل" من الأراضي العربية المحتلة، وإلا فإن استمرار الاحتلال سوف يؤدي إلى انهيار تدريجي للدولة اليهودية. كما فرق بين الثقافة اليهودية، والأرض اليهودية، وتحديد علاقة كل منهما بالهوية اليهودية، ورأى أن اليهودية ليست أرضاً ولم تكن أرضاً في يوم من الأيام، بل هي وعي وارتباط بالثقافة الذاتية اليهودية، وأن ارتباط اليهودية بالتراث الديني والتاريخي القائم على عنصر التفوق والعنصرية ضد الآخرين ومنهم العرب، هو ارتباط باطل[44].

ولم يغير اليمين الإسرائيلي موقفه من العرب، بعد عملية التسوية، وما زال يرفض تغيير هدفه الأول بإقامة "إسرائيل" الكبرى، والانسحاب من الأراضي العربية المحتلة وإقامة الدولة الفلسطينية. ويركز في أدبياته على الأبعاد التاريخية والدينية في علاقة اليهود بـ "أرض إسرائيل" وما يمثل ذلك من كسر العلاقة بين "الرب والشعب والأرض". بل إن اليمين الإسرائيلي المتطرف الذي اغتال رئيس الوزراء السابق إسحق رابين، بذريعة تنازله عن "أرض إسرائيل"، ما أوجب سفك دمه، لم يغير موقفه من العرب ومن تشويه صورتهم، خاصة بعد العمليات الاستشهادية التي نُفِّذت ضد أهداف إسرائيلية. ويعترف أحد زعماء حركة غوش إيمونيم المتطرفة، بأن التسوية مع العرب لن تؤدي إلى تحقيق السلام معهم، وأن من يعتقد بأن "السلام سوف يحل في هذا الجيل، إنما يعيش في وهم وحلم"[45].

ومن أنصار هذا التيار اليعازر والدينبرغ Elyaazer Wildinberg، الحائز جائزة الدولة لسنة 1976، الذي لم يغير موقفه من العرب بعد عملية التسوية، ودوب ليثور Doub Lithor، حاخام مستوطنة كريات أربع بالقرب من الخليل، الذي أفتى قبل مجزرة الحرم الإبراهيمي بفتوى يبيح فيها للمستوطنين قتل المواطنين الفلسطينيين. ومن أنصار هذا التيار أيضاً زعماء حركة كاهانا: بنيامين زيف كاهانا Bynyamin Zaif Cahana، وحركة كاخ: باروخ مارزل Baroukh Marzal، وقادة معظم الأحزاب الدينية المتطرفة.

ومن أجل معرفة موقف "إسرائيل" من الوحدة العربية بعد عملية التسوية، لا بد من التعرف إلى موقف الأحزاب السياسية والرأي العام الإسرائيلي، لأنها تعبر عن الرؤية السياسية لـ"إسرائيل" لمستقبل تعاملها مع العرب. فقد ظهرت مواقف متباينة للأحزاب الإسرائيلية من التسوية مع العرب، وانقسمت بين مؤيد بشروط، ومعارض لفكرة التسوية بحد ذاتها. وأدركت بعض الأحزاب الصهيونية اليسارية أن المصلحة القومية والاستراتيجية لـ"إسرائيل"، تتطلب العمل على إيجاد تسوية مع العرب والفلسطينيين تحقق من خلالها الهدف الصهيوني بإقامة "دولة إسرائيل" العظمى اقتصادياً وسياسياً بعدما تأكد لهم استحالة إقامة "دولة إسرائيل" الكبرى جغرافياً. وطالبت تلك الأحزاب بتسوية مع العرب على أساس "الأرض مقابل السلام" وتحقيق تطبيع شامل مع الدول العربية، والتوصل إلى شراكة كاملة بين العرب و"إسرائيل" تخرجها من عزلتها، وتجعلها مقبولة في المنطقة[46].

وظهرت مواقف الأحزاب الإسرائيلية المعلنة من القضايا الرئيسية للقضية الفلسطينية، في برامجها الانتخابية لانتخابات الكنيست الإسرائيلي لسنة 1999، التي تكررت في سنة 2003 و2006، في الجدول التالي:

جدول رقم (4): مواقف الأحزاب السياسية الإسرائيلية من القضية الفلسطينية[47]

الحزب	الموقف من القدس	الموقف من الدولة الفلسطينية	الموقف من الجدار الفاصل
الليكود	القدس عاصمة "إسرائيل" ومعارضة تقسيمها، إغلاق مؤسسات منظمة التحرير الفلسطينية والسلطة الفلسطينية في المدينة	تأييد الحكم الذاتي للفلسطينيين وتبقى الأمور المتعلقة بالأمن والعلاقات الخارجية من مسؤولية "إسرائيل"	إقامة الجدار والفصل التام واحتفاظ "إسرائيل" بالأراضي التي تجدها مناسبة
العمل	القدس عاصمة "إسرائيل". المدينة القديمة وساحة الحرم تكون تحت حكم موحد يشترك فيه مسلمون ومسيحيون ويهود	إيجاد حل لمشكلة الحدود من خلال التنسيق بين الطرفين. تبادل أراضٍ لحماية المستوطنات الكبيرة والمستوطنات الصغيرة	تأييد إقامة الجدار الفاصل
شينوي	إيجاد حل وسط يمكن الجانبين من العيش بجوار بعضهما في المدينة. واحترام الأماكن المقدسة لجميع الأديان، مع وجود القدس تحت السيادة الإسرائيلية	إقامة دولة فلسطينية بشرط التنازل عن حق العودة. وإقامة حكومة معتدلة	إقامة الجدار لعدم دخول الفلسطينيين لـ"إسرائيل"
شاس	القدس عاصمة "إسرائيل" ورفض تقسيم المدينة بشكل قطعي	رفض إقامة دولة فلسطينية	إقامة خط فاصل ولكنه ليس بمثابة حدود سياسية
يهودات هت-وراة	القدس عاصمة "إسرائيل" ورفض تقسيم المدينة بشكل قطعي	رفض إقامة دولة فلسطينية ولكن يمكن التوصل إلى حل وسط لهذا الموضوع إذا تم وقف العمليات الفدائية	تأييد إقامة الجدار لمواجهة العمليات الفدائية
يسرائيل بعليا	القدس عاصمة "إسرائيل" الموحدة	لا يمكن أن تكون هناك تسوية سياسية في ظل غياب الديموقراطية في المجتمع الفلسطيني	تأييد إقامة الجدار
مفدال	القدس عاصمة "إسرائيل"	رفض إقامة دولة فلسطينية	تأييد إقامة الجدار
ميرتس	القدس عاصمة لـ"إسرائيل" وكذلك لدولة فلسطين	إقامة دولة فلسطينية على حدود 1967	تأييد إقامة الجدار لمواجهة العمليات الإرهابية
الاتحاد القومي	القدس عاصمة "إسرائيل"	رفض إقامة دولة فلسطينية	تأييد إقامة الجدار

ويلاحظ من خلال تلك المواقف، أن الأحزاب الإسرائيلية، غير راغبة بتحقيق تسوية مع الفلسطينيين وأن "إسرائيل" تريد استسلام العرب لا تحقيق السلام. وأن معظم الأحزاب تلتقي في مواقفها من القضية الفلسطينية ومن الصراع العربي الإسرائيلي، مع اختلافات بسيطة على:

- الحفاظ على أمن "إسرائيل" ووجودها دولةً أقوى من جميع الدول العربية، وحقها بامتلاك السلاح النووي، ورفضها امتلاك العرب لهذا السلاح.

- بقاء "إسرائيل" دولة يهودية لا تمثل يهود "إسرائيل" فقط، بل جميع يهود العالم، ورفض الدولة الثنائية القومية لليهود والعرب، لأنها تمثل باعتقاد الأحزاب الإسرائيلية تهديداً لهوية "إسرائيل" اليهودية.

- رفض عودة اللاجئين الفلسطينيين إلى ديارهم التي طردوا منها سنة 1948.

- بقاء القدس الموحدة عاصمة أبدية لـ"إسرائيل".

- بقاء معظم التجمعات الاستيطانية الكبيرة في الضفة الغربية.

- اعتبار قيام الدولة الفلسطينية مؤجلاً، وفي حال قيامها لا بد من أن تبقى منزوعة السلاح والسيادة، مع عدم السماح بوجود حدود مباشرة لها مع الدول العربية المجاورة.

- عدم الانسحاب من كامل الأراضي العربية والفلسطينية المحتلة منذ سنة 1967.

- إقامة علاقات طبيعية بين "إسرائيل" والدول العربية.

كما أن مفهوم "إسرائيل" في التسوية مع العرب، يجب أن يستند إلى تحقيق الأمن الكامل لها، وإقامة علاقات دبلوماسية كاملة مع الدول العربية، والتخلص من الثقل التاريخي للقضية الفلسطينية وإنهاء كافة أشكال الصراع العربي - الإسرائيلي من دون أن تنسحب من الأراضي العربية التي تحتلها. مع العلم أن مسيرة التسوية في الشرق الأوسط، منذ موافقة الدول العربية على قرار مجلس الأمن الدولي 242، ومروراً بمؤتمر مدريد سنة 1991، كانت مبنية على أساس "الأرض مقابل السلام". ونجحت "إسرائيل" في إحداث خلافات وصراعات بين الأقطار العربية، منذ موافقة مصر على معاهدة السلام معها، بسبب انقسام الدول العربية بين مؤيد ومعارض لتلك الاتفاقية التي أخرجت أكبر الأقطار العربية وأكثرها فاعلية من ساحة الصراع مع "إسرائيل".

ويبقى نتنياهو رئيس الوزراء الإسرائيلي الأسبق، وزعيم حزب الليكود، أفضل مثال على التيار اليميني المتطرف وما يختزنه مسؤول إسرائيلي من أفكار عنصرية معادية للعرب ففي كتابه "A Place Among the Nation" الذي كتبه في سنة 1995، أي قبل وصوله لرئاسة الحكومة الإسرائيلية بفترة قصيرة، وبعد اتفاقية أوسلو بين الفلسطينيين و"إسرائيل"، أظهر نتنياهو حقداً وكراهية واضحين لكل ما هو عربي ومغالطات فاضحة عن العرب. ولم تختلف وجهة نظره عن وجهات نظر رواد الحركة الصهيونية الذين تحدثوا عن فلسطين الخالية من السكان، واليهود بوصفهم شعباً من دون وطن. ويقول نتنياهو في هذا المجال إن اليهود "لم يجدوا عند عودتهم إلى أرض إسرائيل، سوى الخراب وعدد قليل من السكان... وإن العرب الذين أقاموا 1200 سنة على أرض إسرائيل، لم يقيموا أي مدينة جديدة سوى مدينة الرملة". وفي الوقت نفسه الذي أشاد فيه رئيس الوزراء الإسرائيلي باليهود وبأن وجودهم في فلسطين هو الدليل "على وجود الله"، هاجم العرب، ووصفهم بأنهم غير مستعدين للديموقراطية، لأنها "لا تنسجم مع الإسلام، ولأن أسلوب التعذيب وقطع الأعضاء الجسدية والعبودية وعدم حرية الصحافة لا تعتبر استبداداً أبداً عندهم". كما وصف الفلسطينيين بأنهم إرهابيون، وبأنهم استطاعوا أن يخدعوا الدول الديموقراطية على الرغم من أنهم "إرهابيون واستبداديون قتلوا مواطنين غربيين طوال عشرات السنين". كما ركز على أن العرب لا يريدون السلام مع "إسرائيل"، بل يريدون تدميرها في أية لحظة يستطيعون ذلك، ولهذا، فإن على "إسرائيل" أن تحافظ على تفوقها العسكري مع العرب [48].

ومن المؤكد أن موقف الإسرائيليين المعادي للعرب لم يأت بعد قيام "إسرائيل"، بل تعود جذوره إلى نشأة الحركة الصهيونية قبل أكثر من مئة عام في أوروبا. أي إن اليهود المهاجرين من أوروبا إلى فلسطين، جلبوا معهم مواقفهم العنصرية تجاه العرب نتيجة تأثرهم بما كان سائداً في الدول الاستعمارية الأوروبية من فكر عنصري شوفيني ضدّ الأمم الأخرى غير الأوروبية. وأيضاً نتيجة لتأثرهم بزعماء الفكر الصهيوني الذين بنوا أفكارهم على ما كان سائداً في أوروبا، وبالتراث الديني والتاريخي لليهود. وبعد قيام "إسرائيل" استمر الفكر الإسرائيلي الذي ورث عن الأيديولوجية الصهيونية نظرته العنصرية ضدّ العرب، في تشويه صورة الإنسان العربي عن طريق ما يكتبه المفكرون الإسرائيليون والأدباء ومناهج التعليم الرسمية. وخلق ذلك نوعاً من المواقف المعادية لكل ما هو عربي، ونشأ جيل إسرائيلي متأثر

بالفكر العنصري الإسرائيلي ضد العرب، وينظر إليهم نظرة فوقية كلها كراهية وحقد. وأصبح رأي الإسرائيلي في العربي واضحاً وصريحاً، ويظهر ذلك من خلال الممارسات اليومية التي يقوم بها جنود الاحتلال الإسرائيلي ضد العرب في الأراضي الفلسطينية المحتلة وفي جنوب لبنان. وكذلك من خلال تصريحات وممارسات المسؤولين الإسرائيليين، مثل ما صرح به وزير إسرائيلي من أن الفلسطينيين ليسوا بحاجة إلى المياه لأنهم لايغتسلون كثيراً مثلما يفعل الإسرائيليون. وتصريحات رئيس الوزراء الإسرائيلي السابق إيهود باراك في واشنطن، أمام حشد من اليهود الأمريكان في مطلع سنة 1996، بأن "إسرائيل" تعيش "داخل فيلا من الأحراش وأن هذه الفيلا تتسم بالثراء وتحتوي على حضارة وتكنولوجيا، وخارج نافذة الفيلا تسري قوانين وقواعد أخرى مغايرة، حيث لا مكان أو حق للضعفاء"[49].

ولهذا فإن تشويه العرب في الفكر الصهيوني والإسرائيلي، قد أسهم في التأثير على طريقة تعامل الإسرائيليين مع العرب طوال سنوات الصراع العربي - الإسرائيلي، وجعل تحقيق التعايش السلمي بين العرب و"إسرائيل" أمراً صعباً. كما ساهم ذلك في محاربة "إسرائيل" للقومية العربية والوحدة العربية. وإن استمرار تشويه الإنسان العربي في الفكر الإسرائيلي في مرحلة التسوية، يعني استمرار خلق رأي عام إسرائيلي معاد للعرب كما كان في مرحلة الصراع. وسيظل العرب يشعرون بأنهم مهددون بالفكر والممارسة من الجماعات الإسرائيلية الدينية والقومية المتطرفة، التي تطالب في أدبياتها وممارساتها بقتل العرب وطردهم وإقامة "إسرائيل" الكبرى في وطنهم، ومنعهم من تحقيق الوحدة العربية.

هل الرأي العام الإسرائيلي مهيأ فعلاً للسلام مع العرب؟

في الواقع، من خلال استعراض بعض استطلاعات الرأي الإسرائيلية التي تمت ما بين 2003-2006، يلاحظ أن الجو العام في الشارع الإسرائيلي، غير مهيأ لقبول تسوية سياسية مع العرب، على الرغم من أن "إسرائيل" قد حققت الكثير من المكتسبات من اعتراف بعض الدول العربية بها، ومن التنازلات التي قامت بها الدول العربية ومنظمة التحرير الفلسطينية. وما زال الإسرائيليون ينظرون إلى العرب نظرة عدائية، ويرفضون التعايش معهم. فقد أبدى 63.7% من اليهود تأييدهم لتشجيع هجرة العرب الفلسطينيين من أراضي فلسطين المحتلة سنة 1948، ما يدل على أن الإسرائيليين لا

يريدون العيش بسلام مع العرب، حتى الفلسطينيين الذين يعيشون معهم منذ قيام دولتهم. وأيد 79.2% من الإسرائيليين سياسة التصفيات التي تمارسها "إسرائيل" ضدّ الفلسطينيين[50].

وانتقد 61% من الإسرائيليين توقيع يوسي بيلين مع ياسر عبد ربه على معاهدة جنيف، لأنها برأيهم ليست في المصلحة القومية الإسرائيلية، على الرغم من أن مخاطرها على الفلسطينيين أكثر بكثير من ضررها على الإسرائيليين. وأبدى 66% من اليهود في "إسرائيل" أنهم لا يشعرون بعطف على الفلسطينيين الذين هدمت منازلهم. ورأى 51% من الإسرائيليين أن القوة التي استخدمها الجيش ضدّ المدنيين الفلسطينيين لوقف الانتفاضة كانت ملائمة. ووجد 47% من الإسرائيليين أن أريل شارون أقدر شخصية إسرائيلية على تحقيق السلام مع الفلسطينيين، في حين حصل أربعة منافسين له في الاستطلاع على نسب تتراوح ما بين 11% و17%. وأوضح الاستطلاع أن اليهود أصبحوا أكثر تشدداً وتطرفاً في أي تنازلات محتملة من قبل "إسرائيل" خلال محادثات السلام مع الفلسطينيين، وكذلك في ما يتعلق بقضايا الشؤون الخارجية والدفاع. وأكد أشر أريان، الذي أشرف على الاستطلاع أن توجهات التشدد والتطرف تتزايد بين الرأي العام الإسرائيلي، فقد انخفضت نسبة المؤيدين لإقامة الدولة الفلسطينية من 57% سنة 2004 إلى 49% سنة 2005، بينما هبطت نسبة المؤيدين لاتفاقيات أوسلو للسلام من 58% إلى 35%.

وتدل هذه الاستطلاعات للرأي العام الإسرائيلي على أن العداء للعرب ورفض خيارات التسوية معهم، ما زالت هي المسيطرة على الإسرائيليين، وأن الإسرائيليين غير مستعدين لتغيير مواقفهم من العرب بعد توقيع "إسرائيل" لمعاهدات تسوية مع الدول العربية، وهذا عائد بطبيعة الحال إلى التنشئة السياسية التي نشأ عليها الإسرائيليون منذ قيام "إسرائيل"، وللمؤسسات الدينية اليهودية التي تحض دائماً على كراهية العرب وقتلهم. ونشرت صحيفة هآرتس بتاريخ 2005/8/7 مقالة عن الشبيبة الإسرائيلية المتطرفة التي ترعرعت في أحضان الأصولية الدينية القومية المتطرفة، والتي قامت بشحذ توراة "إسرائيل" بدعم من الدولة وحولتها إلى سيف انتقامي شرير. وتقول الصحيفة: "إن هؤلاء يصفون القتلة من أمثال قاتل الفلسطينيين في شفا عمرو وباروخ غولدشتاين، الذي قتل المصلين المسلمين في الحرم الإبراهيمي في الخليل، وإيغال عامير، قاتل رابين، من "المهتدين الجدد" أو "التائبين الجدد"". وتعترف هآرتس بأن الحاخامات

أدوا دوراً كبيراً في ذلك منذ أكثر من ثلاثين عاماً، والتحريض يطل برأسه على ألسنة الحاخامات في خطبهم الأسبوعية في المعاهد، وفي دروسهم العامة، وفي معاهدهم الدينية الثانوية. وتصف الحاخامات بأنهم "يدعون الطهارة ونقاء اليدين، فكراهية العرب والحملة عليهم والتطلع إلى طردهم من فوق الأرض المقدسة لليهود، أو حتى إبادتهم هي توجه دائم في خطبهم وكتاباتهم". وتصل الصحيفة الإسرائيلية إلى الخلاصة التالية: "إن هؤلاء قاموا بتحويل عمليات طرد وإبادة شعوب أرض كنعان المحتلة، إلى مصدر للوحي، وقاموا بتحويل مسألة بناء الهيكل إلى هدف يجب تنفيذه فوراً"[51].

ومن جهة ثانية، فإن "إسرائيل" لم تغير من استراتيجيتها العسكرية ضدّ العرب بعد عملية التسوية التي بدأتها معهم، منذ التوقيع على معاهدات كامب ديفيد مع مصر، واستمرت في بناء قوة عسكرية موجهة ضدّ كل العرب مجتمعين وليس ضدّ الفلسطينيين فقط، وسعت إلى امتلاك القدرة والتفوق العسكري مقابل جميع الجيوش العربية، وضمان تفوقها العسكري على الدول العربية على أساس أنهم موحدون عسكرياً ضدها، بينما تعاملت معهم لتحقيق التسوية على أساس منفرد وثنائي، ورفضت التفاوض معهم مجتمعين، بل في عدة مسارات ثنائية. وكانت ترى أن القوة العسكرية الإسرائيلية لا بد أن تتفوق على مجموع القوة العسكرية العربية من حيث التسليح والعتاد والقوة. كما أنها قاومت امتلاك الدول العربية للسلاح النووي، ودمرت المفاعل النووي العراقي في حزيران/ يونيو 1981، وعارضت بيع السلاح الأمريكي للسعودية سنة 1983 ولدول عربية أخرى كمصر. ولم تغير "إسرائيل" من استراتيجيتها العسكرية بعد توقيعها على اتفاقيات سلام مع دولتين من دول المواجهة (مصر والأردن)، وكذلك بعد توقيعها على اتفاق أوسلو مع الفلسطينيين. واستمرت في تطوير قوتها العسكرية وكأنها ما زالت في حالة حرب مع الدول العربية. بل أصبح الجيش الإسرائيلي يملك من السلاح أضعاف ما كان يملكه قبل عملية السلام، ما يدل على أن "إسرائيل" تريد أن تهيمن بقوتها العسكرية على كامل الدول العربية، ومنطقة الشرق الأوسط. لأن فهمها للسلام مع العرب، يعني استمرار تفوقها العسكري على جميع الدول العربية، وإضعاف الجانب العربي، وتجزئة القوة العسكرية العربية.

وحسب دراسة يائير إيغرون أستاذ العلوم السياسية في جامعة تل أبيب، فإن الاستراتيجية الإسرائيلية العسكرية في مرحلة السلام مع العرب، تتلخص بالنقاط الآتية:

1. إن أكثر ما يخيف "إسرائيل" هو قيام تحالف عسكري يضم جميع الدول العربية وعلى الرغم من أن هذا الخطر قد خف بعد توقيع مصر على معاهدة السلام مع "إسرائيل" إلا أن "إسرائيل" ما زالت تخشى إعادة قيام تحالف عسكري عربي ضدها.
2. أن تبقى نسبة التفوق العسكري الإسرائيلي مع الدول العربية بمعدل 2.8-2.1 لـ"إسرائيل" مقابل واحد للعرب.
3. إقناع الدول العربية بأنها غير قادرة على تدمير "إسرائيل" وبالتالي تصبح التسوية السياسية معها لا بد منها.
4. سعي "إسرائيل" إلى عدم امتلاك الدول العربية للسلاح النووي وأنها لن تتردد في استعمال القوة النووية ضد الدول العربية لكي تمنعها من امتلاكه[52].

لهذا فإن "إسرائيل" بنت استراتيجيتها على التفوق العسكري على جميع الجيوش العربية وتعاملت معهم على أساس أن القوة العسكرية العربية مجتمعة تشكل تهديداً لأمنها. ظلت تلك السياسة مدرجة في عداد التهديدات الكامنة المترابطة بأمنها، حتى في حال التوصل إلى تسوية مع العرب، وإلى نقل بؤر الصراع من حدودها مع الدول العربية إلى داخل تلك الدول، وبين بعضها البعض، وبينها وبين الدول غير العربية المجاورة لها بهدف تفتيت الدول العربية وتدميرها من الداخل وإقامة دويلات طائفية أو إثنية، وتبديد الطاقات العسكرية العربية في الصراعات البينية ومنع قيام أي تنسيق أو تعاون أمني عربي وإحباط أي مسعى لوحدة عربية وتدمير أية قوة عسكرية عربية تطور ذاتها إلى حد ما تراه "إسرائيل" خطراً عليها[53].

وإذا ما قارنا بين قوة الجيش الإسرائيلي والجيش الأمريكي لسنة 2008، فإننا نلاحظ التميز في قوة تسليح الجيش الإسرائيلي وعدد أفراده. فقد تبين أن عدد العاملين في الجيش الإسرائيلي لكل ألف مواطن يبلغ تقريباً 83، أما في الولايات المتحدة فيصل إلى نحو 3 لكل ألف مواطن. أما نسبة الإنفاق العسكري قياساً بالناتج المحلي في "إسرائيل" فقد وصلت إلى 7.2% وفي الولايات المتحدة فتصل إلى ما يقارب 4.2%.

ومع مقارنة قيمة الإنفاق العسكري بين "إسرائيل" وعدد من الدول العربية المجاورة فنجد أنها تبلغ 1,941 دولار لكل إسرائيلي، بينما تبلغ 46 دولار لكل مصري، و88 دولار لكل سوري، و211 دولار لكل أردني، و314 دولار لكل لبناني، كما يوضح الجدول التالي:

جدول رقم (5): النفقات العسكرية الإسرائيلية مقارنة مع بعض الدول العربية المجاورة (تقديرات 2008)[54]

لبنان	الأردن	سورية	مصر	"إسرائيل"	
4.54	6.24	3.38	2.29	7.2	النفقات العسكرية من الناتج المحلي%
28.66	20.01	55.2	162.82	199.5	الناتج المحلي (بالمليار دولار)
4.14	5.91	21.23	81.53	7.37	عدد السكان (بالمليون)
314	211	88	46	1,941	النفقات العسكرية لكل فرد من السكان بالدولار

وبعد أكثر من ربع قرن على اتفاقية كامب ديفيد مع مصر، زادت "إسرائيل" من قواتها المسلحة لتصل إلى 175 ألف جندي، وعدد الاحتياطي 430 ألف جندي والقوات شبه العسكرية 6,100 شخص، بينما انخفض عدد القوات المسلحة في مصر إلى 196,300 جندي، وقوات الاحتياط إلى 150 ألف جندي والقوات الشبه عسكرية (الشرطة وخلافها) إلى 42 ألف جندي. علماً بأن عدد سكان "إسرائيل" يبلغ خمسة ملايين نسمة، بينما عدد سكان مصر قارب على 70 مليوناً[55].

وأكد إيهود باراك رئيس وزراء "إسرائيل" الأسبق على أهمية حفاظ "إسرائيل" على قوتها العسكرية بعد تحقيق التسوية مع الدول العربية واعترف بأن "قوة الجيش الإسرائيلي ستكون مطلوبة حتى في الفترة التي تسمع أجراس السلام فيها"[56].

وبحثت وثيقة هرتسليا الصادرة عن مؤتمر مغلق عقد ما بين 19-21 /1/2001، وضم كبار الخبراء والسياسيين ورجال الفكر وكبار ضباط الاستخبارات السابقين والحاليين ورؤساء مراكز الدراسات من كافة التيارات السياسية، في مستقبل "إسرائيل" خلال العقدين القادمين. وأكدت الوثيقة على "تمسكها بالتسويات والتطبيع مع العالم العربي، ومن جهة ثانية أن تكون جاهزة لحروب في مستويات مختلفة ومتغيرة"، وعلى أهمية تفوق "إسرائيل" على مجموع الدول العربية في حال تحقيق التسوية معها، وتطوير وسائل قتالية حديثة تعتمد على التكنولوجيا واستمرار محاربة امتلاك الدول العربية للسلاح النووي وتحقيق أي تعاون عسكري بين الدول العربية[57].

ومن وجهة النظر الإسرائيلية، فإن التسوية في الشرق الأوسط لا يمكن أن تستمر إلّا إذا كانت مرتبطة بالردع الإسرائيلي، واحتفاظها بتفوق كامل على العرب، لأنّ أي سلام غير محمي بتفوق عسكري إسرائيلي لن يصمد طويلاً في المنطقة. وكذلك منع انتشار

الأسـلحة النووية والصواريخ البالستية خارج نادي الدول النووية، بما يعني انفراد "إسرائيل" بامتلاكها لتلك الأسـلحة. وأصبح في حكم المؤكد امتلاك "إسرائيل" لمئتي رأس نووي وصواريخ باليسـتية، ولهذا فقد رفضت الانضمام للوكالة الدولية للطاقة، الأمر الذي يعكس إصرارها على الاحتفاظ بتلك الأسلحة.

وترى "إسرائيل" أن عليها أن تبقى "متيقظة تماماً للتهديدات التي تطال استمراريتها دولةً قابلة للحياة والنمو. وأنه إذا تمكنت أي دولة أو تحالف من حيازة أسلحة دمار شامل، فإن احتمالات قيام عدو مشترك بهجوم تقليدي ضدّ إسرائيل سترتفع حتماً وبشكل كبير". وفي مثل هذه الحالة "فإن على إسرائيل، المحافظة على قواتها التقليدية بكامل قوتها وجهوزيتها القتالية، معتمدة على النوعية والقدرة على الحسم، وعلى الدعم الكامل من جانب الولايات المتحدة التي تتوافق مصالحها مع مصالح إسرائيل"[58].

وأكد مردخاي فانونو Mordacky Vanono الخبير الإسرائيلي الذي كشف امتلاك بلاده للأسلحة النووية، أن "إسرائيل" زادت من اهتمامها بإنتاج القنابل النووية بعد توقيعها على اتفاقية السلام مع مصر، في الفترة ما بين 1981-1983 حيث قامت ببناء وحدات "إنتاج الليثيوم 6" في مفاعل ديمونا ومن ثم إنتاج الترتيوم والديتريوم، إضافة إلى إقامة منشأة خاصة لتصنيع تلك المواد وتحويلها إلى قنبلة هيدروجينية[59].

ويمكن تصنيف القدرات النووية الإسرائيلية التي حصلت عليها "إسرائيل" بعد اتفاقيات كامب ديفيد مع مصر، وهي الحقائق نفسها التي كشف عنها الخبير فانونو، كالآتي:

1. أن "إسرائيل" تملك مخزوناً من القنابل النووية يتراوح ما بين 150-200 قنبلة انشطارية أصغر حجماً وأشد تأثيراً من قنبلتي هيروشيما و ناغازاكي.
2. إن مفاعل ديمونا الإسرائيلي قد تم رفع قدرته إلى 150 ميغاواط.
3. إن "إسرائيل" أنتجت قنابل النيترون وقنابل الهيدروجين.
4. أما بالنسبة إلى نوعية الرؤوس النووية الإسرائيلية فإنها متعددة نظراً لامتلاك "إسرائيل" للمواد الانشطارية التي تصلح لإنتاج مختلف أنواع الرؤوس النووية، وبالتالي يمكن القول إن النوعيات التي تملكها "إسرائيل" تشتمل على:

- القنابل الذرية من عيار قنابل هيروشيما، وهو 20 كيلوطناً ويطلق عليها القنبلة العيارية.

• الأسلحة النووية التكتيكية، وهي عبارة عن رؤوس نووية صغيرة للغاية ذات قوة تدميرية محدودة تستخدم عادة في مسرح العمليات، ويمكن إطلاقها في مدافع الهاوتسر أو من صواريخ (جو - أرض).

• الرؤوس الهيدروجينية.

• رؤوس تكتيكية نيترونية.

هذا بالإضافة إلى أن "إسرائيل" تمتلك الصواريخ البالستية القصيرة المدى، مثل صواريخ (لانس) الأمريكية الصنع وصواريخ (أريحا-1) (أريحا-2) والطائرات القاذفة. (احتمال أن تكون قد زودت صواريخ (أريحا) و(لانس) التي لديها برؤوس نووية، وذلك استناداً إلى تقرير وكالة الاستخبارات المركزية الأمريكية).

ولا شك أن فترة التسعينيات، أي بعد بدء التسوية في مدريد، هي الأكثر أهمية في زيادة الإنفاق العسكري الإسرائيلي، وهي تعكس مدى الرؤى الإسرائيلية الحقيقية لصراعها مع الدول العربية وكيف أن الجانب العسكري يشكل الجانب الأول في اهتمامات "إسرائيل" بالرغم من وجود عملية سلام مع العرب. والجدول التالي يبين الإنفاق العسكري الإسرائيلي في سنوات مختارة.

جدول رقم (6): الإنفاق العسكري الإسرائيلي في فترة عملية السلام في الشرق الأوسط بعد مدريد

البيان	1997	1999	2005
الإنفاق (بالمليار دولار)	11.7	8.7	10.45
النسبة المئوية (%)	16.9	9.4	18
ما يتحمله الفرد (بالدولار)	1,983	1,401	1,495

يشار إلى أن الحكومة الإسرائيلية تعمد الى إخفاء مداخيل ضخمة من مبيعات الأسلحة وتحولها إلى الميزانية العسكرية، فقد كشف مراقب الدولة في "إسرائيل" في آب/ أغسطس 2005 أن شارون ووزير دفاعه موفاز قاما بإخفاء نحو 2 مليار و600 مليون دولار من مداخيل مبيعات الأسلحة، وتحويلها إلى الميزانية العسكرية دون ترتيبات رسمية مع وزارة المالية.

كما أن الإنفاق العسكري في "إسرائيل" يتصف بالتركيز على التكنولوجيا والمعدات ويقلل الإنفاق نسبياً على الأفراد والأجور (50-65% من الموازنة لشراء الأسلحة من الداخل والخارج والباقي للإنفاق على القوة البشرية).

وارتفعت الموازنة الإسرائيلية في سنة 2005 لتصل إلى حوالي 30 مليار دولار، وهي توضح بشكل دقيق حجم الزيادة في الإنفاق العسكري. وهذا لا يدخل ضمن برنامج المساعدات الأمريكية العسكرية، إذ إنه من المتوقع أن ترتفع من 1.92 مليار دولار إلى 1.98 مليار دولار[60]. ولهذا فإن انعكاس عملية التسوية السلمية على القدرات العسكرية الإسرائيلية من وجهة النظر الإسرائيلية، يتطلب أن تبقى "إسرائيل" من الناحية الفعلية في حالة حرب مع الدول العربية، لأنها تنظر إلى السلام بوصفه وسيلة لتعزيز الأمن الإسرائيلي وليس هدفاً بحد ذاته. كما أنها تعتقد أن قوة الجيش الإسرائيلي وامتلاكه لأسلحة متطورة هي التي أجبرت العرب على توقيع اتفاقيات سلام معها. ويوضح الجدول التالي المجمع من تقارير صادرة عن مركز جافي للدراسات الاستراتيجية، والمترجم من قبل مركز الزيتونة للدراسات والاستشارات، نسبة الإنفاق الدفاعي لبعض الدول العربية و"إسرائيل"[61]:

جدول رقم (7): الإنفاق العسكري لـ "إسرائيل" والدول العربية

الدولة	إجمالي الإنفاق (بالمليون دولار أمريكي)		نسبة الإنفاق لكل فرد (بالدولار الأمريكي)		نسبة الإنفاق من إجمالي الناتج المحلي	
	2002	2003	2002	2003	2002	2003
"إسرائيل"	10,107	10,046	1,531	1,499	9.7	9.1
مصر	2,817	2,417	39	34	3.35	3.4
الأردن	779	828	146	150	8.2	8.3
سورية	1,345	1,591	77	89	6.2	7.2
السعودية	18,502	19,108	787	789	9.8	8.9
لبنان	816	828	226	230	4.8	4.6
البحرين	315	455	451	651	4.1	5.3
الكويت	3,660	4,830	1,525	1,931	10.4	11.6
ليبيا	1,369	1,441	253	257	7.17	6.8
الجزائر	2,096	2,197	64	67	3.75	3.32
المغرب	1,608	2,320	53	76	4.2	5
الإمارات	2,634	2,553	693	638	3.2	3.7
اليمن	561	603	29	30	5.2	5.2

المبحث الرابع: مشاريع الشرق الأوسط والشرق الأوسط الكبير والمتوسطي:

أولاً: مشروع الشرق الأوسط:

تعترف "إسرائيل" بأنها حاولت، منذ الخمسينيات إقامة نظام سياسي جديد في الشرق الأوسط من خلال إطاحة نظام عبد الناصر والنظم المعادية لها لكي تقود النظام الجديد وتسيطر عليه[62]. مستندة إلى ادعاءاتها بإنكار وجود العرب كأغلبية في المنطقة، لكي تخلق لنفسها مبرراً لوجودها دولةً من دول الشرق الأوسط لا يسيطر عليه العرب. ولهذا فإن قادتها لم يتركوا مناسبة إلا وتحدثوا فيها عن وجود قوميات مختلفة في الشرق الأوسط، وعن أن العرب لا يمثلون سوى قومية من القوميات التي تتساوى مع غيرها من الأمم. وأنكر أبا إيبان وزير خارجية "إسرائيل" السابق، عروبة منطقة الشرق الأوسط وقال:

> من الحيوي أن نذكر أن الشرق الأوسط والعالم العربي ليسا متساويين أو متطابقين. والشرق الأوسط يسكنه حوالي 60 مليون عربي إذا أخذنا اللغة أساساً و57 مليوناً من غير العرب. وهناك شرق أوسط غير عربي يمتد من تركيا وإيران عبر إسرائيل إلى إثيوبيا. وإذا وسعنا المنطقة لتشمل أفغانستان وباكستان، فإن ذلك سوف يزيد من وضوح اللاعرب الغالبة على المنطقة. إن الشرق الأوسط لم يكن في الماضي ولا في الحاضر ولا يمكن أن يكون في المستقبل ملكاً خالصاً للعرب[63].

وبالنسبة إلى تسمية الشرق الأوسط بهذه التسمية، فما لا شك فيه أن مفهوم الشرق الأوسط مصطلح غربي وضع في الأساس خدمة للاستراتيجية البريطانية تجاه مستعمراتها في الشرق، وركز على الدور الوظيفي القادر على حماية الوجود الاستعماري البريطاني في الهند وعدم تعرضه للمخاطر. وحسب دائرة معارف العالم الأمريكية فإن الشرق الأوسط يشمل الدول التالية: مصر، العراق، الأردن، سورية، لبنان، البحرين، الكويت، عمان، قطر، السعودية، السودان، الإمارات، اليمن، قبرص، إيران، "إسرائيل"، تركيا.

وتبلغ مساحة الشرق الأوسط 15.4 مليون كم^2 يشغل الوطن العربي مساحة تصل إلى 13 مليون كم^2، ويضم حوالي 300 مليون نسمة من العرب، و150 مليون نسمة من

غير العرب (تركيا وإيران و"إسرائيل" وقبرص) أي إن الأرض العربية تشكل 84% من مساحة الشرق الأوسط و66% من مجموع السكان[64]. ما يدل على أنه من حيث المساحة والسكان ذات أغلبية عربية.

وأظهرت الكتابات الغربية عن الشرق الأوسط:

- أن منطقة الشرق الأوسط، سميت من خلال علاقاتها بالغير وليس بما يوجد فيها من خصائص تتميز بها.

- أن الشرق الأوسط لا يُعدّ من المناطق الجغرافية المعروفة، بل هو تعبير سياسي أكثر منه جغرافياً، أريد به إدخال دول غير عربية فيه وخروج دول عربية منه.

- أن مفهوم الشرق الأوسط في الكتابات الغربية يضم خليطاً من القوميات والديانات واللغات القومية، ولهذا فهو يظهر متعدداً ومختلفاً، لا جامعاً وموحداً لشعوب المنطقة[65].

ومن حيث استخدام المصطلح، استعمل تعبير الشرق الأوسط لأول مرة سنة 1902 بواسطة ضابط بحري أمريكي هو الكابتن الفريد ماهان Alfred Mahan صاحب نظرية القوة البحرية في التاريخ، في مقال نشره في أيلول/ سبتمبر 1902 في لندن بعنوان "الخليج الفارسي والعلاقات الدولية"، إلا أن ماهان لم يذكر الدول التي يشملها المفهوم. وفي العام نفسه كتب فالنتاين ستيرول مراسل الشؤون الخارجية لجريدة التايمز عدة مقالات في شهر تشرين الأول/ أكتوبر 1902 تحت عنوان "المسألة الشرق أوسطية" كان الموضوع الأساسي للمقالات هو الدفاع عن الهند.

وأصدر هاملتون كتاباً سنة 1909 بعنوان "مشاكل الشرق الأوسط" تحدث فيه عن المشاكل التي تواجه بريطانيا في المنطقة الواقعة بين جنوب آسيا وشمال إفريقيا. وأخذ المصطلح يحل محل الشرق الأدنى والمشرق والشرق الأقصى. وتحدث حاكم الهند البريطاني اللورد كيرزون عن الشرق الأوسط لكونه مدخلاً للهند والمناطق المجاورة[66].

وبعد الحرب العالمية الأولى، استخدم تعبير الشرق الأوسط للدلالة على المنطقة الجغرافية التي يشملها الشرق الأدنى. وأنشأ ونستون تشرشل وزير المستعمرات البريطاني سنة 1921 إدارة الشرق الأوسط التي تشرف على شؤون فلسطين وشرق الأردن والعراق، وأضيف إليها مصر.

وخلال الحرب العالمية الثانية، أنشأت بريطانيا مركز تموين الشرق الأوسط وقيادة الشرق الأوسط. وتغيرت حدود الشرق الأوسط بعد انتهاء الحرب، لتلتقي مع المصالح البريطانية بعد قيام "إسرائيل" في فلسطين، تمهيداً لتمزيق الوطن العربي. وأصبح مصطلح الشرق الأوسط يمتد ليضم إلى جانب الدول التي كان يضمها من قبل، دولاً جديدة كتركيا وقبرص والحبشة وأفغانستان وباكستان وإيران، والجزيرة العربية والسودان، بينما خرجت منه دول المغرب العربي.

ويلاحظ أن تسمية الوطن العربي في الدراسات الأمريكية لا تنسجم مع المفاهيم القومية العربية، فهي تتجاهل الوطن العربي على أنه وحدة سياسية وتاريخية وتنظر إليه بوصفه وحدة جيوسياسية متجاهلة القاسم الحضاري العربي. ويتجاهل الخطاب السياسي الأمريكي مفهوم العالم العربي، ويستعمل بدلاً منه مفهوم الشرق الأوسط وهو المفهوم نفسه الذي تستعمله بريطانيا منذ مطلع القرن الماضي. ويربط البعض بين مشروع الشرق أوسطي ومشاريع أمريكية عديدة كانت قد قدمتها في الخمسينيات والستينيات من القرن الماضي، كمشروع حلف بغداد الذي اقترحته الولايات المتحدة سنة 1955 في عهد الرئيس الأمريكي أيزنهاور، ليضم تركيا والعراق وإيران والباكستان وبريطانيا. ومع أن الولايات المتحدة لم تنضم إليه رسمياً، إلا أنها لعبت دوراً مهماً في دعمه عسكرياً ومادياً، من أجل أن يكون خط دفاع متقدماً لحماية المصالح الغربية النفطية في الشرق الأوسط خوفاً من تغلغل النفوذ السوفياتي واتساعه في المنطقة. كما أن الحلف كان يهدف إلى فرض سياسة الصلح بين العرب و"إسرائيل"، عن طريق ربط الأقطار العربية و"إسرائيل" بحلف واحد، لخلق قواسم مشتركة من التفاهم بينهما. ووجدت الحركة القومية العربية أن الاستعمار "يعتبر أن الأحلاف والصلح هدفان متلازمان والعمل لتحقيق أي منهما هو في الوقت نفسه عمل لتحقيق الهدف الآخر"[67].

ولهذا فقد حدثت ردود فعل واسعة في الدول العربية ضدّ الحلف، ووجهت المعارضة العراقية تحذيرات لرئيس وزراء العراق السابق نوري السعيد وأنذرته من عواقب الدخول في حلف لا يخدم المصالح الوطنية للعراق. واقترحت سورية على مصر إقامة جيش عربي موحد يضم قوات مصرية وسورية وقيادة موحدة. وعمت التظاهرات العواصم العربية مستنكرة قيام الحلف واعتبرته الجماهير العربية أنه موجه ضدها، ما دفع الملك سعود بن عبد العزيز ملك السعودية إلى وصف الحلف بأنه خيانة عظمى وأن السكوت عليه جريمة لأنه يمهد الطريق للدخول في حرب أهلية بين الدول العربية

والصلح مع "إسرائيل". وفي الواقع فقد أرادت الولايات المتحدة جر بعض الدول العربية في حلف دفاعي يضم أطرافاً عربية وغير عربية تمهيداً لدخول "إسرائيل" إلى الحلف[68].

كما عبر عبد الناصر في خطاب له أمام مجلس الأمة المصري سنة 1957، عن تصوراته للعلاقة بين المعركة في فلسطين والأوضاع العربية خلال فترة حلف بغداد، وقال:

وجاءت لحظة وجدنا فيها أننا لا نستطيع السكوت، فإن معركة الأحلاف العسكرية تخطت حدود العراق، وبدأت الدعوة توجه إلى باقي الدول العربية كي تنضم إلى الحلف العسكري الجديد. وكان هذا خطراً على المنطقة كلها من وجهة نظرنا، وكذلك كان خطراً على سلامتنا الوطنية هنا في مصر. فلو أن جميع الدول العربية استجابت لهذه الدعوة الموجهة إليها وقبلت الانضمام إلى هذا الحلف، إذن لكان معنى ذلك أن اهتمام هذه الدول سوف يتجه إلى خطر قادم من الشمال، (يقصد الخطر الشيوعي) ويتغافل عن خطر محقق رابض في قلب المنطق العربية نفسها وهو إسرائيل. ولو حدث ذلك لكان معناه تصفية قضية فلسطين في صالح إسرائيل أولاً، ثم كان معناه ترك مصر وحدها تواجه إسرائيل، ومطامعها التوسعية ثم تستدير بعد مصر إلى باقي أجزاء الوطن العربي تلتهم منه جزءاً بعد جزء[69].

وبعد فشل حلف بغداد بسبب المعارضة العربية الجماهيرية والأنظمة له، سعت الولايات المتحدة تحت هاجس الخطر السوفياتي، إلى تقديم مبدأ أو مشروع أيزنهاور سنة 1957، الذي دعا إلى تطوير اقتصاد دول الشرق الأوسط، واعتماد برنامج للتعاون والدعم في المجال العسكري بين دول المنطقة. واستخدام القوة العسكرية الأمريكية لضمان وحماية سيادة واستقلال دول الشرق الأوسط التي قد تتعرض لأي عدوان خارجي. إلا أن المشروع فشل أيضاً بسبب التدخل العسكري في لبنان سنة 1958، والرفض الشعبي العربي له. والفرق بين تلك المشاريع في الخمسينيات ومشاريع الشرق الأوسط حالياً، أن تلك المشاريع جاءت في وقت صعود الفكر القومي والوحدوي العربي ووجود أنظمة عربية داعمة للوحدة كنظام عبد الناصر، بينما مشروع الشرق أوسطي الآن، جاء في ظروف أنظمة عربية ضعيفة، وعدم وجود دولة مركزية رئيسية كما كانت مصر في عهد عبد الناصر، تدعم الوحدة العربية. بل إن التشتت العربي الموجود حالياً أدى إلى أن تعيش الدول العربية منكبة على نفسها، في محاولة لحل مشاكلها الاقتصادية والأمنية الداخلية.

ويصف محمد حسنين هيكل الشرق أوسطية وصفاً حقيقياً لمفهوم الشرق الأوسط بقوله: "إن السوق الشرق أوسطية جزء من التصور وليست كل التصور. أن العقدة ليست أن تكون إسرائيل قوية بحيث تهيمن اقتصادياً وفكرياً وعسكرياً فحسب، بل العقدة هي إضعاف المنطقة وتطويقها وإعادة ترتيبها من جديد"[70].

ولهذا، فإن مصطلح الشرق أوسطي لم يلق الترحيب من الجانب العربي، لأن له أصولاً تاريخية استعمارية غربية وصهيونية، ومرتبط بحلف بغداد ومشروع أيزنهاور والمشاريع الأخرى الهادفة إلى تفتيت الوطن العربي، وطمس الهوية القومية العربية عنه، إلى جانب فرض "إسرائيل" على المنطقة العربية، لكي تصبح جزءاً من المنطقة، مما يؤدي إلى تهميش النظام العربي[71].

بعكس الإسرائيليين الذين رحبوا به، وإن اختلفوا في تحديد الدول التي يشملها الشرق الأوسط، فقد جاء في تقرير لمركز جافي للدراسات الاستراتيجية في جامعة تل أبيب، أن دول الشرق الأوسط تضم جميع الدول الأعضاء في الجامعة العربية باستثناء موريتانيا والصومال بالإضافة إلى "إسرائيل" وإيران. وأكد تقرير آخر صادر عن مركز موشي دايان بأن دول الشرق الأوسط استثني منها جميع دول المغرب العربي وأُضيفت تركيا. بينما حددت الجمعية الإسرائيلية للدراسة الشرقية، الشرق الأوسط بأنه يضم المنطقة الممتدة من غرب تركيا شمالاً إلى إثيوبيا والصومال والسودان جنوباً ومن إيران شرقاً إلى قبرص وليبيا غرباً[72].

وأما الرؤية الأمريكية للمشروع الشرق أوسطي، فهي تقوم على ضرورة تحويل منطقة الشرق الأوسط إلى منظومة استراتيجية واحدة وإنهاء كافة الصراعات الإقليمية في المنطقة وفي طليعتها الصراع العربي - الإسرائيلي، من خلال الربط بين السلام والأمن والتعاون الاقتصادي، في بناء واحد بحيث تمتزج هذه المكونات في اتفاق تسوية للصراع العربي - الإسرائيلي من خلال خلق مصالح جماعية بين العرب و"إسرائيل"، ما يجعل من تكلفة العودة إلى الصراع عالية جداً. وجاء التصور الأمريكي للشرق الأوسط، في وثيقة أمريكية وضعتها وكالة التنمية الأمريكية سنة 1979، وقدمتها للكونغرس الأمريكي بعد مفاوضات كامب ديفيد بين مصر و"إسرائيل"، في ظل مناخ التسوية والتصالح بين مصر و"إسرائيل"، الذي بدأ في كامب ديفيد، على أساس أن التعاون بين دول الشرق الأوسط يجب أن يحل محل التعاون العربي المشترك، الذي أثبت فشله

(من وجهة نظر الوثيقة) منذ قيامه -بإنشاء الجامعة العربية سنة 1945- حتى الآن. واقترحت الوثيقة إقامة نظام شرق أوسطي إقليمي جديد يتسع لما هو أكثر من النظام العربي القائم، بإدخال "إسرائيل" وتركيا وإيران إليه[73].

ويعترف برنارد لويس في كتابه "مستقبل الشرق الأوسط" بأن الشرق الأوسط سوف يستمر في الافتراض أن المسؤولية الحقيقية والقرارات الهامة، سيتولاها أشخاص في أماكن أخرى بعيدة، وأن من الطبيعي أن يقود هذا الاعتقاد إلى النظريات التآمرية، ضد هؤلاء الذين يعتقد أنهم أعداؤهم، كـ"إسرائيل" أو اليهود أو الولايات المتحدة والغرب عموماً. وينفي لويس وجود الدولة العربية في الشرق الأوسط قبل مجيء نابليون بونابرت للمنطقة سنة 1798، ويقول إنه في ذلك الوقت لم يكن موجوداً سوى دولتين هما تركيا وإيران[74].

وكان معهد الشرق الأوسط التابع لجامعة هارفارد الأمريكية قد أعد برنامجاً عملياً سنة 1977، لتحقيق التعاون والوفاق بين دول الشرق الأوسط، شارك فيه باحثون وأكاديميون من مصر والأردن ولبنان وفلسطين و"إسرائيل"، تحت إشراف ستانلي فيشر وداني رودريك وإلياس توما. وتوج المشروع بندوة عقدت سنة 1983، ناقشت فيه سبل تحقيق تعاون اقتصادي في الشرق الأوسط، وأصدرت الندوة مشروع (اقتصاديات السلام) اقترح فيه إنشاء سوق مشترك في الشرق الأوسط، يتضمن حرية انتقال الأفراد ورؤوس الأموال والتبادل التجاري. وأقرت الندوة[75]:

1. التسليم بالواقع الموجود في الشرق الأوسط بوجود "إسرائيل" دولة وبسيادتها على المناطق التي استولت عليها منذ سنة 1948، بما فيها المستوطنات التي أقامتها في الضفة الغربية وقطاع غزة.

2. التركيز على العامل الاقتصادي دون غيره من عوامل الصراع في المنطقة، وإغفال القضايا الأخرى الرئيسية التي أدت إلى الصراع في الشرق الأوسط.

3. التركيز على الاستفادة من النخب وإهمال دور الجماهير من حساباتها في تنفيذ المشروع.

إلا أن شمعون بيريز، رئيس الوزراء الإسرائيلي السابق، وزعيم حزب العمل، يُعدّ عراب مشروع الشرق الأوسط، إذ وضع تصوره للمشروع في كتابه تحت عنوان "الشرق الأوسط الجديد"، ادعى فيه أن الهدف من المشروع هو "تخفيف التوترات في بلدان الشرق

الأوسط" من خلال "إنشاء منظمة تعاون إقليمية تتحرك على قاعدة فوق إقليمية" تحت اسم "سوق شرق أوسطية". واقترح بيريز ثلاث مراحل لتطبيق مشروعه: يتم في المرحلة الأولى قيام تعاون اقتصادي إسرائيلي - فلسطيني وإقامة منطقة حرة بين "إسرائيل" ومنطقة الحكم الذاتي الفلسطيني. وفي المرحلة الثانية، توسيع منطقة التجارة الحرة لينضم إليها الأردن مع السلطة الوطنية الفلسطينية و"إسرائيل"، لإقامة تجمع اقتصادي ثلاثي على غرار الاتحاد الاقتصادي (البنلوكس) بين بلجيكا وهولندا واللوكسمبورغ. وتضاف في المرحلة الثالثة وهي الأهم في المشروع الإسرائيلي، دول أخرى في منطقة المشرق العربي لإقامة منطقة للتبادل الحر بينها وبين "إسرائيل"، بما يشبه (سوق مشتركة للشرق الأوسط) تقوم على تحقيق المبادئ التالية: التخلص من الجيوش وسباق التسلح، والتخلص من النظم الدكتاتورية في المنطقة، والمشاركة في موارد المياه والتكنولوجيا لمكافحة التصحر، وتنمية السياحة للحد من البطالة، وبناء بنية تحتية للنقل والمواصلات، وتدعيم الروابط الثقافية بين شعوب المنطقة، ودعم السلام [76].

ولهذا فإن "إسرائيل" تريد من مشروع الشرق أوسطية الهيمنة على المنطقة اقتصادياً كما هي مهيمنة عسكرياً، وأن يحل التعاون الاقتصادي مع الدول العربية محل الصراع السياسي والعسكري. وهي بذلك تطبق مقولة عالم الاجتماع الألماني المعروف دوركهايم، الذي يرى أن ما يجمع أي مجتمع هي الروابط القومية والعرقية، والمصالح الاقتصادية. حيث تريد "إسرائيل" التركيز على المصالح الاقتصادية، كما فعل الاتحاد الأوروبي الذي قام على المصالح الاقتصادية، لأن ربط العرب -من وجهة النظر الإسرائيلية- بمصالح اقتصادية معها، يمكن أن يُسهم في تفكيك عناصر الوحدة العربية. كما أن "إسرائيل" ترفض أي نوع من التعاون الاقتصادي والسياسي بين الدول العربية، وتفضل بطبيعة الحال، أن يكون أي تعاون بينها وبين كل دولة عربية على حدة. وهي ترى أن أي مكسب للعرب، مهما كانت نسبته وقيمته، سيكون خسارة لها.

وهي بذلك تطبق نظرية اللعبة Game [77]، التي تعني أي ربح للعرب سيكون خسارة لها. ولهذا فهي تريد أن تبقى مصالح العرب عند مستوى الصفر، وأن عليها أن تكون الرابحة الوحيدة في لعبة الصراع في الشرق الأوسط، وخاصة أنها لا تتحمل الخسائر.

ومن جهة ثانية فقد أفصح شمعون بيريز، عن مفهومه للسلام في الشرق الأوسط، بأنه ليس عملية جراحية بل "قبل كل شيء هندسة معمارية ضخمة، هندسة تاريخية

لبناء شرق أوسط جديد متحرر من صراعات الماضي ومستعد لأخذ مكانـه في العصر الجديد، العصر الذي لا يطيق المتخلفين ولا يغفر للجهلة"[78].

ويرى بيريز أن السبيل الوحيد لتخفيف التوترات والصراع في الشرق الأوسط، هو تقدم اقتصاديات دول المنطقة، وهذا لا يأتي إلا من خلال "تنفيذ المشاريع الاقتصادية المشتركة الرامية إلى تقليص الفجوة التي تفصل داخل النظام الاجتماعي - السياسي، وذلك من خلال إنشاء منظمة تعاون إقليمية تتحرك على قاعدة فوق قومية، وهذه المنظمة هي سوق شرق أوسطية"[79].

كما أن هناك بعداً أمنياً لمشروع الشرق الأوسط، لأنه بوجود العراق وإيران، واحتمال امتلاكهما أسلحة غير تقليدية، ولضمان "مستوى معقول من الأمن القومي أو الإقليمي، فلا بد من إقامة نظام إقليمي - شرق أوسطي، للرقابة والرصد، يساعد على فرض السلام في الشرق الأوسط"[80].

ولهذا فإن مشروع الشرق أوسطية سيحقق لـ"إسرائيل" الدخول إلى منطقة الشرق الأوسط وتصبح جزءاً منه معترفاً بها من الدول العربية (جزء من الإقليم)، ويؤدي إلى تفكيك الوطن العربي حسب المخطط التالي:

1. فصل بلدان المشرق عن بلدان المغرب العربي.

2. إعادة تعريف المشرق لكي يشمل مصر ودمج "إسرائيل" فيه.

3. فصل العراق عن دول المشرق العربي وإدخاله في منظومة اقتصادية جديدة مع دول الخليج وإيران.

4. دمج بلدان المغرب العربي في تعاون اقتصادي مع دول البحر الأبيض المتوسط.

5. عزل السودان والصومال واليمن عن الدول العربية وضمها إلى نظم اقتصادية مع أفريقيا.

6. تحول فلسطين إلى معبر لـ"إسرائيل" نحو الدول العربية.

ولا تريد "إسرائيل" أن تدخل إلى نظام الشرق الأوسط، ضمن محيط عربي يتميز بتجانس روابطه ومكوناته الروحية، اللغوية والدينية والحضارية والمصيرية، التي تمنحه القدرة على تشكيل قومية عربية واحدة، تجعله مؤهلاً لقيادة المنطقة، بل هي تريد قيادة الشرق الأوسط لتحقيق مصالحها، وهذا لن يحدث إلا بتجزئة المنطقة إلى دويلات صغيرة. كما أن "إسرائيل" لا تريد أن تذوب في محيط عربي معاد لها، لأن ذلك

يعني ذوبان هويتها الصهيونية. ولهذا فإن بيريز، وجد بمشروعه الشرق أوسطي، أنه السبيل الوحيد الذي تستطيع "إسرائيل" من خلاله أن تكون عضواً شرعياً في نظام إقليمي غير عربي، يحقق أهدافها. ويقول في كتابه: "إن هدفنا النهائي هو خلق أسرة إقليمية من الأمم، ذات سوق مشتركة وهيئات مركزية مختارة، على غرار المجموعة الأوروبية"[81].

وأراد بيريز كذلك، تجريد الوطن العربي من عناصر قوته، من خلال تقليل أهمية تلك العناصر المتمثلة في سعة مساحته الجغرافية، وعدد سكانه، وثرواته، وتماسكه، في النظام العالمي الجديد الذي يريده في الشرق الأوسط. والتركيز بدلاً من ذلك، على عناصر جديدة في التكنولوجيا المتطورة والتقدم العلمي والتعليم العالي، ولهذا فقد تحدث عن إنتاج فكري جديد في المنطقة بدلاً مما هو سائد حالياً، فعندما ندرس بلداً ما، تزودنا الكتب بالأبعاد الجغرافية وأصول الطقس وعدد السكان والكنوز الطبيعية، وتاريخ ذلك البلد، وبالاعتماد على كل ذلك نستنتج إذا ما كان ذلك البلد كبيراً أو صغيراً. ويعترف بيريز في حديثه لمجلة اكسبانشن Expansion في تشرين الأول/ أكتوبر 1991 بأن تقسيم العمل في النظام الشرق أوسطي سوف يكون من خلال خلق معادلة جديدة: إن المعادلة التي سوف تحكم الشرق الأوسط الجديد سوف تكون عناصرها كما يلي: النفط السعودي + الأيدي العاملة المصرية + المياه التركية + العقول الإسرائيلية[82].

وترى "إسرائيل" أن الصراع الفعلي في الشرق الأوسط، هو بين الوحدة العربية والتعددية الطائفية، لأن الوحدة سوف تؤدي إلى استمرار العداوات والتناقضات والحروب في المنطقة، بينما تعددية الطوائف والكيانات والدويلات ستقود المنطقة إلى الاستقرار والسلام.

ولهذا فإن من أسباب خطورة مشروع الشرق أوسطي على العرب يعود للأسباب التالية:

- لأن له دلالة استعمارية ويخدم المصالح الاستعمارية والتعاون الاستراتيجي بين الدول الغربية و"إسرائيل".

- يدخل "إسرائيل" في الشرق الأوسط ويدمجها في المنطقة ويزيل عزلتها الجغرافية.

- لا علاقة له بطبيعة المنطقة العربية وشعوبها بل يطمس هوية المنطقة ويزيل عنها خصوصيتها العربية.

• لم يكن مشروعاً عربياً ولم يأت برضاهم، بل فرض عليهم وهم في حالة عجز وضعف، كما أن العرب دخلوا إليه بشكل فردي لا بشكل تكتل أو مجموعة مؤثرة.

• التخوف من أن يكون المشروع الشرق أوسطي الجديد إحلالاً محل المشروع القومي العربي وبدلاً من أن يكون التعاون الاقتصادي والسياسي والأمني بين الدول العربية، يصبح بين كل دولة عربية على حدة مع "إسرائيل" ويزيل الهوية والثقافة العربية للمنطقة وتصبح القومية العربية في محيط أكبر تختلط فيه ثقافات وأجناس أخرى.

• يهدد النظام الشرق أوسطي مؤسسات التعاون العربي المشترك كجامعة الدول العربية والمؤسسات الأخرى وإفشال معاهدة الدفاع العربي المشترك والمعاهدات الأخرى العربية – العربية للتعاون المشترك.

• يمهد الطريق لـ"إسرائيل" لتطبيع علاقاتها مع الدول العربية ويعطيها الفرصة لتطوير وتنمية اقتصادها ومشاركتها في ثروات المنطقة وتصبح شريكاً في الثروة النفطية العربية.

وفي المقابل، فقد أدى طرح مشروع الشرق أوسطية إلى:

1. انحسار التيار القومي وفكرة الوحدة العربية مقابل تصاعد المشروع الشرق أوسطي وقد أثرت عملية التسوية على النظام العربي وأوجدت مصطلحات جديدة في الخطاب السياسي العربي.

2. ازداد اهتمام الدول العربية بدول الجوار أكثر من اهتمامها بالعلاقات العربية – العربية بسبب شعورها بعدم الأمان وعدم الثقة بين الدول العربية وترسخ ذلك أكثر بعد حرب الخليج الثانية.

3. سيؤثر على قيادة الدول العربية المؤثرة داخل النظام العربي ويدخلها في تشابك مع الدول غير العربية التي تريد أن تقود المشروع الشرق أوسطي.

4. سيؤدي النظام الشرق أوسطي إلى وجود نظام متعدد الأديان والقوميات والثقافات، ما يؤثر في قيام صحوة لدى الأقليات العرقية والدينية في الوطن العربي ويجعلها تتحالف مع القوميات والعرقيات الأخرى في الدول غير العربية ضدّ المصالح العربية.

5. سيؤدي إلى إضعاف جامعة الدول العربية وتوجيه الهجوم إليها بأنها لم تقدم شيئاً للنظام العربي طوال نصف قرن، والأفضل البحث عن إطار إقليمي جديد هو الشرق الأوسط.

ومع أن ندوة هارفارد، هي التي مهدت الطريق لانعقاد مؤتمرات القمة الاقتصادية في الشرق الأوسط وشمال إفريقيا، إلا أن مؤتمر مدريد للسلام سنة 1991 أسرع في تهيئة الظروف لانعقاد تلك المؤتمرات، ولكي تكون رديفاً اقتصادياً داعماً لمسيرة السلام في المنطقة، من أجل إعادة ترتيب الشرق الأوسط وشمال إفريقيا وفق المصالح الأمريكية والإسرائيلية. ومن أجل أن تحل المصالح الاقتصادية المتشابكة مع دول المنطقة، محل الحروب والصراعات التي كانت السمة الأساسية في الشرق الأوسط طوال، أكثر من نصف قرن، وبهدف أن تدخل "إسرائيل" إلى منظومة دول الشرق الأوسط، على حساب النظام الإقليمي العربي، ولربطها بمشاريع اقتصادية مشتركة مع الدول العربية، دعماً لعملية السلام. وجاءت مؤتمرات القمة الاقتصادية الأربعة التي عُقدت في الدار البيضاء (المغرب) 1994، وعمان (الأردن) 1995، والقاهرة (مصر) 1996، والدوحة (قطر) 1997، لتكرس سياسة جديدة في العلاقات بين الدول العربية و"إسرائيل"، بتشجيع واضح من قبل الولايات المتحدة الأمريكية. التي دعت على لسان وزير خارجيتها وارن كريستوفر Warren Christopher، إلى الاستفادة من المؤتمرات الاقتصادية، من أجل "ترجمة وعود السلام إلى مكاسب حقيقية من الممكن أن ترفع مستوى المواطن العادي وعن طريق منح الأفراد والمجتمعات جانباً من فوائد السلام تمهد الطريق للمصالحة الحقيقية بين الشعوب". وكانت المؤتمرات تعقد تحت رعاية وتنظيم المنتدى الاقتصادي العالمي World Economic Forum الذي مقره في سويسرا، من أجل ربط عملية السلام في الشرق الأوسط بالآثار الإيجابية، على صعيد المصالح الاقتصادية لدول المنطقة.

مؤتمر قمة الدار البيضاء الاقتصادي: عقد في تشرين الأول/ أكتوبر 1994، بعد دخول قيادة منظمة التحرير الفلسطينية إلى الأراضي الفلسطينية، تنفيذاً لاتفاق أوسلو بين قيادة المنظمة و"إسرائيل"، وتوقيع الأردن على اتفاق السلام مع "إسرائيل" في وادي عربة. وحضر المؤتمر الذي استمر ثلاثة أيام، 2,500 مشارك من 61 دولة، معظمهم من رجال الأعمال، وممثلون عن جميع الدول العربية باستثناء سورية ولبنان اللتين قاطعتا المؤتمر، وشاركت فيه الولايات المتحدة والدول الأوروبية والآسيوية. وترأس وفود بعض الدول العربية رؤساء الدول والحكومات، ووزراء الخارجية والاقتصاد،

والأمين العام لجامعة الدول العربية عصمت عبد المجيد، ما أضفى على المؤتمر، الذي افتتحه العاهل المغربي الملك الحسن الثاني وبحضور وزير الخارجية الأمريكية وارن كريستوفر، أهمية كبيرة. ووصف المؤتمر عند انعقاده بأنه منتدى دولي لتسويق مشروعات التعاون الإقليمي في الشرق الأوسط. وأرادت "إسرائيل" إقناع رأس المال العربي والأجنبي بالاستثمار في الشرق الأوسط، من أجل تقوية السلام، على أساس أنه لا ينجح إلا من خلال تقوية البناء الاقتصادي للسلام. كما أنها أرادت أن تظهر للعالم وخاصة الشركات الكبيرة، أن المقاطعة العربية الاقتصادية قد انتهت. إلا أن المؤتمر لم يشهد تنسيقاً عربياً - عربياً متكاملاً، في مواجهة التنسيق الأمريكي - الإسرائيلي. ودعا المؤتمر إلى تشجيع الاستثمارات الإقليمية، وإلى التبادل العلمي والتكنولوجي، وإقامة مؤسسات اقتصادية إقليمية، كبنك التنمية وهيئة إقليمية للسياحة، وغرفة تجارية إقليمية ومجلس للأعمال تابعين للقطاع الخاص في دول المنطقة، وإنشاء لجنة توجيه تضم ممثلي الحكومات، وسكرتارية تنفيذية لمساعدة اللجنة التوجيهية يكون مقرها المغرب. ولاشك أن "إسرائيل" كانت أكثر المستفيدين من المؤتمر، لأنه اعترف لأول مرة بالدور الإقليمي الجديد لها في الشرق الأوسط، من قبل الدول العربية، حتى التي لم توقع اتفاقيات سلام معها.

مؤتمر قمة عمان الاقتصادي: عقد مؤتمر القمة الاقتصادي الثاني في عمان، في تشرين الأول/ أكتوبر سنة 1995، بعد سنة واحدة من انعقاد مؤتمر الدار البيضاء وسط شكوك في فائدة انعقاد المؤتمرات الاقتصادية، وأجواء خلافات عربية - عربية لتطبيع علاقاتها مع "إسرائيل" من دون تنسيق مع الدول الأخرى، وتوتر في العلاقات الفلسطينية - الإسرائيلية، على أثر اغتيال الأمين العام لمنظمة الجهاد الإسلامي الفلسطينية فتحي الشقاقي في مالطة، وتأكيد رئيس الوزراء الإسرائيلي على أن القدس العاصمة الموحدة لـ"إسرائيل"، وصدور قرار من الكونغرس الأمريكي، بنقل السفارة الأمريكية من تل أبيب إلى القدس بنهاية سنة 1999. وحصل تراجع في عدد الحضور، إذ شارك فيه حوالي ألفي ممثل من 63 دولة. وعرضت مشاريع بقيمة 100 مليار دولار. وكان التركيز في المؤتمر على إنشاء الهيكل المؤسس اللازم لتنفيذ التوصيات التي تم الاتفاق عليها في مؤتمر الدار البيضاء، بعد أن لاحظ المجتمعون في عمان، أنه لم تنفذ أي من تلك التوصيات. وناقش المؤتمر عدة برامج للتعاون في مجالات السياحة والزراعة والنقل والتجارة والمياه، وأهمها كان مشروع تنمية وادي الأردن، من طبريا إلى البحر

الأحمر. وكانت معظم المشاريع تقع في المناطق الحدودية للأطراف الداخلة فيها، على أساس أن ذلك سوف يمنع نشوب حروب وصراعات بين تلك الدول المشاركة فيها.

مؤتمر القاهرة الاقتصادي: عقد بتاريخ 1996/11/17، بعد وصول تكتل الليكود اليميني بزعامة بنيامين نتنياهو لرئاسة الحكومة الإسرائيلية، وتضاؤل اهتمامه بالبعد الاقتصادي في العلاقات مع الدول العربية، بعكس ما كان عليه رابين وبيريز في مؤتمري الدار البيضاء وعمان. فقد اهتم نتنياهو بقضية الأمن أكثر من اهتمامه بالسلام والاقتصاد. وبينما كان عنوان مؤتمري الدار البيضاء وعمان (التعاون الإقليمي والتنمية الاقتصادية)، فقد كان عنوان مؤتمر القاهرة (الفرص الاستثمارية). إلا أن عدد المشاركين في مؤتمر القاهرة ارتفع عن عدد المشاركين في مؤتمري الدار البيضاء وعمان، فقد بلغ ثلاثة آلاف مشارك، منهم 1,500 رجل أعمال من القطاع الخاص، يمثلون 90 دولة. وناقش المؤتمر أهمية التنمية الاقتصادية في عملية السلام، وضرورة إزالة العقبات التي تعترضها.

مؤتمر الدوحة الاقتصادي: عقد بتاريخ 1997/11/16، في ضوء زيادة الجدل حول فائدة المؤتمرات الاقتصادية، والدعوة لإلغائها، بسبب تعثر عملية السلام والمفاوضات بين السلطة الوطنية الفلسطينية و"إسرائيل"، وتعنتها وعدم التزامها بتنفيذ الاتفاقيات التي وقعتها مع الفلسطينيين، ما أدى إلى مقاطعة كل من مصر والمملكة العربية السعودية وسورية ومنظمة التحرير الفلسطينية ولبنان والمغرب والجزائر، للمؤتمر. وشاركت فيه تسع دول عربية فقط، وهي، الأردن واليمن وقطر وسلطنة عمان والكويت وتونس وموريتانيا وجيبوتي وجزر القمر. ومورست ضغوطات دولية على بعض الدول العربية لحضور المؤتمر، الذي كاد أن يفشل منذ بداية انعقاده. كما انخفض مستوى مشاركة الدول في المؤتمر من رؤساء الدول والحكومات إلى وكلاء وزراء وممثلين عاديين. إلا أن الوفد الأمريكي كان أكبر الوفود، وترأسته وزيرة الخارجية مادلين أولبرايت، وتلاه الوفد الإسرائيلي من حيث حجم الوفد. وتراجع عدد الدول المشاركة في المؤتمر إلى 65 دولة، بحضور 850 رجل أعمال.

وبسبب الظروف التي انعقد فيها المؤتمر، فإنه لم يشهد كالمؤتمرات السابقة تنافساً بين الدول المشاركة في تقديم المشاريع وفي استقطاب الاستثمارات. بل إن معظم الدول العربية التي شاركت في المؤتمر لم تتقدم بأي مشروع للمؤتمر. وكانت الأردن وقطر قد

حصلتا على بعض الصفقات، فقد وقع الأردن و"إسرائيل" على إنشاء منطقة صناعية في إربد، وجددت قطر بحث مشروع نقل الغاز الطبيعي إلى "إسرائيل". وانتقد البيان الختامي الصادر عن المؤتمر "إسرائيل" بسبب ممارساتها ضدّ الفلسطينيين ومماطلتها بتنفيذ الاتفاقيات التي وقعتها معهم. كما طالب البيان انسحابها من الأراضي العربية المحتلة منذ سنة 1967، طبقاً لقراري 242 و383، وضرورة تنفيذها للاتفاقيات مع الفلسطينيين. وأشار البيان إلى الأوضاع المتردية للاقتصاد الفلسطيني، بسبب سياسة الإغلاق التي تقوم بها السلطات الإسرائيلية بحجة دواعٍ أمنية.

ورفضت الدول العربية أن تعلن عن رغبتها في استضافة المؤتمر القادم في أراضيها، كما رفض اقتراح "إسرائيل" بانعقاد المؤتمر فيها. وتأجل الإعلان عن مكان انعقاد المؤتمر الخامس، الذي لم يعقد للآن، بعد مرور سبع سنوات على انعقاد مؤتمر الدوحة.

وسيؤدي المشروع الشرق أوسطي إلى أن لا تعود منطقة الشرق الأوسط منطقة عربية تقع فيها جزر إقليمية مثل "إسرائيل"، وإنما العرب هم الذين سيشكلون جزراً صغيرة، في حين أن القوى المؤثرة والفاعلة في المنطقة أصبحت مقصورة على "إسرائيل" ودول الجوار، وخاصة تركيا. ولهذا فإن إبراهام تامير رئيس جامعة بيرالسبع الإسرائيلية يعتقد أن مشاريع الشرق أوسطية سوف توثق الصلة بين العرب و"إسرائيل" من دون الالتفات للروابط القومية العربية، وأن "الأيديولوجيات القومية ستندمج في نظم فوق قومية" في إطار الشرق أوسطية[83].

وإذا قارنا بين المشروع الشرق أوسطي والمشروع الوحدوي العربي، فإن المشروع الشرق أوسطي أوسع جغرافياً من المشروع الوحدوي العربي، لأنه يضم أقطاراً غير عربية كـ"إسرائيل" وتركيا وإيران إلى جانب الدول العربية. كما أنه غير متجانس بشرياً فهو متعدد الأجناس والأعراق والثقافات، بينما المشروع العربي متجانس بشرياً ولغوياً وثقافياً وحضارياً. وكذلك فإن المشروع الشرق أوسطي مرتبط بالنظام العالمي وبمصالح الولايات المتحدة الأمريكية في المنطقة وبتطبيع العلاقات مع "إسرائيل"، بينما المشروع الوحدوي العربي يهدف إلى تحقيق المصالح العربية ومستقبل الأمة العربية من دون ارتباطات خارجية. ولهذا فإن المشروع الشرق أوسطي يهدف إلى تقطيع أوصال الوطن العربي وتجزئته ومحو الهوية العربية عن المنطقة، بينما المشروع العربي يهدف إلى تحقيق الوحدة العربية.

ثانياً: مشروع الشرق الأوسط الكبير:

اقترحه الرئيس الأمريكي جورج بوش الابن يوم 2003/11/6، تحت اسم "استراتيجية تحرير الشرق الأوسط". ويدعو المشروع الذي جاء على خلفية أحداث 11 أيلول/ سبتمبر 2001، إلى إحداث تغييرات في 22 بلداً في الشرق الأوسط، بما يخدم المصالح الأمريكية والإسرائيلية، عن طريق إجراء عملية إصلاحية شاملة في الدول العربية والإسلامية، ورسم خريطة جديدة للشرق الأوسط الكبير، من المغرب العربي غرباً إلى باكستان شرقاً مروراً بتركيا وإيران و"إسرائيل"، لتتم المحافظة على المصالح الأمريكية في الوطن العربي، من خلال تأمين السيطرة على مصادر البترول وتوفير الأمن لـ"إسرائيل" والحد من الحركات السياسية المعارضة. ويركز المشروع على الوضع المتخلف لدول المنطقة من غياب الديموقراطية ووجود أنظمة مستبدة وعدم احترام حقوق المرأة، ما يساعد على انتشار التطرف بين الناس. ويُعدّ هذا المشروع الذي هو مشروع للقرن الحادي والعشرين، حزمة متكاملة له أبعاد مختلفة، سياسية واقتصادية وإصلاحية وأمنية وثقافية - تعليمية.

وكان ريتشارد بيرل، رئيس دائرة التخطيط السياسي في وزارة الدفاع الأمريكية السابق، الذي يطلق عليه في واشنطن، أمير الظلام Prince of Darkness، بسبب أفكاره وطروحاته المتطرفة وتأييده لـ"إسرائيل" والتدخل الأمريكي في العراق، قد قدم وثيقة مهمة في شهر تموز/ يوليو 1996 لرئيس الوزراء الإسرائيلي بنيامين نتنياهو من أجل مساعدته في بلورة استراتيجيات جديدة لتطوير الحركة الصهيونية. وضمت اللجنة العاملة في معهد الدراسات الاستراتيجية والسياسية المتقدمة Institute For Advanced Strategic and Political Studies الذي مقره في العاصمة الأمريكية، إلى جانب بيرل، اليهودي الصهيوني دوغلاس فيث Douglas Feith مساعد وزير الخارجية الأمريكية، وجون بولتون John Bolton، وجيمس كولبرت James Colbert، وتشارلز فيربانكس جونيور Charles Firyanx jr.، وروبرت ليوفنبرغ Robert Luvnbergh، وديفيد فيرمسر David Wurmser، وميراف فيرمسر Miraf Wurmser، الذين أصبحوا أعضاء فاعلين في إدارة جورج بوش الابن. وأوصت اللجنة في الوثيقة التي حملت عنوان "الانقطاع الواضح: استراتيجية جديدة لضمان المنطقة" (A Clean Break: A New Strategy For Securing the Realm)، والتي استند إليها بوش الابن عند وصوله إلى البيت الأبيض، "دعوة إسرائيل التي تعيش مشكلة

كبرى، إلى العمل على تدمير القومية العربية" بصفتها تهدد المصالح الغربية. وجاء في الوثيقة: "إن إصلاح القومية العربية العلمانية وتعزيزها سيكونان جهداً عقيماً وخطأً استراتيجياً كبيراً. قبل سنوات تعلم الغرب أن المد الأصولي في إيران من خلال احتضان القومية العربية العلمانية في العراق، كان خطوة خطرة وخطأً متفجراً. والدرس نفسه يجب أن يطبق على سورية". ولهذا فقد توصلت الوثيقة إلى النتيجة التالية: "من مصلحة كل من إسرائيل والغرب تسريع زوال القومية العربية العلمانية. إنها تتأرجح بالفعل الآن على شفير الانهيار. لكنها قد تكون خطرة في لحظاتها الأخيرة، ولذا لا يجب اعتبارها حليفاً في غرفة الانتظار"[84].

وكان ريتشارد بيرل ودوغلاس فيث، قد عقدا اجتماعاً مغلقاً مع كبار العسكريين الأمريكيين، للبحث في مستقبل الشرق الأوسط. وعرض بيرل وفيث على المؤتمرين لوحتين بيانيتين على شاشة عملاقة لشرح أهداف "الحرب الأمريكية على الإرهاب"، تضمنت اللوحة الأولى مثلثاً ذا أضلاع ثلاثة: الضلع الأول: العراق وكتب بجانبه "الهدف التكتيكي"، والضلع الثاني: منطقة الخليج، ووصفت بأنها "هدف استراتيجي"، والضلع الثالث: مصر وكتب بجانبها "الجائزة الكبرى". وفي اللوحة الثانية، مثلث آخر، تضمن ثلاثة أضلاع أيضاً، الضلع الأول "إسرائيل" (فلسطين)، والضلع الثاني الأردن (فلسطين)، والضلع الثالث العراق (المملكة الهاشمية). وهذا المؤتمر الذي رسم خريطة الشرق الأوسط الجديد الذي تريده الولايات المتحدة، يشبه إلى حد كبير مؤتمر السلام الذي عقد في فرساي بالقرب من العاصمة الفرنسية سنة 1919، وأعطى الشرعية الدولية لتجزئة المشرق العربي، بعد اتفاقية سايكس - بيكو، ما جعل المحلل الاستراتيجي الأمريكي كالستون، يصف الاجتماع بأنه:

> ذكر الكثيرين بما حدث في ثلاثينيات القرن العشرين، حين سيطر المتطرفون الأيديولوجيون على دولة أوروبية هي ألمانيا، ثم فجروا العالم بالحرب. والآن، فإن بيرل وفيث، ومن ورائهما اللوبي اليهودي الصهيوني القوي وإسرائيل، يسيطرون عملياً على أعتى جهاز عسكري في التاريخ، مقره في البنتاغون، وعلى أقوى إمبراطورية منذ روما، ومقرها واشنطن[85].

ويبدو أن إدارة الرئيس بوش الحالية، تقوم بتنفيذ المخطط الذي وضعه بيرل وفريقه في الشرق الأوسط، وقد كشف البروفيسور جون لويس غاديس، أستاذ التاريخ العسكري في جامعة يال الأمريكية قبل أشهر من العدوان الأمريكي على العراق، أنه

"على عكس المظاهر، بات الرئيس بوش يمتلك أسلحة استراتيجية كبرى هي كناية عن خطة لتغيير الشرق الأوسط الإسلامي بأكمله لجلبه مرة وإلى الأبد إلى العالم الحديث". وركز غاديس على أن:

العراق سيكون الهدف الملائم لضربتنا المقبلة، لأنه إذا تمكنا من إطاحة صدام وكررنا ما حصل في أفغانستان على ضفاف الفرات، فسننجز المهمة غير المكتملة في الخليج ونقضي على أسلحة الدمار الشامل. وهذا سيجعلنا قادرين في الوقت نفسه على وضع حد نهائي لكل أنواع الدعم الذي يوفرها صدام للإرهابيين، خصوصا أولئك الذين يستهدفون إسرائيل.

واعترف غاديس، بأن تحقيق ذلك، سوف يمكن الولايات المتحدة من الحصول "على كميات وفيرة من النفط الرخيص، ويقوِّض الأنظمة الرجعية في بلدان الشرق الأوسط"[86].

ومن أهم النقاط الواردة في مشروع الشرق الأوسط الكبير:

- السيطرة على مصادر الطاقة وممرات النقل، وإخضاع منطقة حوض قزوين وخليج البصرة وشرقي البحر المتوسط والبحر الأحمر لجهات جديرة بالثقة بالنسبة للولايات المتحدة.

- تصفية الحركات الإسلامية، تحت اسم مكافحة الإرهاب وتغيير المناهج التعليمية التي تحرض على "إسرائيل" والولايات المتحدة.

- إضعاف القوة العسكرية لدول المنطقة المعادية للولايات المتحدة و"إسرائيل"، من خلال محاربة تملك تلك الدول أسلحة الدمار الشامل، وتحجيم القدرات العسكرية للدول العربية والإسلامية (مصر وتركيا وإيران والباكستان وإندونيسيا).

- التخلص من الأنظمة والحكومات التي تعارض الوجود الأمريكي في المنطقة، وفرض أنظمة عميلة لها، على غرار ما حصل في العراق وأفغانستان.

- الحد من نفوذ الاتحاد الأوروبي وروسيا الاتحادية والصين، في منطقة بحر قزوين والقوقاز وآسيا الوسطى والشرق الأوسط.

ومن الآثار المترتبة على المشروع:

1. تغيير البنية الثقافية العربية والإسلامية بين شعوب المنطقة، وبث ثقافة الهزيمة والاستسلام في المجتمعات العربية بدلاً من ثقافة المقاومة.

2. غرس مبادئ الفلسفة الليبرالية الاقتصادية والسياسية خدمة للمصالح الأمريكية.

3. الاستيلاء على ثروات المنطقة.

4. جعل "إسرائيل" جزءاً مندمجاً ومسيطراً في المنطقة وضمان أمنها وسلامتها.

5. إعادة تشكيل المنطقة العربية سياسياً وثقافياً، بشكل يؤدي إلى تفتيت الأقطار العربية.

وبحجة تحقيق الديموقراطية والإصلاحات السياسية في الدول العربية، أرادت الولايات المتحدة أن تفرض أنظمة جديدة في الوطن العربي، تؤدي كما هو حال المشروع الشرق أوسطي، إلى دخول "إسرائيل" إلى الإقليم وسيطرتها عليه، ما سيضعف العلاقات العربية - العربية، ويؤدي إلى تجزئة الوطن العربي.

وبعد أن سيطرت على مصادر الطاقة في بحر قزوين والخليج العربي، أرادت الولايات المتحدة من هذا المشروع التحكم سياسياً واقتصادياً بمنطقة الشرق الأوسط، من خلال تغيير جميع جوانب الحياة الثقافية والسياسية للمواطنين. والدخول في نسيج المجتمعات العربية لتغييرها من الداخل ينسجم مع معايير الحياة العصرية الأمريكية تحت غطاء مكافحة الإرهاب، وترتيب نظام أمني إقليمي جديد على حساب الثقافة العربية والإسلامية وروح المقاومة الشعبية للمخططات الأمريكية والإسرائيلية.

ومع أن المشروع الأمريكي موجه في معظمه ضدّ العرب وأمنهم ووحدتهم، إلا أن جانباً منه موجه أيضاً ضدّ المصالح الأوروبية النفطية، لكي تتحكم الولايات المتحدة بمصادر الطاقة في أوروبا، وخاصة أن صناعات الدول الأوروبية تعتمد بشكل كبير على النفط العربي، أكثر من اعتماد الولايات المتحدة. ونشرت وكالة الطاقة الأمريكية تقريراً ذكرت فيه أن الاستهلاك العالمي للطاقة ارتفع من 66.1 مليون برميل في اليوم سنة 1990 إلى 81.2 مليون برميل سنة 2005، ومن المتوقع أن يصل إلى 98.6 مليون برميل سنة 2010. ووصل معدل صادرات النفط من الخليج العربي 16.9 مليون برميل في اليوم، أي 30% من إجمالي الصادرات العالمية الذي بلغ 56.3 مليون برميل في اليوم. وإذا أضفنا صادرات دول شمال أفريقيا، فإن الصادرات سترتفع إلى 19.5 مليون برميل في

اليوم (35%). ويبدو أن هذا من أحد الأسـبـاب الرئيسـيـة لمشروع الشرق الأوسط الكبير، وهو السيطرة على النفط العربي، والتحكم في وصوله إلى الدول الأوروبية التي تسـتهلك 7.6 ملايين برميل من النفط العربي، أي ما يعادل (38%) من الصادرات العربية.

وفي الواقع فقد نظرت الولايات المتحدة لمنطقة الشرق الأوسط على أساس أنها "منطقة فراغ مزقتها النزاعات" وهي بحاجة لقوة عظمى تملأ هذا الفراغ. وحددت المنطقة جغرافياً ابتداء من تركيا وحتى الهند الصينية، وعلى الولايات المتحدة أن تتخذ خطوات بصدد تعبئة الفراغ، عن طريق وضع حدّ للصراع العربي - الإسرائيلي في فلسطين، وربط جنوب شرق آسيا بالشرق الأوسط لإيجاد "موقف قوة" وإن ذلك سيسمح بإنشاء جيوش هائلة في المنطقة تكون تحت إرشاد الأمريكيين[87].

وأرسلت الولايات المتحدة فرقاً بحثية أمريكية تعمل على تغيير المناهج التعليمية والثقافية في بعض الدول العربية. وهناك تصريحات أمريكية صريحة تتحدث عن ذلك وتقول إن ما تريده الولايات المتحدة في الشرق الأوسط أن تشهد الأقطار العربية ما شهدته أوروبا الشرقية من تحولات وإصلاحات، بعد انهيار الاتحاد السوفياتي. وإن هذا التغيير إما أن يكون عن طريق القوة كما حدث في العراق أو عن طريق إثارة القلاقل الداخلية كما حدث في لبنان، ويمكن تكراره في دول عربية أخرى. والمشروع الأمريكي، يهدف في الواقع إلى فكّ وإعادة تركيب الأقطار العربية، إذ مطلوب دول عربية بأشكال وحدود جديدة، فالمطلوب عراق جديد مجزأ ولبنان جديد وسورية جديدة. والمطلوب ليس تغيير الأنظمة العربية فقط، بل تدمير الدول العربية نفسها بجميع مؤسساتها وخلق دويلات بأشكال ومؤسسات وهويات وطنية جديدة، بعيدة عن العروبة. المطلوب ليس إصلاح دول المنطقة، بل تغيير كيمياء الشرق الأوسط التي تعني تغيراً في تركيبة الشرق الأوسط، من حيث وجود كيمياء اقتصادية واجتماعية وثقافية وسياسية جديدة[88].

ومن جهة ثانية، يلاحظ من خلال محاولات الولايات المتحدة تطبيق مشروع الشرق الأوسط الكبير، أنها تنظر إلى قضية الصراع العربي - الإسرائيلي على أنها قضية هامشية، بينما تركز على أربع أولويات: مكافحة الإرهاب، والإصلاح الديموقراطي، وتغيير مناهج التعليم، والثقافة العربية المعادية للولايات المتحدة و"إسرائيل". علماً بأن من المفروض أن يؤدي حلّ الصراع العربي الإسرائيلي إلى مكافحة الإرهاب وتحقيق الإصلاحات الديمقراطية. ولقد أظهر تقرير بيكر - هاملتون Baker-Hamilton المقدم

للرئيس بوش في شهر كانون الأول/ ديسمبر 2006، ضرورة حلّ القضية الفلسطينية، كشرط لحل المشاكل الإقليمية الأخرى في الشرق الأوسط[89].

وكان شارون قد طالب هو الآخر بإعادة تشكيل الشرق الأوسط، بما يخدم المصالح الإسرائيلية. وعبر الكاتب البريطاني المعروف باتريك سيل عن مخططات شارون تجاه الشرق الأوسط، قبل العدوان الأمريكي على العراق بقوله:

> من المفيد أن نحاول تصور ما يدور في ذهن أريل شارون، فهو يحلم بإعادة تشكيل العالم العربي بصورة تخدم مصلحة إسرائيل. فهو يريد تحقيق نصر نهائي على الفلسطينيين، وموت أو نفي عرفات، ووضع حد نهائي لكل أمل بإقامة دولة فلسطينية، واستمرار التقدم نحو تحقيق "إسرائيل الكبرى" وذلك بضم معظم الضفة الغربية إن لم يكن كلها، ومضاعفة بناء المستوطنات وطرد أعداد كبيرة من الفلسطينيين أو إجبارهم على الهجرة. الإضعاف المستمر للعراق وسورية، وذلك لاستبعاد أي تهديد من جبهة عربية شرقية. قلب نظام الملالي في إيران، ومحاولة بعث الرابطة الإيرانية - الإسرائيلية القديمة وتدمير حزب الله في لبنان. كل ذلك في سبيل تحقيق الهدف النهائي لإسرائيل على المدى البعيد، وهو الهيمنة على عالم عربي "مدجن" بفضل امتلاكها الحصري لأسلحة الدمار الشامل، وبفضل تحالفها الاستراتيجي مع الولايات المتحدة[90].

وبعد أربع سنوات على الاحتلال الأمريكي - البريطاني للعراق، والممارسات القمعية التي تقوم بها قوات الاحتلال ضدّ الشعب العراقي، يؤكد ما جاء في المشروع الأمريكي بإعادة رسم خريطة جديدة للوطن العربي، تكون لمصلحة الولايات المتحدة و"إسرائيل". وإن كانت المقاومة العراقية تقف عائقاً أمام تنفيذ المشروع الأمريكي في العراق، حتى لا ينتقل تنفيذ المشروع إلى أماكن أخرى مجاورة.

وخلال العدوان الإسرائيلي على لبنان في شهر تموز/ يوليو 2006، عرضت الولايات المتحدة الأمريكية على لسان وزيرة الخارجية كونداليزا رايس Gondalisa Rice، عند زيارتها لبيروت، مشروعاً جديداً للشرق الأوسط سمته مشروع الشرق الأوسط الجديد. في الوقت الذي كانت تقوم فيه الطائرات الإسرائيلية بعدوانها المزدوج على لبنان وفلسطين، ويسقط مئات الشهداء والجرحى من اللبنانيين والفلسطينيين، وعادت وأكدت على دعوتها تلك بعد اجتماعها مع رئيس الوزراء الإسرائيلي أولمرت. وأعلنت رايس عن المشروع الأمريكي الجديد، في الوقت الذي كانت ترفض بلادها فيه وقف

إطلاق النار في لبنان، قبل أن تحقق "إسرائيل" نجاحات عسكرية والقضاء على حزب الله، على أمل أن تصبح الظروف في حال نجاح القوات الإسرائيلية في القضاء على المقاومة اللبنانية والفلسطينية، مهيأة لتنفيذ المشروع. والتصور الأمريكي لمشروع الشرق الأوسط الجديد، هو إيجاد منطقة آمنة تحمي المصالح الأمريكية والإسرائيلية من خلال وجود دويلات ضعيفة ومتفرقة مرتهنة بشكل كامل بالولايات المتحدة، والقضاء على جميع حركات المقاومة والتيارات السياسية التي تعارض مشروعها، كحزب الله في لبنان وحركة حماس في فلسطين. ومساعدة "إسرائيل" في فرض حلّ على الفلسطينيين، من خلال سلطة وطنية ضعيفة غير قادرة على معارضتها، وتوطين اللاجئين الفلسطينيين في الدول العربية، وتجزئة الأقطار العربية المجزأة أصلاً، ضاربة عرض الحائط برغبات الشعوب العربية ومصالحها التي تتناقض مع تلك التوجهات.

ومن ملامح الشرق الأوسط الجديد، ما ذكره الرئيس بوش من أن ما تقوم به "إسرائيل" في جنوب لبنان هو "دفاع عن النفس"، وأنه جزء من "الحرب العالمية ضدّ الإرهاب التي يجب الفوز بها". بل إنه ربط بين أمن بلاده وقتال حزب الله وقال: "السبيل الوحيد لتأمين وطننا هو تغيير مسار الشرق الأوسط، وقتال أيديولوجية الإرهاب ونشر أمن الحرية". ولهذا فقد رأى مجزرة قانا التي راح ضحيتها 57 لبنانياً أغلبهم من الأطفال، وجرح العشرات في جنوب لبنان، واستمرار القتل والتدمير الذي تقوم به "إسرائيل" في لبنان وفلسطين، دفاعاً عن النفس ومن معالم الشرق الأوسط الجديد[91].

ومن جهة أخرى، يلاحظ أن الولايات المتحدة تنظر إلى الشرق الأوسط كأنه حقل تجارب، وتقترح وتقدم مشاريعها على أمل أن ينجح أحدها، من دون أن يكون للدول والشعوب العربية رأيها بتلك المشاريع التي تريد تطبيقها عليه. لأنها تعرف جيداً أن تلك المشاريع لن تخدم أحداً في المنطقة باستثناء "إسرائيل" والمصالح الأمريكية والغربية. علماً بأنه سبق أن حاولت منذ الخمسينيات ربط منطقة الشرق الأوسط بالاستراتيجية الأمريكية، بدءاً من مشروع حلف بغداد ثم مشروع إيزنهاور، وانتهاءاً بالشرق الأوسط الكبير والشرق الأوسط الجديد. ومع الاختلاف في بعض الأهداف بين تلك المشاريع، إلا أنها كانت تهدف باستمرار إلى حماية مصالحها في المنطقة. ففي الخمسينيات كانت تريد محاربة الشيوعية والقومية العربية، وتسعى حالياً إلى محاربة الأصولية الإسلامية التي تخشى أن تهدد مصالحها. بينما ترى

الشعوب العربية أن الخطر الرئيسي الذي يواجهها هو الاحتلال الإسرائيلي للأراضي العربية والمجازر التي يرتكبها الجيش الإسرائيلي ضدها.

لا يبدو أن التصور الأمريكي للشرق الأوسط سوف يؤدي إلى اتجاه المنطقة نحو الاستقرار، بل إلى المزيد من الحروب وسفك الدماء. وها هي ثلاث دول عربية في الشرق الأوسط، فلسطين ولبنان والعراق، تشهد منذ الاحتلال الأمريكي للعراق، سقوط عشرات القتلى يومياً من جراء تلك السياسة، وغياب الأمن والاستقرار في المنطقة. وليس بالضرورة أن ترى المشاريع الأمريكية النور ويحالفها النجاح، فلقد غيرت الولايات المتحدة من موقفها المؤيد للشرق الأوسط الكبير بعد تأكدها من أن تحقيق الديموقراطية - كما كانت تدعي - لشعوب المنطقة، لن يخدم مصالحها، وسوف يساعد على وصول تيارات سياسية، عن طريق الانتخابات، معادية لها. كما أن دعوتها حالياً للشرق الأوسط الجديد خلال العدوان الإسرائيلي على لبنان، وصمود المقاومة اللبنانية في وجه الجيش الإسرائيلي، سوف يفرض على الإدارة الأمريكية أن تعيد حساباتها من جديد، ما دفع وزير خارجية الولايات المتحدة السابق جيمس بيكر، لأن يقدم مقترحاته للرئيس بوش، لإنقاذ ما يمكن إنقاذه من المصالح الأمريكية في المنطقة.

ثالثاً: المشروع المتوسطي:

ردت أوروبا على المشاريع الأمريكية بمشروع أوروبي سمّته (الشراكة الأوروبية المتوسطة). تبنته الدول الأوروبية في مؤتمر برشلونة الذي انعقد في شهر تشرين الثاني/ نوفمبر 1995، والذي هدف، هو الآخر، إلى إعادة رسم المنطقة ضمن أنظمة إقليمية جديدة، تكفل لها مصالحها. وضم المشروع، الدول الأوروبية: ألمانيا وفرنسا وبريطانيا وإسبانيا وإيطاليا والبرتغال واليونان والنمسا وبلجيكا والدانمرك وفنلندا وأيرلندا وهولندا والسويد ومالطا وقبرص واللكسمبورغ، وبعض الدول العربية المطلة على البحر الأبيض المتوسط، أو القريبة منه، كالأردن ومصر وسورية ولبنان وفلسطين والجزائر والمغرب وتونس، إلى جانب "إسرائيل" وتركيا. والهدف هو تشكيل تجمع من دول البحر الأبيض المتوسط، لتشكيل تجمع فعال يرتكز على أسس محددة ذات طابع سياسي واقتصادي وثقافي وأمني، يتم بناؤها استناداً إلى اتفاقيات مشتركة والتزامات تعاقدية، ونقاش حول كافة القضايا التي تهم دول البحر المتوسط[92].

وترى أوروبا أن الضفة الجنوبية للبحر المتوسط تمثل مجالها الحيوي، في الوقت الذي تراجع فيه هذا النفوذ لمصلحة الولايات المتحدة. ولهذا فهي تريد استعادة دورها

في الشرق الأوسـط عن طريق فتح أسواق جديدة لها مع دول المنطقة، لتقوية اقتصادها أمام المنافسة مـع الاقتصاد الأمريكي، وبالتالي لكي تتحول إلى قوة اقتصادية وسياسـية وعسـكرية كبيرة لتصبح أحد أقطاب النظام الدولي. وتريد أوروبا دمج دول جنوبي البحر المتوسط في الاتحاد الأوروبي لزيادة قدرتها التنافسـية، من دون مراعاة المصالح العربية وإذا ما كانت الشراكة الأوروبية المتوسـطة سـتكون على حساب التعاون العربي الإقليمي. كما أن الشراكة، تخدم أوروبا ومصالحها على حساب المصالح العربية. ولهـذا، مـن أجل تقديم حوافز للدول العربية التي شـاركت في الشراكة، وعد الاتحاد الأوروبي بتقديم مسـاعدات مالية لتلك الدول، التي أطلقت عليها تسـمية دول الشرق الأوسـط وشمال إفريقيا وليس الدول العربية. كما أن المشروع الأوروبي يدخل "إسرائيل" إلى نظام إقليمي تشـارك فيه دول عربية لا تقيم علاقات دبلوماسية معها.

ويلاحظ وجود تداخل بين مشروع الشرق أوسطية والمتوسطة من حيث الأهداف والدول الداخلة فيهما، لأن كليهما يحاول إعادة صياغة المنطقة العربية ضمن أنظمة إقليمية جديدة، تحمي مصالح الولايات المتحدة والدول الأوروبية و"إسرائيل". وتبقى "إسرائيل" في المشروع الشرق أوسطي تمثل دور الدولة القائدة، بينما في المشروع المتوسطي هي عبارة عن عضو مشارك، والقيادة للاتحاد الأوروبي. ولهذا فإن المشروع الأوسطي، يشكل خطراً أكبر على الوطن العربي من المشروع المتوسطي. ولكن جميع تلك المشاريع تشكل تهديداً للوحدة العربية والتضامن العربي، لأنها ستؤدي إلى تجميد المعاهدات والاتفاقيات العربية المشتركة، كاتفاقية معاهدة الدفاع العربي المشترك والتعاون الاقتصادي. كما ستقود إلى إقامة استراتيجية أمنية جديدة على حساب الأمن القومي العربي، وضمان التفوق العسكري الإسرائيلي على حساب الدول العربية، وإجراء مناورات عسكرية مشتركة بين قوات بعض الدول العربية مع القوات الإسرائيلية، والتنسيق الأمني بينهما.

كما أن تلك المشاريع ظهرت في فترة ما بعد التسوية بين "إسرائيل" وبعض الأقطار العربية، مما يدل على أن "إسرائيل" ماضية في محاربتها الوحدة العربية التي بدأتها الحركة الصهيونية منذ أكثر من مئة سنة، لأن نجاح تلك المشاريع يعني نجاح "إسرائيل" في فرض نفسها في قلب الوطن العربي، واستمرار التجزئة التي ساهمت فيها مع الدول الاستعمارية.

هوامش الفصل الثالث

[1] مكسيم رودنسون، **إسرائيل والرفض العربي** (القاهرة: الهيئة العامة للاستعلامات، بدون تاريخ)، ص 10، أوردها أسامة الغزالي حرب وأمل الشاذلي، "موقف الصهيونية من القومية العربية،" **مجلة قضايا عربية**، بيروت، السنة 1993، العدد 6، ص 74.

[2] Aharon Cohen, *Israel and Arab World* (Boston: Beacon Press, 1976), p. 74.

[3] أمين عبد الله محمود، **مرجع سابق**، ص 263.

[4] سوكولوف، **تاريخ الصهيونية**، ج1، ص 300-301، أشار إليه: خالد القشطيني، **مرجع سابق**، ص 105.

[5] هيثم الكيلاني، **التسوية السلمية للصراع العربي - الإسرائيلي وتأثيرها على الأمن العربي** (أبو ظبي: مركز الإمارات للدراسات والبحوث الاستراتيجية، 1996)، ص 47، نقلاً عن كتاب أبا إيبان ص 68-70، مراجعة الدار العربية للدراسات والترجمة والنشر، القاهرة التي قامت بترجمة العديد من الدراسات العبرية عن دور "إسرائيل" في تفتيت الوطن العربي.

[6] خالد القشطيني، **مرجع سابق**، ص 106.

[7] Aharon Cohen, op. cit., 1976, p. 73.

ذكر في: عبد الله عبد الدائم، **مرجع سابق** ، ص 25.

[8] رغيد الصلح، **حول التسوية السياسية والوحدة العربية** (بيروت: المؤسسة العربية للدراسات والنشر، 1979)، ص 35.

[9] هآرتس، 1973/11/11، وردت في مقالة: سلمان رشيد سلمان، "إسرائيل والوحدة العربية،" **قضايا عربية**، السنة 3، العدد 16، نيسان/ أبريل - أيلول/ سبتمبر 1976، ص 55.

[10] **العسكرية الصهيونية، العقيدة والاستراتيجية الحربية الإسرائيلية**، المجلد الثاني (القاهرة: مركز الدراسات السياسية والاستراتيجية، مؤسسة الزهراء، 1974)، ص 67.

[11] حلمي الزعبي، "الاستراتيجية الإسرائيلية في التسعينات،" نشرة دراسات، القاهرة، الدار العربية للدراسات والنشر والترجمة، العدد 48، ص 42.

[12] صبري جريس، "اليمين الصهيوني، نشأة وسياسة وعقيدة،" **مجلة شؤون فلسطينية**، العدد 68-69، أبريل/ مايو 1977، ص 33-34.

[13] **المرجع نفسه**، ص 34-35. ومقالة: أسامة الغزالي حرب وأمل الشاذلي، "موقف الصهيونية من القومية العربية،" ص 81-82.

[14] أسامة الغزالي حرب وأمل الشاذلي، "موقف الصهيونية وإسرائيل من القومية العربية والوحدة العربية،" **قضايا عربية**، بيروت، السنة 6، العدد 2، حزيران/ يونيو 1979، ص 82. عن كتاب خيرية قاسمية، **النشاط الصهيوني في الشرق العربي 1908-1918**، سلسلة كتب فلسطينية رقم 41 (بيروت: مركز الأبحاث، م.ت.ف.، مايو 1973)، ص 32.

[15] أسامة الغزالي حرب وأمل الشاذلي، **مرجع السابق**.

[16] Simha Flapan, *Zionism and the Palestinians* (London: Croom Helm, 1979), p. 56.

[17] رغيد الصلح، "إسرائيل والوحدة العربية،" **مجلة دراسات عربية**، السنة 10، العدد 7، أيار/ مايو 1974، ص 27. محمد الحلاج، "المسألة العربية في الفكر الصهيوني،" **مجلة فكر**، باريس، مؤسسة الفكر، العدد 3، أكتوبر 1984، ص 106.

[18] **المرجع نفسه**.

[19] خلدون ناجي معروف، **مجلة العلوم السياسية**، كلية العلوم السياسية، جامعة بغداد، العدد 1، آذار 1988، ص 17.

[20] حسام الدين سويلم، **مخططات التفتيت** (القاهرة: مركز الدراسات السياسية والاستراتيجية، دار الأهرام، 1987).

[21] أنيس صايغ، **فلسطين والقومية العربية**، ص 113، عن ساطع الحصري، آراء **وأبحاث في القومية العربية**، 1951، ص 133.

[22] جورج ناصيف، **الوحدة العربية وإسرائيل** (بيروت: معهد الإنماء العربي، 1985)، ص 112.

[23] إبراهيم عبد الكريم، "إسرائيل والمشروع الوحدوي العربي،" **شؤون عربية**، العدد 54، حزيران 1988، ص 46.

[24] جورج ناصيف، **مرجع سابق**، ص 107 و 115.

[25] **المرجع نفسه**، ص 128. وانظر:

Ben Gurion, *My talks with Arab Leaders* (Keter Book, 1972), pp. 52 - 53.

[26] ياسين الحافظ، في **المسألة القومية والديمقراطية**، الطبعة 2 (بيروت: دار الطليعة، 1981)، ص 106-107.

[27] أنجلينا الحلو، **عوامل تكوين إسرائيل** (بيروت: مركز الأبحاث، م. ت. ف، 1967)، ص105-106.

[28] موشيه ماعوز، سورية وإسرائيل، ص 87.

[29] أنيس صايغ، **ميزان القوى العسكرية بين الدول العربية وإسرائيل** (بيروت: مركز الأبحاث، م.ت.ف، 1967)، ص 72.

[30] جورج ناصيف، مرجع سابق، ص 137.

[31] محمد حسن، **مصر في المشروع الإسرائيلي للسلام** (بيروت: دار الحكمة، 1980)، ص 23.

[32] ياسين الحافظ، **مرجع سابق**، ص 104.

[33] Ebba Eban، وردت في مقالة مجدي حماد، آثار التسوية على النظام الإقليمي العربي، ص 39.

[34] **هآرتس**، 1973/11/11، وردت في مقالة: سلمان رشيد سلمان، **مرجع سابق**، ص 55.

[35] معن بشور، "تأثيرات هزيمة الخامس من حزيران/ يونيو 1967 في الحركة القومية العربية،" **مجلة المستقبل العربي**، بيروت، مركز دراسات الوحدة العربية، العدد 280، شهر حزيران/ يونيو 2002، ص 13.

[36] موشيه ماعوز، سورية وإسرائيل، ص 89.

[37] زئيف شيف، "حتى الآن ليس على حسابنا،" **هآرتس**، 1990/1/8.

[38] محمود سليمان، "المفاوضات بين أطراف الصراع في الشرق الأوسط إلى أين؟،" نشرة دراسات، القاهرة، العدد 48، عن رسالة ماجستير ص 71.

[39] سليمان بشير، **جذور الوصايا الأردنية: دراسة في وثائق الأرشيف الصهيوني** (بيروت: دار الفارابي، 1983)، ص 175.

[40] **دافار**، 1989/6/8.

[41] العنصرية بين الشباب اليهودي، مركز يافا للتوثيق والخدمات الإعلامية، 1987، ص 2.

[42] مسعود اغبارية ومحمود أبو غزالة، **مرجع سابق**.

[43] نشرة القدس برس، القدس، 1997/3/11.

[44] Yeshayahu Leibouitz, People, Terre, Etat. Ahranout, Paris, 1995.

[45] مسعود اغبارية ومحمود أبو غزالة، **مرجع سابق**، ص 87.

[46] ياسر زغيب، "هل المجتمع الصهيوني مستعد للتسوية؟،" **مجلة باحث للدراسات** 2005/8/6، من موقع المجلة الإلكتروني: www. bahethcenter.org

[47] جمعت من عدة مصادر إسرائيلية.

[48] Benjamin Netanyahu, *A Place Among The Nation* (Tel Aviv: Yadouaout Ahranout, 1995), pp. 63, 271 & 374.

[49] **الحياة**، 1996/2/26.

[50] نشرة المصدر السياسي، 2006/6/2.

[51] هآرتس، 2005/8/7.

[52] هيثم الكيلاني، مرجع سابق، ص 47.

[53] المرجع نفسه، ص 48-49.

[54] الملخص التنفيذي للتقرير الاستراتيجي الفلسطيني لسنة 2009 والمسارات المتوقعة لسنة 2010، مركز الزيتونة للدراسات والاستشارات، 2010/3/10، في:

http://www.alzaytouna.net/arabic/?c=126&a=111224

[55] المرجع نفسه.

[56] دافار، 1993/9/15، نقلاً عن مجلة الدراسات الفلسطينية، العدد 16، خريف 1993، ص 103.

[57] وثيقة هرتسليا، ترجمة مركز جنين للدراسات، عمان، 2001، ص 5.

[58] "مستقبل إسرائيل الاستراتيجي،" مركز أرييل للبحوث السياسية، تل أبيب، 2004، ترجمة باحث للدراسات، بيروت، 2004، ص 22.

[59] محمد سليمان الزيود، 2001، ص 102.

[60] "الميزان العسكري في الشرق الأوسط 2000-2001،" مركز جافي للدراسات الاستراتيجية، جامعة تل أبيب، آب/ أغسطس 2001، ص 47-48.

[61] مركز جافي للدراسات الاستراتيجية، انظر:

http://www.tau.ac.il/jcss/balance/toc.html#military

ترجمة مركز الزيتونة للدراسات والاستشارات، بيروت، 2006.

[62] Motti Golani, Israel in Search of a War, *The Sinai Campaign in 1955- 1956*. Brighton, Sussex: Academic Press, 1998.

[63] محسن عوض، الاستراتيجية الإسرائيلية لتطبيع العلاقات مع البلاد العربية، سلسلة الثقافة القومية رقم 16(بيروت: مركز دراسات الوحدة العربية، 1988)، ص 55.

[64] يوسف صايغ، "منظور الشرق الأوسط ودلالاته العربية،" المستقبل العربي، العدد 192، شباط 1995، ص 6.

[65] جميل مطر وعلي الدين هلال، النظام الإقليمي العربي، دراسة في العلاقات السياسية العربية (بيروت: مركز دراسات الوحدة العربية)، ص 25.

[66] محمد علي الحوت، مفهوم الشرق أوسطية وتأثيرها على الأمن القومي العربي (القاهرة: مكتبة مدبولي، 2002)، ص 15.

[67] نضال البعث، الجزء 6 (بيروت: دار الطليعة، 1976)، ص 34.

[68] محمد علي الحوت، مرجع سابق، ص 53.

[69] ناجي علوش، المسيرة إلى فلسطين (بيروت: دار الطليعة، 1964)، ص 156.

[70] من حديث هيكل في ندوة مؤسسة روز اليوسف، القاهرة، بتاريخ 1993/12/21.

[71] أحمد يوسف أحمد، "العرب وتحديات النظام الشرق أوسطي،" المستقبل العربي، العدد 179، كانون الثاني/ يناير 1994، ص 54.

[72] عبد المنعم سعيد، "الإقليمية في الشرق الأوسط نحو مفهوم جديد،" مجلة السياسة الدولية، العدد 122، أكتوبر 1995، ص 62 و64.

[73] مصطفى عبد العزيز مرسي، العرب في مفترق الطرق: بين ضرورات تجديد المشروع القومي ومحاذير المشروع الشرق أوسطي (القاهرة: دار الشروق، 1995).

[74] Bernard Lewis, *Predictions the Future of the Middle East* London: Phoenix, 1997), p. 17.

75 محمد علي الحوت، **مرجع سابق**، ص 74.

76 جميل هلال، **استراتيجية إسرائيل الاقتصادية للشرق الأوسط** (بيروت: مؤسسة الدراسات الفلسطينية، 1995)، ص 121.

77 وفي هذه النظرية، من المفترض أن يبحث اللاعبون عن زيادة في مكاسبهم أو التقليل في خسائرهم. بمعنى آخر باستخدام نسبة التحليل الاجتماعي المعرفي في مصطلحات الاقتصاديين, ومع الأفكار في الزيادة أو الإنقاص منها. وفي لغة نظرية اللعبة يعود هذا النظام في التصرف العقلاني إلى مبدأ تقليل الخسارة. وعند تطبيق هذا المبدأ يمكن الوصول إلى استراتيجية إذا كانت وضعية اللعبة عند (المجموع = صفر)، والذي يمكن تعريفه عند جمع عناصر المصفوفة والحصول على القيمة صفر. والمكسب لأحد الأطراف هو خسارة للطرف الآخر. وتصنف هذه الألعاب، المعروفة بتنوع المدخلات، فيها يمكن تعريفه من خلال لعبة المجموع الصفري, وباستخدام الصيغة الرياضية يمكن تصنيف الصنف الثاني بالمجموع غير الصفري أو الألعاب متنوعة المجموع، وباستخدام الصيغة النفسية يمكن دمج حوافز الألعاب. ويواجه اللاعبون مخرجات يمكن أن يخسروا أو يكسبوا فيها, حيث تتشارك عملية الدمج في البدائل في الصراع النقي. وتقوم هذه النظرية على افتراض أن الصراعات بين الدول تنقسم إلى فئتين رئيسيتين، صراعات تنافسية Competitive وصراعات غير تنافسية Non-Competitive. وأما الصراعات التي تكون مصالح أطرافها متعارضة فإن الفائدة التي يحققها أحد الأطراف تكون بالمقابل خسارة للطرف الآخر. وإنه إذا استطاع طرف أن يحقق نجاحاً في البداية ثم يأتي بهزيمة في ما بعد فإن النتيجة النهائية تكون صفراً. ولهذا أطلق على هذه الحالة من الصراع نظرية المباريات Zero-Sum Game.

78 شمعون بيريز، "عصر جديد لا يطيق المتخلفين ولا يغفر للجهلة،" **ماذا بعد عاصفة الخليج؟، رؤية عالمية لمستقبل الشرق الأوسط** (القاهرة: مركز الأهرام للترجمة والنشر، 1992)، ص 104.

79 شمعون بيريز، **الشرق الأوسط الجديد** (عمان: دار الجليل للنشر والدراسات، 1994)، ص 80.

80 **المرجع نفسه**، ص 50.

81 **المرجع نفسه**، ص 79.

82 محمد زكريا إسماعيل، "الهوية العربية في مواجهة السلام الإسرائيلي،" **المستقبل العربي**، السنة 17، العدد 187، أيلول 1994، ص 37.

83 محمد علي الحوت، **مرجع سابق**، ص 174.

84 A Clean Break: A New Strategy For Securing the Realm, *The Wall Street Journal*, Institute For Advanced Strategic and Political Studies, Washington D.C., July 11, 1996.

85 Ibid.

86 سعد محيو، **مجلة الوسط**، لندن، دار الحياة، العدد 566، 2002/12/2.

87 نصر شماي، عصر **المفوض السامي الأمريكي** (دمشق: دار الحقائق، 1984)، ص 32.

88 محمود عبد الفضيل، "نظرة نقدية لمبادرات الإصلاح المطروحة على الساحة العربية،" محاضرة في مؤسسة شومان غير منشورة، عمان، 2005/4/11.

89 **الحياة**، 2006/12/7.

90 باتريك سيل، **الحياة**، 2003/2/28.

91 أحمد سعيد نوفل، "مشروع الشرق الأوسط الجديد: ما الجديد فيه؟،" جريدة الغد، الأردن، 2006/8/1.

92 محمد سعد أبو عامود، "التوجه المتوسطي في الفكر السياسي المصري،" **السياسة الدولية**، العدد 124، نيسان/ أبريل 1996، ص 79.

الفصل الرابع

مقاومة العرب لمشاريع التفتيت
الإسرائيلية

المبحث الأول: العرب في مواجهة مشاريع التفتيت الإسرائيلية:

يمتلك العرب من القوة الذاتية ما يؤهلهم لمواجهة مشاريع التفتيت الإسرائيلية، خاصة أن مفهوم القوة لم يعد يتحدد بالقدرات العسكرية للدولة فقط، وإهمال ما تملكه الدولة أو الأمة من قدرات أخرى. فإذا كانت للولايات المتحدة الأمريكية، بوصفها القوة العظمى -عسكرياً واقتصادياً- في العالم، قد انهزمت أمام مقاومة الشعب الفيتنامي الذي لم يكن يمتلك السلاح والقدرات العسكرية الذي كانت تمتلكه الآلة العسكرية الأمريكية، وها هي عاجزة حالياً عن القضاء على مقاومة الشعب العراقي الأعزل، إلا من إرادة المقاومة، كما أن مقاومة الشعب اللبناني للعدوان الإسرائيلي على لبنان في صيف 2006، قد ألحقت الهزيمة في الجيش الإسرائيلي الذي كان يدعي بأنه لا يقهر، ومقاومة الشعب الفلسطيني لآلة الحرب الإسرائيلية، قد أرغمت قوات الاحتلال على الانسحاب من قطاع غزة، فإن القوة العربية مجتمعة قادرة إذا توحدت على هزيمة "إسرائيل" والحركة الصهيونية. كما أن قوة الدولة أو الأمة تكون عادة من خلال توافر ثلاثة إمكانات: (1) الموارد الطبيعية أو الإمكانات و(2) كيفية الاستفادة من تلك الإمكانات في استراتيجية الدفاع عن المصالح القومية و(3) القوة من حيث النتائج. ويمكن أن تكشف الإمكانات - الديموغرافية، والاقتصادية، والعسكرية، عن نفسها من خلال عملية المواجهة مع الطرف الآخر[1].

ولا شك أن الأمة العربية تمتلك من الموارد الطبيعية والقوة البشرية، ومن القدرات والإمكانات الاقتصادية والعسكرية، إذا توحدت ما يؤهلها لمواجهة "إسرائيل" ومخططاتها، إلا أنه لا قيمة لتلك الإمكانات إلا عند توحدها. ولهذا فبقدر ما تكون تلك القدرات مؤثرة وفاعلة إذا توحد العرب، بقدر ما هي لا قيمة لها، إذا استمرت حالة التجزئة والخلافات بين الأقطار العربية.

أولاً: الإمكانات الاقتصادية العربية:

يلعب الاقتصاد دوراً مهماً في الصراع العربي - الصهيوني، ولهذا فقد استعمل العرب المقاطعة الاقتصادية ضد "إسرائيل" منذ قيامها، ما حرمها الكثير من الاستثمارات الأجنبية. كما أن الاقتصاد العربي يتميز بآفاق وإمكانات عديدة تجعله مؤهلاً للتنافس مع الاقتصاد الإسرائيلي، في حال توحده. وعند استعراض بعض الأرقام عن الاقتصاد العربي، يلاحظ قوة هذا الاقتصاد، بالمقارنة مع الاقتصاد الإسرائيلي. فقد بلغ الناتج القومي العربي سنة 2004, 722.9 مليار دولار أمريكي، مقابل 117 ملياراً للناتج القومي الإسرائيلي. ومع أن متوسط نصيب الفرد العربي 5.07 آلاف دولار في العام نفسه، بالمقارنة مع نصيب الفرد الإسرائيلي البالغ 19.53 ألف دولار، إلا أن نصيب الفرد في بعض الدول العربية كالبحرين 17.17 ألف دولار. ونسبة احتياطي النفط العربي إلى الاحتياطي العالمي سنة 2004 بلغت 59.3%، وأما نسبة احتياطي الغاز الطبيعي العربي إلى الاحتياطي العالمي فقد بلغت في العام نفسه 30.5%. وإنتاج النفط الخام العربي 20.2 مليون برميل يومياً، بينما نسبة إنتاج النفط الخام العربي للإنتاج العالمي 29.7%. ونسبة إنتاج الغاز الطبيعي العربي للإنتاج العالمي 13.9%. ومجموع الإيرادات الحكومية في موازنات الدول العربية سنة 2000، 202 مليار و947 مليون دولار أمريكي، ومجموع النفقات الحكومية في العام نفسه 198 مليار و 760 مليون. وبلغت الاحتياطيات الدولية الرسمية للدول العربية من الذهب 32.20 مليون أوقية، صافي الموجودات من العملات الأجنبية 162 مليار و204 مليون دولار، وارتفعت في العام التالي 2001، لتصل إلى 180 مليار و 829 مليون دولار. ووصل إجمالي الصادرات العربية مع النفط في سنة 2004، 400 مليار دولار، ومن دون النفط 140 مليار دولار، مقابل الصادرات الإسرائيلية 41 مليار دولار. وبلغت الواردات العربية في العام نفسه 220 مليار دولار، مقابل 39 مليار دولار قيمة الواردات الإسرائيلية. ولهذا فإن قيام سوق عربية مشتركة يمثل تطوراً منطقياً للتنمية العربية، وهو أولى مقدمات العقلانية في العلاقات العربية، إذ إنه يقوم على المصالح المشتركة. كما أن تحرير التجارة وفتح الأسواق بين الدول العربية والاندماج الاقتصادي، في إطار عربي هو أمر أكثر يسراً وأقل كلفة من إعادة تكوين الهياكل الإنتاجية التي تستتبعها إزالة الحواجز التجارية للتكتل في الإطار الأوروبي والإطار العالمي.

ثانياً: الإمكانات البشرية العربية:

لا جدال في أن الفرق في القدرات البشرية يحتل عنصراً مهماً في سياق الصراع بين طرفين، وقد احتل هذا الفارق موقعاً متميزاً في الصراع العربي الإسرائيلي بوجه خاص، وحيث تزداد بصورة متسارعة أهمية هذا الفارق في بدايات القرن الـ 21، فإن تكييف أثره في مواجهة العرب لـ"إسرائيل" يكتسب بعداً مهماً.

إذ يبلغ عدد العرب حالياً (2006) أكثر بقليل من 300 مليون نسمة، يمثلون 4.6% من سكان العالم (أي ما يعادل مواطني الولايات المتحدة الأمريكية). وإذا استمر النمو السكاني في الوطن العربي على ما هو عليه حالياً، فمن الممكن أن يناهز العرب 450 مليوناً بعد أقل من خمسة وعشرين عاماً. كما يبلغ عدد العمالة العربية 110 ملايين عامل عربي. وينتشر العرب على مساحة شاسعة تبلغ 1.4 مليار هكتار (14.2 مليون كيلومتر مربع) أي ما يربو على 15.2% من مساحة العالم. بالمقابل بلغ تعداد سكان "إسرائيل" حوالي 5.5 ملايين نسمة، يتوزعون على أكثر قليلاً من 20 ألف كيلو متر مربع من فلسطين. ويلاحظ اتصال الوطن العربي جغرافياً، بعضه مع بعض من دون عوائق ولا فواصل بين أجزائه في آسيا وإفريقيا، وأن الوجود الصهيوني في فلسطين هو الفاصل الوحيد الذي منع التواصل بين الأراضي العربية.

من خلال هذه المقارنة، يظهر أن التفاوت بين العرب و"إسرائيل" كبير لمصلحة العرب (قرابة خمسين ضعفاً في عدد البشر، وأكثر من 600 ضعف في المساحة). وكذلك الأمر بالنسبة للتوزيع العمري، إذ إن العرب هم الأكثر فتوة، ويشكل نسبة من هم أقل من عشرين سنة، حوالي نصف العرب (مقابل 35% في "إسرائيل")، وهذا ينعكس بشكل إيجابي على قوة العمل، وفي الطاقة الإنتاجية للاقتصاد العربي. ومثل هذه المقارنة، تظهر التفوق العربي الكبير من حيث العدد والمساحة، حتى لو أخذنا عدد اليهود خارج فلسطين، والبالغ عددهم سبعة ملايين[2].

ثالثاً: الإمكانات العسكرية العربية:

تتبنى الدول العربية الرئيسية وفي مقدمتها مصر، سياسات دفاعية مكثفة تقوم على الاحتفاظ بقوات مسلحة متطورة تكون قادرة على الحفاظ على المصالح المصرية وعلى أمنها القومي ومواجهة أي تهديدات خارجية. وكذلك الأمر بالنسبة إلى سورية، فإنها الدولة العربية الوحيدة التي ما زالت في حالة حرب فعلية مع "إسرائيل"، على الرغم

من أن القوات المسلحة السورية تعاني ضغوطاً اقتصادية تحول دون حدوث نمو كمي ونوعي لهذه القوات، إلا أنها حرصت على استمرار دعمها بالأسلحة الحديثة المتطورة، حتى بعد انهيار الاتحاد السوفياتي المصدر الرئيسي للأسلحة لسورية. وقد جرى الاتفاق بين سورية وروسيا الاتحادية في منتصف سنة 1999 على قيام روسيا بتحديث الدفاعات السورية وإتمام الصفقة العسكرية الموقعة بين البلدين، التي تصل تكلفتها إلى حوالي 2 مليار دولار.

بالنسبة إلى الإنفاق العسكري ما زالت المنطقة العربية تحتفظ بمعدل عالٍ للغاية من حيث الإنفاق العسكري، وهو ما يعكس استمرار أجواء التوتر والصراع في المنطقة، ولذلك فإن قياس عبء الإنفاق العسكري للمنطقة العربية يحتاج أساساً إلى استخدام عدد من المعايير المحددة في هذا الشأن، وأبرزها يتمثل في قياس نسبة الإنفاق العسكري إلى إجمالي الناتج المحلي، وهو ما يساعد على تحديد نسبة ما يخصص من الناتج القومي للعبء العسكري. أما الآخر، فهو يتعلق بتحديد المكانة الدولية لدول المنطقة العربية من حيث استيراد الأسلحة ومعدلات الإنفاق العسكري، وهو ما يساعد على التعرف من منظور مقارن إلى وضع تلك الدول من حيث واردات السلاح والإنفاق العسكري بالمقارنة مع بقية دول العالم[3].

ومن خلال استعراض الإمكانات العسكرية والدفاعية العربية من إنفاق وتسليح ودفاع، وقدرات وإمكانات اقتصادية وبشرية عربية، على الرغم من بعض السلبيات فيها، إلا أنها تضع العرب في كفة من يمتلك القدرات الكبيرة، وتؤهلهم لمواجهة المشروع الصهيوني في فلسطين، لو توحدت تلك الإمكانات، ووجدت الإرادة السياسية الواحدة لاستعمالها.

ومع التأكد من امتلاك "إسرائيل" للسلاح النووي باعتراف وزير الدفاع الأمريكي الجديد روبرت غيتس Robert Gates، أمام مجلس الشيوخ الأمريكي، ومن قبل اعتراف فانونو، أصبح على العرب أن يفكروا بالخيار النووي العربي، للرد على امتلاك "إسرائيل" لهذا السلاح. وتوجد مبررات تجعل من الضروري أن تفكر الدول العربية بالخيار النووي، فهناك عدو يتربص بهم، ويمتلك السلاح النووي ويهدد باستعماله ضدهم، ويحاول ابتزازهم وتخويفهم من قوته النووية التي يمنعهم من امتلاكها. كما أنه توجد قوى إقليمية أخرى، وهي إيران، تسعى لامتلاك القوة النووية، وإن كانت غير

معادية، ولكنها كقوة إقليمية ستدخل في سباق التسلح النووي مع "إسرائيل". والدول العربية تقع في في منتصف ساحة الصراع بين تلك القوتين، ومن المفروض أن تمتلك القدرات النووية للدفاع عن نفسها في حال حدوث صراع مسلح قد يستعمل فيه السلاح النووي. كما أن اعتماد العرب، على الحلفاء الدوليين في حال تعرضهم لتهديدات نووية، لم يعد مقبولاً بعد انهيار الاتحاد السوفياتي، ما يجعلهم يتعرضون لابتزازات "إسرائيل" المالكة الوحيدة للسلاح النووي. إلى جانب أن معظم الحلفاء والأصدقاء يفضلون في النهاية الوقوف إلى جانب "إسرائيل" في أي صراع إقليمي في المنطقة. كما أن العرب يملكون الإمكانات العلمية (العلماء) والمادية (الأموال) والقدرات (الذاتية) للحصول على الخيار النووي، لاستخدامه في المجالات السلمية والعسكرية. والعرب بحاجة إلى الحصول على التكنولوجيا النووية والإرادة السياسية لامتلاك السلاح النووي، وهم قادرون على الحصول على التكنولوجيا النووية إذا توافرت لديهم الإرادة السياسية.

ولهذا فإن امتلاك العرب للسلاح النووي، سيلعب دوراً مهماً في ردع "إسرائيل" عن التمادي في التدخل في الشؤون الداخلية العربية واستعمال ورقة الأقليات. كما أن الردع العربي للخيار النووي الإسرائيلي سيرغم "إسرائيل" على وقف عدوانها على الدول العربية، والانسحاب من الأراضي العربية المحتلة، والتزام القوانين الدولية، والاعتدال في سياستها الإقليمية. والفرصة مواتية حالياً لحصول العرب على التكنولوجيا النووية التي قد تؤدي في المستقبل إلى الحصول على السلاح النووي، وذلك من خلال الاستفادة من صداقات بعض الدول العربية مع الدول الأجنبية، كما فعلت الباكستان من قبل، في سباقها للتسلح مع الهند.

ولهذا أصبح من الطبيعي أمام الرفض الإسرائيلي لإبقاء منطقة الشرق الأوسط خالية من الأسلحة النووية، أن يلجأ العرب إلى الخيار النووي. لأن الخيار النووي العربي، سوف يردع "إسرائيل" من العدوان على الدول العربية، ومن قيامها بالابتزاز السياسي والعسكري لتفردها بامتلاكها للسلاح النووي، من أجل الحصول على تنازلات من قبل الدول العربية. كما سيزيد من ثقة العرب بقدراتهم الذاتية في الدفاع عن أنفسهم، وعدم الاعتماد على قوى أجنبية في حال تعرضهم لعدوان خارجي. وليس بالضرورة في حال امتلاك العرب للتكنولوجيا النووية، أن يستعملوها من أجل الحصول على السلاح النووي فقط، بل يمكن استخدامها كذلك في المجالات السلمية وتوليد الطاقة.

كما أن الدول العربية، كما جاء في تقرير لجنة استراتيجية تطوير العلوم والتقانة في الوطن العربي، تملك طاقات بشرية ومادّية وإبداعية هائلة، ولكن ينقصها التنسيق والتخطيط والعمل الجماعي المشترك، والإرادة السياسية التي تعمل من أجل تحقيق المصالح العربية المشتركة. فالمشكلة الحقيقية ليست مشكلة علم وتكنولوجيا، بل هي مشكلة عقلية تحكمها مفاهيم القبلية والريعية، والخوف من القريب، والشك بكل ما يمت إلى العرب بصلة. يقابل ذلك، الاستسلام التام للغريب، والثقة المطلقة بنياته ومخططاته، وتسليمه مقاديرنا الاستراتيجيّة والاقتصاديّة والمالية والمستقبلية. ولهذا فإن العرب يملكون الكفاءات البشرية والإمكانات الاقتصادية التي تؤهلهم للحصول على تكنولوجيا نووية متقدمة. وهناك عشرات العلماء العرب المهاجرون إلى الدول الأجنبية الذين يعملون في مختبرات نووية متقدمة. وتذكر بعض الإحصائيات بوجود آلاف العلماء العرب العاملين في مواقع حسّاسة في الولايات المتحدة الأمريكية، من بينهم ثلاثون عالم ذرّة يخدمون حالياً في مراكز الأبحاث النووية. ويعمل 350 باحثاً مصرياً في الوكالة الأمريكية للفضاء (ناسا) Nasa بقيادة العالم الدكتور فاروق الباز، الذي يرأس حالياً "مركز الاستشعار عن بُعد" في "جامعة بوسطن". إضافة إلى حوالي ثلاثمئة آخرين، يعملون في المستشفيات والهيئات الفيدرالية، وأكثر من ألف متخصّص بشؤون الكومبيوتر والحاسبات الآلية، وبالذات في ولاية "نيوجرسي" التي تضم جالية عربية كبيرة. ويساهم عدد من أساتذة الجامعات العرب في تطوير العديد من الدراسات الفيزيائية والهندسيّة في الجامعات ومراكز الأبحاث الأمريكية، وخاصّة في جامعة كولومبيا في نيويورك وجامعتي بوسطن ونيوجرسي، كالعالم المصري أحمد زويل، الذي منح جائزة نوبل للكيمياء سنة 1999، ويعمل في معهد كاليفورنيا للتكنولوجيا. والاستفادة من تلك الكفاءات العربية المهاجرة، سوف يسد النقص من العلماء العرب العاملين في مراكز الأبحاث العربية، إذا قدمت لهم الامتيازات المالية والفنية التي يحصلون عليها في المراكز العلمية التي يعملون فيها.

وقـد وجـدت محـاولات جديـة في بعض الـدول العربيـة لامتـلاك قـدرات نوويـة في السـنوات الماضيـة، وخاصـة في مـصر والعـراق وليبيـا. وطبقـاً لاستنتاجات محمّـد حسنين هيـكل، فإنّـه في أواخـر سنة 1965 وأوائـل سنة 1966 كانت المسـافة بـين المشـروع النـووي الإسرائيـلي والمـشروع النـووي المصـري 18 شـهراً. وأوقـف العـدوان الإسرائيلي على مصر وسورية

174

والأردن في ســنة 1967، محاولات مصر الاستمرار في سعيها تطوير قدراتها النووية، بسبب عدم قدراتها المالية، واهتمام القيادة المصرية بتسليح الجيش المصري بالأسلحة التقليدية في حرب الاستنزاف.

ومن أجل تحقيق الخيار النووي العربي، لا بد من تفعيل دور المؤسسات العربية المشتركة التي لها علاقة بالخيار النووي، كالمجلس العلمي العربي المشترك لاستخدام الطاقة الذرية في الأغراض السلمية. وأعلن الأمين العام لجامعة الدول العربية عمرو موسى، موافقة مجلس وزراء خارجية الدول العربية في اجتماعهم الأخير في مطلع شهر أيلول/ سبتمبر 2006، على تشكيل لجنة عربية للبحث في تعاون عربي مشترك على صعيد التكنولوجيا النووية. وقد تكون تلك المبادرة بداية تحرك عربي مشترك جديد للاهتمام العربي بالتقنية النووية. الخيار النووي العربي ليس بالأمر السهل، ويمكن التغلب عليه إذا امتلك العرب الإرادة السياسية من أجل الحصول على التكنولوجيا النووية. وعامل الزمن ليس في مصلحة العرب، فكلما مر الوقت، ساهم في تقوية القدرات النووية الإسرائيلية التي لن يستطيع العرب اللحاق بها. ولا بد من اقتناع الدول العربية بخطورة التهديد النووي للأمن القومي العربي، في حال عدم امتلاك قوة ردع نووية عربية تستطيع من خلالها صد أي تهديد أو عدوان نووي قد يتعرض له أي قطر عربي. وإن تهديد "إسرائيل" باستعمال السلاح النووي لن يكون موجهاً ضد دولة عربية وحدها، بل ضد الجميع. ولا بد من وجود استراتيجية عربية موحدة، تنتظم من خلالها سبل التعاون العربي المشترك في المجال النووي، وإعادة الروح للمؤسسات العربية المشتركة المختصة الموجودة من قبل، وإيجاد مؤسسات عربية جديدة تهتم بتنظيم وتطوير القدرات النووية العربية وتبادل الخبرات بين الباحثين العرب. وإذا كانت هناك مؤسسات عربية مشتركة، تتناول جميع فروع العمل العربي من الفن والثقافة إلى الأمن ومحاربة المخدرات، وانتهاء بقضايا المرأة والصحافة، فحري بنا إيجاد مثل تلك الاتحادات والمنظمات العربية ومراكز الأبحاث التي تهتم بقضايا الذرة والتسلح النووي. ومن الممكن أن تؤدي الجامعات العربية دوراً في فتح قنوات الاتصال بين العلماء والباحثين العرب لتبادل الزيارات والمعلومات وإقامة قاعدة معلومات تختص بالتكنولوجيا النووية، وتكثيف الاتصالات مع مراكز الدراسات الأجنبية للاستفادة منها في هذا المجال، ومع العلماء الأجانب وتبادل الزيارات معهم. وعلى الدول العربية أن تستثمر في الأبحاث والطاقة النووية، وخاصة أنها تمتلك من الإمكانات المادية ما يؤهلها لذلك.

لم يعد هناك من خيار أمام العرب سوى أن يعيدوا من جديد بناء استراتيجيتهم على أساس امتلاك التكنولوجيا النووية. أليس من حقهم كالشعوب الأخرى، أن يحصلوا على التقنية النووية من دون ارتباك أو خوف من ردود فعل القوى الأخرى التي ترفض حصولهم عليها؟ كيف من الممكن أن تحصل الدول العربية على أمنها في القرن الحادي والعشرين، وهي لا تملك الردع النووي، بينما "إسرائيل" العدو الرئيسي للعرب قد حصلت عليه منذ أكثر من نصف قرن؟.

المبحث الثاني: أهمية فلسطين في الصراع العربي - الإسرائيلي:

التناقض والصراع بين العرب والحركة الصهيونية قديم منذ ولادة الصهيونية قبل أكثر من مئة عام. فقد بدأ العرب والمسلمون يحذرون منذ مطلع القرن العشرين، من خطورة المشروع الصهيوني على الأمتين العربية والإسلامية. وحفلت الصحافة العربية منذ نهاية القرن الـ 19 ومطلع القرن العشرين بالعديد من المقالات التي تحذر من الهجرة اليهودية وإقامة دولة يهودية في فلسطين. وكان الهدف لدى العرب في المشرق العربي، إقامة دولة عربية موحدة تضم المناطق التي كانت خاضعة للإمبراطورية العثمانية، تمتد من لواء الاسكندرونة جنوباً إلى الحدود المصرية بالقرب من رفح، ومن البحر الأحمر غرباً حتى باب المندب، ثم إلى الشرق من حدود البصرة مع إيران (سورية ولبنان وفلسطين وشرق الأردن).

وكان نجيب عازوري من أوائل من حذر في كتابه "يقظة الأمة العربية" الصادر سنة 1905، من المشروع الصهيوني وقال:

هناك حادثان هامان من طبيعة واحدة، ولكنهما يقفان على طرفي نقيض: هما يقظة الأمة العربية، وسعي اليهود الخفي لاستعادة ملك "إسرائيل" القديم على نطاق واسع. إن مصير هاتين الحركتين هو الصراع المستمر، حتى تتغلب الواحدة منهما على الأخرى، ومصير العالم كله منوط بالنتيجة النهائية لهذا الصراع بين الشعبين اللذين يمثلان مبدأين متعارضين[4].

وانغمس العشرات من أحرار العرب في مقاومة الاستعمار الفرنسي والبريطاني والمشروع الصهيوني، وارتفع المد الوطني العربي ضد المشاريع الاستعمارية الأوروبية والصهيونية. وتأسست حركات عربية وإسلامية، في مصر وسورية ولبنان والعراق وفلسطين وشرق الأردن ودول المغرب العربي لفضح المشاريع الصهيونية - الاستعمارية، كالجمعية القحطانية وجمعية المنتدى الأدبي سنة 1909، والجمعية العربية الفتاة وجمعية الجامعة العربية سنة 1910، ولجنة الإصلاح والنادي العلمي سنة 1912، والمؤتمر العربي سنة 1913، وتنظيم "جمعية التحرير العربية" سنة 1933، وكانت تضم جماعات معادية للاستعمار والصهيونية، وتطالب بمقاومتهما. والجدير

بالذكر هنا التأكيد على موقف السلطان العثماني عبد الحميد الثاني، الذي رفض تأجير فلسطين أو بيعها للحركة الصهيونية عند إصرار هرتزل على مقابلته في الأستانة، على أساس أن فلسطين كل فلسطين هي وقف إسلامي ولا يجوز التنازل عنها.

وأكد المؤتمر السوري الأول الذي انعقد في شهر تموز/ يوليو سنة 1919، وحضره 69 مندوباً عن الأقطار السورية: فلسطين، شرق الأردن، لبنان وسورية، على رفضه التجزئة في سورية الطبيعية. ودعا إلى "المطالبة بالاستقلال السياسي التام الناجز للبلاد السورية التي تحدها شمالاً جبال طوروس وجنوباً رفح. بدون حماية ولا وصاية".

وخص المؤتمر السوري، القضية الفلسطينية بثلاثة قرارات مهمة، وهي:

سابعاً: إننا نرفض مطالب الصهيونيين بجعل القسم الجنوبي من البلاد السورية، أي فلسطين، وطناً قومياً للإسرائيليين، ونرفض هجرتهم إلى أي قسم من بلادنا، لأنه ليس لديهم فيها أدنى حق، ولأنهم خطر شديد جداً على شعبنا من حيث الاقتصاديات القومية والكيان السياسي، أما سكان البلاد الأصليين من إخواننا الموسويين فلهم ما لنا وعليهم ما علينا.

ثامناً: إننا نطلب عدم فصل القسم الجنوبي من سورية المعروف بفلسطين (...) عن القطر السوري، ونطلب أن تكون وحدة البلاد مصونة لا تقبل التجزئة بأي حال كان.

(....)

عاشراً: إن القاعدة الأساسية من قواعد الرئيس ولسون التي تقضي بإلغاء المعاهدات السرية، تجعلنا نحتج على كل معاهدة تقضي بتجزئة بلادنا السورية [اتفاق سايكس بيكو]، أو كل وعد خصوصي يرمي إلى تمكين الصهيونيين [وعد بلفور] في القسم الجنوبي من بلادنا، ونطلب أن تلغى تلك المعاهدات بأي حال كان.

وأكد القوميون العرب في هذا المؤتمر على إيمانهم بالوحدة العربية ورفضهم المشروع الصهيوني في فلسطين.

وطالب المؤتمر السوري الثاني الذي انعقد في دمشق في 1920/3/8، وتم فيه تنصيب الملك فيصل الأول ملكاً على سورية الطبيعية، باستقلال البلاد،

وبضرورة أن تكون فلسطين جـزءاً من الدولة العربيـة. كما رفض المؤتمرون، المزاعـم الصهيونية بجعـل فلسطين وطناً قومياً لليهود. وكان هذا المطلـب هو ما جاء في القـرار الثاني الصادر عن المؤتمر: إننا نطلب عدم فصل القسـم الجنوبي من سورية المعروفة بفلسطين، ولا المنطقة الغربية السـاحلية التـي من ضمنها لبنان. ونطلب أن تكون وحدة البلاد مصونة لا تقبـل التجزئة بأي حـال من الأحـوال. كما رفض المؤتمر العربي المطامع الصهيونية وجاء في القرار السـابع: إننا نرفض مطالـب الصهيونيـة بأن نجعل القسـم الجنوبي من البلاد السـورية -أي فلسطين- وطناً قومياً للإسرائيليـين، ونرفض هجرتهم إلى أي قسـم من بلادنا لأنهم ليس لهـم فيها أي حق ولأنهم خطر شـديد جداً على شـعبنا[5].

وأعلن الملك فيصل بعد انعقاد المؤتمر، أن فلسطين ستكون مشمولة ضمن الحكومة العربية الجديدة. وقال في حديث صحافي: "إن لقبه كملك يشمل فلسطين كذلك، ما لم يكن هناك شك حول هذه النقطة بسبب سوء استعمال الغرب لكلمة سورية والتي تعني بالنسبة إليهم القسم الشمالي من البلاد فقط. لقد كان هدف الحسين دوماً ضم فلسطين إلى المنطقة التي اشترط أن يشملها الاستقلال العربي"[6].

وعرفت هذه الفترة بزيادة الاهتمام العربي والإسلامي الشعبي بما يحدث في فلسطين، ودعا مفتي فلسطين الحاج أمين الحسيني، إلى انعقاد أول مؤتمر إسلامي في القدس بتاريخ 1931/12/13، للتداول في حال الأمة وفي كيفية دعم الشعب الفلسطيني. وشارك في المؤتمر قيادات عربية وإسلامية من مختلف الأقطار، على الرغم من محاولة بريطانيا منع انعقاده في المدينة المقدسة. وبيّن المجتمعون أن الهدف من إقامة دولة يهودية في فلسطين، هو تجزئة الوطن العربي "وإشغال أهل كل قطر من الأقطار العربية عن إخوانهم في الأقطار الأخرى بقضايا مصطنعة وأوضاع محلية متقلبة". واتفق المؤتمرون على ميثاق، جاء فيه:

المادة الأولى: أن البلاد العربية وحدة تامة وكل ما يطرأ عليها من أنواع التجزئة لا تقره الأمة ولا تعترف به.

المادة الثانية: توجه الجهود في كل قطر من الأقطار العربية إلى وجهة واحدة هي استقلالها التام كاملة موحدة، ومقاومة كل فكرة ترمي إلى الاقتصار على العمل للسياسات المحلية والإقليمية.

المادة الثالثة: لما كان الاستعمار بجميع أشكاله وصيغه يتنافى كل التنافي مع كرامة الأمة العربية وغايتها العظمى، فإن الأمة العربية ترفضه وتقاومه بكل قواها.

وتشكلت لجنة من المؤتمر القومي العربي، قامت بالاتصال مع شخصيات عربية للتحضير لانعقاد المؤتمر الثاني في بغداد، ولكن بريطانيا رفضت انعقاده[7].

وأدت قضية فلسطين، وخاصة بعد الثورات الفلسطينية الكبرى (1936-1939) دوراً مهماً في اهتمامات السياسيين والمثقفين العرب والمسلمين في الهند والباكستان. وأثار التجاوب الشعبي مع النضال الفلسطيني، سلطات الاحتلال البريطاني، التي خشيت من اندلاع ثورة عربية - إسلامية في مستعمراتها رداً على الموقف البريطاني من تشجيع الهجرة اليهودية إلى فلسطين، ما جعل تشانسلور Tchanslor، المندوب السامي البريطاني، يكتب إلى وزير المستعمرات البريطاني اللورد باسفيلد Basfild عن الشعور المعادي لبريطانيا الذي عم فلسطين والأقطار العربية، بعد انتفاضة حائط البراق في آب/ أغسطس 1929، يقول فيها: "إن موجة من المشاعر العربية قد عمت فلسطين والأقطار العربية المجاورة. ومن المؤكد أن الحالة السياسية لن تعود مرة أخرى إلى ما كانت قبل آب/ أغسطس الماضي"[8].

وحذرت الصحافة الفلسطينية من التضحية بفلسطين مقابل حصول بعض الزعامات العربية على مكاسب إقليمية، فقد دعا نجيب نصار، من خلال كتاباته في جريدة الكرمل الفلسطينية عن ذلك، وقال في العدد الصادر في 1922/7/5: "إن من يعتقد بأن تضحية فلسطين يمكن أن يؤدي إلى إنقاذ بقعة عربية أخرى، لا بد وأنه يعاني من مرض عُضال في عقله، وعليه أن يترك ساحة السياسة العربية حتى يشفى"[9].

ووجهت الصحيفة انتقاداً حاداً لموقف المؤتمر العربي وحزب اللامركزية من القضية الفلسطينية، جاء فيه:

أيجوز لنا يا طلاب الإصلاح أن يتمنى بعضكم في مؤتمر باريس أن يكون محط مهاجري الدوملي في الأناضول لتخفيف الشقة عن السوريين... قولوا كلمة لمندوبي الحكومة أن تمليك الأراضي للجمعيات الصهيونية... يضعف القومية العربية وبالتالي الجامعة العثمانية. وأن تشاهدوا هذا ولا تعارضوا كأنكم لا صلة بينكم وبين إخوانكم في العروبة والعثمانية الوطنية في فلسطين، أو كأنكم لا تعلمون أن ضياع فلسطين يقضي على آمالكم وحياتكم الاقتصادية[10].

وعلى الرغم من خطورة المشروع الصهيوني على الفلسطينيين، لأنه يهدد وجودهم في وطنهم، إلا أنهم، أي الفلسطينيين، رأوا منذ بدء تنفيذ المخطط الصهيوني - الاستعماري، أن المؤامرة ليست موجهة ضدهم فقط، بل هي موجهة ضد الأمة العربية وأن على الجميع التضامن لإفشال المؤامرة عليها. وهذا ما كانت تشير إليه الصحافة الفلسطينية، إذ كانت تناشد إخوانهم العرب لنبذ الخلافات وتأييد الفلسطينيين في نضالهم ضد الحركة الصهيونية. "فنحن إخوانكم الفلسطينيون [الفلسطينيين] نشاطركم في كل مواقفكم أنواع المحن، فلماذا لا تشاطروننا على الأقل بشيء من الشعور بالمصائب التي تنصب على رؤوسنا، فنحن نكاد نفنى ونجلى عن بلادنا"[11].

كما دعا خليل السكاكيني سنة 1914، الذي يُعدّ من أوائل الفلسطينيين الذين حذروا العرب من المشروع الصهيوني على الأمة العربية ومن تجزئة المشرق العربي، العرب لكي يقاوموا انسلاخ فلسطين عن الوطن العربي، وقال: "إن الصهاينة يريدون أن يمتلكوا فلسطين قلب الأقطار العربية والحلقة الوسطى التي تربط الجزيرة العربية وإفريقيا، وهكذا يبدو أنهم يريدون كسر الحلقة وتقسيم الأمة إلى جزأين للحيلولة [للحؤول] دون توحدها"[12].

وساهمت الصحف العربية والفلسطينية في بث الشعور الوطني المعادي للمشروع الصهيوني، في الأقطار العربية، فقد شنت صحف الأهرام والمقطم وفتى العرب، حملة على الصهيونية، ودعت العرب إلى الوقوف مع الفلسطينيين، لأن الخطر الصهيوني لا يهدد فلسطين فقط، بل يهدد الوطن العربي بكامله.

ولا شك أن الحركة الصهيونية أرادت منذ بداية الصراع خلق فتنة وخلافات في الصف العربي، خدمة لمخططها في فلسطين، الهادف إلى تفتيت الوطن العربي وإقامة حاجز بشري غريب في قلب الوطن العربي. وقد اعترف وايزمن، كما ورد في محضر الجلسة الثانية بتاريخ 1918/3/8 للجنة الصهيونية، بأنه اقترح على الحكومة البريطانية خلال مفاوضاته معها حول وعد بلفور، أن تكون الصهيونية وسيلة "لكسر الحزام العربي الممتد من المغرب إلى دمشق"[13].

وطالبت المؤتمرات الفلسطينية بعدم سلخ فلسطين عن وحدة بلاد الشام (المؤتمر العربي الفلسطيني في القدس كانون الثاني/ يناير 1919). وبقيت فلسطين في وجدان العرب والمسلمين، وكانت الأرض العربية الوحيدة التي اختلطت فيها الدماء العربية من

سائر الأقطار العربية دفاعاً عنها. منذ استشهاد ابن الساحل السوري الشيخ عز الدين القسام في أحراج يعبد الفلسطينية سنة 1935، الذي أدى إلى اشتعال الثورة الفلسطينية الكبرى سنة 1936، ومروراً بقوافل الشهداء العرب والمسلمين الذين استشهدوا دفاعاً عن فلسطين.

وكان الصراع بين المشروعين العربي والصهيوني - الاستعماري على أشده في فترة ما بين الحربين العالميتين الأولى والثانية، وشهدت انعقاد المؤتمر الإسلامي الشعبي بالقدس سنة 1931 والمؤتمر العربي. ودلّ الحدثان على زيادة الإدراك العربي والإسلامي في مواجهة المشروع الصهيوني. وعبرت الحركات الوطنية العربية والإسلامية في مختلف الأقطار العربية عن نفسها في انتفاضات وثورات داعمة للحقوق الوطنية الفلسطينية. وتوجت تلك النشاطات بالثورة المسلحة التي خاضها الشيخ عز الدين القسام، ومن ثم بالثورة الكبرى سنة 1936، التي سميت الثورة العربية، ومشاركة المناضلين العرب بجيش الإنقاذ بقيادة السوري فوزي القاوقجي، والجيوش العربية في حرب 1948، إلى جانب الفلسطينيين.

وبسبب شعور الشعب الفلسطيني بأن مقاومة "إسرائيل"، هي مسؤولية عربية لأنها تهدد الأمة العربية بكاملها، ولا تهدد الفلسطينيين فقط، وخاصة بعد مشاركة الجيوش العربية في حرب 1948، وتشرد الشعب الفلسطيني وقيادته بين الأقطار العربية المحيطة بفلسطين، سلم الفلسطينيون أمر قيادتهم إلى الدول العربية، على أساس أن تلك الدول كانت قد أعلنت أن القضية الفلسطينية هي قضية العرب الأولى، وأن "قضية فلسطين ليست قضية خاصة بعرب فلسطين وحدهم، بل هي قضية العرب أجمعين، وأن فلسطين عربية يتحتم على الدول العربية وشعوبها صيانة عروبتها"[14].

ولم يكن الوعي العربي بخطورة المشروع الصهيوني مقتصراً على المشرق العربي فقط، فقد حذر المثقفون العرب في المغرب العربي من خطورة الحركة الصهيونية على جزء من الوطن العربي، وطالبوا بمساندة الشعب الفلسطيني في نضاله ضد الانتداب البريطاني والهجرة اليهودية إلى فلسطين. وربط الكتاب والأدباء العرب بين ما يحدث في فلسطين والاستعمار الفرنسي للمغرب العربي، ودقوا ناقوس الخطر من التحالف بين المشروع الاستعماري الفرنسي - البريطاني والمشروع الصهيوني. وحذروا من أساليب اليهود الصهيونيين في التأثير على الشباب العربي، عن طريق استدراجهم إلى التحلل من الأخلاق والإدمان على الخمر. ويقول كاتب جزائري يدعى عمر راسم، الذي

يعد من رواد الصحافة الوطنية في المغرب العربي، والذي أدرك بوعيه القومي، الخطر الصهيوني على الشباب العربي المسلم: "اليهود هم وحدهم الذين أخذوا يسعون في تشتيت شملنا ونهب أرزاقنا بواسطة وباء الخمر، وقد نالوا الآن مبتغاهم وصرنا لهم أسرى وعبيداً". وذكر في مقالة له في 1914/7/28، أي قبل صدور وعد بلفور، نشرها في جريدة المنار الجزائرية، "أن الخطر الصهيوني لا يضر فلسطين فقط بل كل العرب، إن التفاهم مع الصهيونية مستحيل، لأن في ذلك اعترافاً بهم وبزعامتهم، والبلاد المقدسة اشتراها آباء العرب بدمائهم"[15].

كما ساد شعور لدى الشعوب العربية في المغرب العربي بضرورة دعم الفلسطينيين ومساندتهم، وبدأوا بالتطوع في صفوف المقاتلين الفلسطينيين، وخاصة خلال ثورة 1936. وظهرت كتابات كثيرة في الصحف الصادرة في أقطار المغرب العربي، تدعو المواطنين إلى التبرع بالمال. وكتب محمد السعيد الزاهري، أحد الذين كان لهم الفضل في الدعوة لمساندة الفلسطينيين، مقالة في سنة 1929، تحت عنوان "فظائع الصهيونية في فلسطين" قال: فيها "أين أنتم أيها الجزائريون الذين بيضوا وجه الجزائر في حرب طرابلس بما كانوا جمعوه من الإعانات يومئذ لإخوانهم المسلمين المجاهدين هنالك؟. هل تقومون اليوم بالاكتتاب وجمع الإعانات من هذه الأمة الكريمة فتضمدوا بها جراح إخوانكم في فلسطين؟". ووصف الكاتب نفسه شعور الجزائريين وتعاطفهم مع الفلسطينيين بعد أحداث البراق سنة 1929، وقال: "أرى في الجزائر أعيناً باكية تفيض من الدمع على ضحايا البراق الشريف، وقلوباً دامية ملؤها الألم والحسرة على ما أصاب المسلمين حراس البراق الشريف، وعواطف هائجة ساخطة على أولئك اللصوص الصهيونيين الذين اغتصبوا البراق، وعلى سياسة الإنكليز الجائرة التي تجور على المسلمين وتحابي اليهود في فلسطين". وحفلت الصحف المغاربية بالمقالات التي عالجت الوضع في فلسطين. وكتب الشيخ الطيب العقبي أحد رجال الدين الجزائريين في الثلاثينيات، والذي أسس جريدة الإصلاح في ما بعد، مقالة في صحيفة البصائر سنة 1937، بعنوان "حصن الإسلام ومعقل العروبة" تحدث فيها عن "كارثة فلسطين التي تثير العالم الإسلامي والعربي ضدّ إنكلترا والصهيونية، وعن مكانة فلسطين لدى العرب والمسلمين" وبدأ المقالة بالشعار "لبيك لبيك يا فلسطين فما أنت لأهلك فقط، ولكنك للعرب كلهم والمسلمين أجمعين". واستعرض العقبي تاريخ فلسطين الحافل بالبطولات والأمجاد:

> ولم يجهل أي عربي في أي مكان من الدنيا قيمة هذه البلاد العربية ذات الأمجاد التالدة والآثار الخالدة، ولا أنكر ما لأبنائها الأبطال المغاوير والأسود الأشاوس من فضل على العروبة ودفاع عن حصنها الحصين ومعقلها المتين. لهذا فإن كارثة فلسطين لم تكن بالأمر الذي يخص أهلها فحسب، ولكنها كانت مأساة عامة وكارثة عظمى حلت بالعالم الإسلامي كله والعرب أجمعين.

وفي مقالة أخرى انتقد الشيخ العقبي السياسة البريطانية الاستعمارية في فلسطين بسبب تشجيعها للهجرة اليهودية، وتحدث عن عمق الكارثة التي لحقت بفلسطين، "ومن الناس لا يلهج اليوم باسم فلسطين الشهيدة، فلسطين الدامية، فلسطين الثاكلة الباكية، الشاكية الحزينة؟ فلسطين ضحية الاستعمار البريطاني الغاشم، ونهبة العدو القوي الظالم". وبعد أن دعا الشعب الجزائري للوقوف إلى جانب الفلسطينيين، تحدث عن ألاعيب الاستعمار البريطاني، وقال: "أراد الإنكليز العتاة البغاة تقديمها على مذبح مطامعهم ومصالحهم الخاصة لقمة سائغة للآكلين، وغنيمة باردة لشذاذ العالم ونفاية الأمم من الصهيونيين". وربط بين الاستعمار الفرنسي في الجزائر مع الاستعمار البريطاني في فلسطين، وضرورة التصدي لهما. وأشاد بمقاومة الشعب الفلسطيني وكفاحه من أجل حريته ووطنه. وكانت صحف المغاربة تغطي أخبار فلسطين وما يحدث فيها من تطورات، وتركز على مقاومة الشعب الفلسطيني، وتربط ذلك بمقاومة المغاربة ضدّ الاستعمار الفرنسي والإيطالي لدول المغرب العربي. وفي الواقع لم يكن العامل الديني هو الدافع الوحيد وراء دعم العرب في المغرب العربي للفلسطينيين، بل كان الدافع قومياً عربياً. وهو ما أشار إليه الشيخ الطيب العقبي، إذ يقول: "هذا الوطن الذي نبتنا في ثراه وطن عربي المنتسب، يشهد بذلك القلم واللسان والسماء والأفعال والتواريخ المكتوبة والأخبار غير المكذوبة، فإذا تظلم أهل فلسطين فهو حقيق بذلك، وإن ذلك لبعض حق فلسطين علينا في دعمها"[16].

وانتقدت الصحافة الجزائرية موقف الحكام العرب بسبب مواقفهم "المتخاذلة" تجاه القضية الفلسطينية. ووجهت لهم النقد الشديد: "رأينا أمراء العرب يذهبون بأنفسهم وبمندوبيهم مجتمعين لحضور حفلة تتويج ملك إنكلترا بلندرة، فلماذا لم نرهم يذهبون إليه محتجين على تنكيلها بجيران المسجد الأقصى وحمايته"[17].

كما تحدثت قيادات مغاربية وطنية عن فلسطين وخطر المشروع الصهيوني، أمثال الإمام عبد الحميد بن باديس في افتتاحية له في شهر أيلول/ سبتمبر 1938، تحدث فيها

عن المسجد الأقصى وقدسيته، واحتج في مقالته باسم "جمعية العلماء" على تقسيم فلسطين ودعا إلى تأييد الشعب الفلسطيني وإعانتهم في كفاحهم العادل. وانتقد السلطات الفرنسية في الجزائر، بسبب موقفها المؤيد للحركة الصهيونية، وطالبها بوقف الضغط على "إخواننا الفلسطينيين، وبالأخص ضدّ مشروع تقسيم وطنهم الإسلامي العربي منذ قرون عديدة". وشخص بن باديس ما يحدث في فلسطين بقوله: "إن الاستعمار الإنكليزي يريد أن يستعمل الصهيونية الشرهة لتقسيم الجسم العربي، فيملأ فلسطين بالصهيونيين المنبوذين من العالم". وأكد أن العداء "هو في الحقيقة بين الصهيونية والاستعمار من جهة والعروبة من جهة أخرى"[18].

ولم يكن التأييد والاهتمام بالقضية الفلسطينية من قبل الكتاب والمثقفين المغاربة فقط، بل من قبل الجمعيات العربية والإسلامية. وكانت تلك الجمعيات تحتج على ما يقع في فلسطين، وشكلت لجان للدفاع عن حقوق الفلسطينيين.

وشاركت بعض الشخصيات الوطنية المغاربية، أمثال عبد العزيز الثعالبي، في مؤتمر القدس لنصرة الشعب الفلسطيني سنة 1931، الذي عقد برئاسة الحاج أمين الحسيني للرد على مساندة بريطانيا هجرة اليهود لفلسطين، وانتخب الثعالبي عضواً في لجنة المؤتمر التنفيذية[19].

وزاد العرب المغاربة اهتمامهم بالقضية الفلسطينية بعد قيام "إسرائيل"، وكان الشيخ الإبراهيمي، من أكثر الكتاب دفاعاً عن القضية الفلسطينية، وكتب سلسلة مقالات في جريدة البصائر، صور فيها ما لحق بالشعب الفلسطيني، وهاجم بريطانيا ودورها في دعم المشروع الصهيوني. كما ربط بين الجزائر وفلسطين، وبينه عربياً مسلماً وفلسطينياً، وأثار قضية واجب العرب في الدفاع عن فلسطين. وفي مقالة له تحت عنوان "واجبات على العرب" تحدث فيها عن دور العرب في الدفاع عن عروبة فلسطين، وأن ذلك واجب قومي وديني ووطني. وجاء في مقالته أنه يدافع عن فلسطين:

لأنه عربي أولاً ومسلم ثانياً، وفلسطيني بحكم العروبة والإسلام ثالثاً، فله بعروبته شرك في فلسطين من يوم طلعت هوادي خيول أجداده على البلقاء والمشارف، وتصاهلت جيادهم باليرموك تحمل الموت الزؤام للأروام، وله بإسلامه عهد لفلسطين من يوم اختارها الباري للعروج إلى السماء ذات البروج، وله نسبة من يوم قال الناس: مسجد عمر، بل قالوا غزة هاشم.

وأكد أنه على الرغم من السد الذي ضربه الاستعمار بين الجزائر والمشرق العربي ورغم اعتبار الجزائر فرنسية، فإن "الجزائر تبقى عربية تشعر بما يجري في فلسطين، وكأنه يجري فوق أرضها. وإن هذه الحواجز لن تمنع الشعب الجزائري من التعبير عن عروبته"[20].

ونتيجة للتأييد الذي نالته القضية الفلسطينية من العرب في المغرب العربي، عملت "إسرائيل" على ملاحقة الرموز الوطنية المغربية، كما فعلت في مشاركتها في اغتيال المناضل المغربي المهدي بن بركة، الذي اغتيل في العاصمة الفرنسية باريس سنة 1966، وتبين وجود علاقة بين الموساد الإسرائيلي والقائمين على اغتياله. علماً بأن بن بركة كان من أكبر الشخصيات المغاربية المناضلة ضدّ "إسرائيل".

ووجد الفلسطينيون أنفسهم غير قادرين على تحرير وطنهم بمفردهم، وأن الصراع مع العدو الصهيوني أكبر من قدراتهم في ذلك الوقت. وعادوا إلى الطروحات نفسها التي كانت مرفوعة في أوائل القرن الماضي مع بعض الاختلافات، وأن فلسطين هي جزء من الوطن العربي، والمعركة مع الإسرائيليين هي معركة العرب والمسلمين، لأن الخطر الصهيوني يهدد الأمة العربية ولا الفلسطينيين فقط.

ومن جهة ثانية، ربطت بعض الأنظمة العربية، بين وجودها بوصفها أنظمة وطنية والعمل ضدّ "إسرائيل" والإمبريالية. وساهمت الغارة الإسرائيلية على غزة في شباط/ فبراير 1955، ومشاركة "إسرائيل" في العدوان الثلاثي على مصر، مع كل من بريطانيا وفرنسا سنة 1956، في زيادة إدراك العرب للعلاقة بين المشروعين الاستعماري والصهيوني، وضرورة التصدي لهما. بل إن العدوان الثلاثي على مصر، قد أسهم في زيادة وعي الجماهير العربية بوظيفة "إسرائيل" العدوانية على الأمة العربية، ما جعلها تخرج بالآلاف في شوارع العواصم والمدن العربية منددة بالعدوان الإسرائيلي - البريطاني - الفرنسي على مصر.

وأسهمت القضية الفلسطينية في زيادة الإدراك والوعي القومي عند الجماهير العربية من المحيط إلى الخليج، وجعلتهم يؤمنون بأن معظم المشاكل التي يعانونها، هي بسبب وجود الكيان الصهيوني الدخيل في قلب الوطن العربي. وتطور الاهتمام العربي بالقضية الفلسطينية بعد قيام جامعة الدول العربية، سنة 1945. وخصص ميثاق الجامعة العربية ملحقاً خاصاً عن فلسطين، وخول مجلس الجامعة الحق في تعيين

مندوبين عن الشعب الفلسطيني. "تمثيل فلسطين بمندوب واحد أو أكثر بحيث لا يزيد الوفد الفلسطيني على ثلاثة، ويشترك الوفد في جميع أعمال المجلس، على أن يتم ترشيح المندوبين من قبل اللجنة العربية ثم من قبل مجلس الجامعة"[21].

وبسبب أهمية القضية الفلسطينية لدى العرب والمسلمين، فقد كانت القاسم المشترك لجميع المؤتمرات العربية والإسلامية التي انعقدت خلال أكثر من نصف قرن، وخاصة مؤتمرات القمة العربية والمؤتمر الإسلامي الذي نشأ لأول مرة من أجل البحث في الرد الإسلامي على إحراق إسرائيلي للمسجد الأقصى عام سنة. وباستثناء مؤتمر قمة عمّان سنة 1978، ومؤتمر قمة القاهرة سنة 1990، ومؤتمر قمة شرم الشيخ سنة 2003، فإن مؤتمرات القمة العربية منذ بدايتها حتى اليوم، كانت تنعقد من أجل فلسطين. وأدى انعقادها إلى إذابة الجليد في العلاقات العربية الرسمية، وإلى إيجاد حدّ أدنى من التضامن العربي، ومثال على ذلك، كان خطر تحويل "إسرائيل" مياه نهر الأردن، سبب انعقاد أول مؤتمر قمة عربي في القاهرة في كانون الثاني/ يناير 1964، على الرغم من الخلافات العميقة التي كانت في الساحة العربية بسبب حرب اليمن، وقد وافق الملوك والرؤساء العرب في ذلك المؤتمر على تشكيل قيادة عربية موحدة للجيوش العربية، وعلى اعتبار أن "وجود إسرائيل يعتبر خطراً يهدد الأمة العربية". ومن خلال استعراض قرارات مؤتمرات القمة العربية التي لها علاقة بالقضية الفلسطينية منذ انعقاد مؤتمر القمة العربي الأول في سنة 1964 حتى مؤتمر القمة الأخير الذي انعقد في الخرطوم في شهر آذار/ مارس 2006، يلاحظ أن العمل العربي الرسمي اهتم كثيراً بالصراع العربي الصهيوني وبالقضية الفلسطينية.

المبحث الثالث: الرفض العربي للتطبيع مع "إسرائيل":

إنَّ المقاطعة العربية هي أحد جوانب المقاومة العربية لـ"إسرائيل"، وشكل من أشكال الرفض العربي من المحيط إلى الخليج، للتطبيع الاقتصادي والثقافي والسياسي مع "إسرائيل". ولقد بدأت المقاطعة العربية قبل قيام "إسرائيل"، إن من خلال الرفض الفلسطيني والعربي التعامل مع المنتجات اليهودية في فلسطين قبل سنة 1948 وبعده، أو التعامل مع الشركات والمؤسسات الدولية التي تتعامل مع "إسرائيل" وتمدها بالمساعدة والعون. ولهذا فإن العرب رأوا أن المقاطعة بمثابة إجراء دفاعي ووقائي في الصراع مع "إسرائيل". وتتسم المقاطعة العربية بأنها مقاطعة رسمية عن طريق الدول العربية، ورفض عربي شعبي للتطبيع مع "إسرائيل". ولهذا فقد سارت المقاطعة العربية بشكل متواز مع بدء المشروع الصهيوني في فلسطين، موجهة ضدّ الحركة الصهيونية التي أرادت إحلال اليهود للعمل محل العمال العرب. وظهرت حركة عربية سنة 1910، في المقابل لمقاطعة المنتجات اليهودية. ونشرت صحيفة فلسطين في 1914/4/11 مقالة تدعو فيها الفلسطينيين إلى مقاطعة التجار والبضائع اليهودية. ودعت الجمعية الإسلامية المسيحية في مؤتمر عقدته في نابلس في السادس عشر من كانون ثاني/ يناير 1920، وحضره عدد غفير من المواطنين والتجّار الفلسطينيين اتخذوا فيه قراراً بمقاطعة اليهود مقاطعة تامة وبلّغوا قرارهم هذا إلى ممثلي دول الحلفاء الموجودين في القدس ونشروه في الصحف الفلسطينية والعربية.

لكن في سنة 1937، أعطيت المقاطعة لأول مرة بعداً عربياً واسعاً في مؤتمر بلودان في سورية، فقد أدرك العرب أن محاربة المشروع الصهيوني لا يمكن أن تنجح إذا استقبلت الأسواق العربية البضائع اليهودية، ولهذا فقد قرر المؤتمر مقاطعة المنتجات اليهودية. وبعد قيام "إسرائيل"، وفي أيار/ مايو 1951، أقر مجلس الجامعة العربية توصية اللجنة السياسية، بتشكيل مكتب المقاطعة العربية، وتعيين مفوض عام يعاونه مندوب عن كل دولة عربية. واستمرت المقاطعة العربية طوال سنوات الصراع العربي - الإسرائيلي. ولم تتوقف إلا بعد توقيع مصر على اتفاقية كامب ديفيد مع "إسرائيل"، والتي تضمنت التخفيف من صور المقاطعة. إلا أنها انتقلت بعد ذلك، من مقاطعة رسمية من قبل الدول العربية إلى حركات شعبية يقودها المثقفون والنخب السياسية في كل بلد عربي.

ودخل مصطلح مقاومة التطبيع مع "إسرائيل" إلى المصطلحات المستعملة في الصراع العربي - الإسرائيلي، منذ زيارة الرئيس المصري أنور السادات للقدس في 1977/11/19. وكان رفض العرب تطبيع العلاقات مع "إسرائيل" مؤشراً مهماً على موقفهم منها، على الرغم من محاولات "إسرائيل" تطبيع علاقاتها الرسمية مع الدول العربية منذ التوقيع على معاهدة كامب ديفيد مع مصر سنة 1979، واتفاقية وادي عربة مع الأردن سنة 1994. وقد نصت الفقرة الثالثة من المادة الخامسة لمعاهدة كامب ديفيد على "أن يعمل الطرفان على إقامة علاقات ثقافية وتبادل ثقافي بين الطرفين تساعد على خلق مناخ مناسب للتفاهم والتعاون"، ما جعل بعض الباحثين الإسرائيليين أمثال البروفيسور إلعزار شموئيلي والبروفيسور حاييم شيكيد والبروفيسور مناحيم ميلسون، يربطون تطبيع العلاقات مع العرب، كخطوة ضرورية لتحقيق السلام معهم[22].

وتطمح "إسرائيل" إلى تحقيق الأهداف التالية من العرب في حال تحقيقها التطبيع معهم[23]:

1. الاعتراف العلني من العرب بأن فلسطين لم تعد عربية بل هي إسرائيلية، بكل ما يعني ذلك من تنازلات عربية لصالح المشروع الصهيوني في المنطقة.
2. السكوت عن الممارسات الإسرائيلية ضدّ الفلسطينيين والعرب.
3. القبول بالمشروع الشرق الأوسطي الجديد، والموافقة العربية الضمنية على تبديل خارطة المنطقة، تمهيداً لتجزئة الوطن العربي، لمصلحة المشروع الصهيوني.
4. القبول بأن تكون "إسرائيل" القوة العسكرية والسياسية والاقتصادية الرئيسية في الشرق الأوسط، على حساب التضامن العربي.
5. حصولها على امتيازات اقتصادية ومالية كبيرة على حساب المصالح العربية المشتركة.
6. تحويل هزيمة الأنظمة العربية إلى هزيمة للشعوب العربية في صراعها مع "إسرائيل"، ما يترتب على ذلك التأثير السلبي على الثقافة والحضارة العربية.
7. نجاح "إسرائيل" في تحقيق الغزو الثقافي والإعلامي للمجتمعات العربية، مما يهدد الوجود العربي والعقيدة العربية.
8. زرع الهزيمة في نفوس الأمة العربية وإذلالها وقهرها، أمام محاولات التركيز على عنصر التفوق لدى الجانب الإسرائيلي.

9. إخراج المواطن العربي من دائرة قوميته العربية ووجوده وتاريخه، وجعله يعيش في حالة من عدم الاتزان واللامبالاة بالقضايا المصيرية التي تواجهه.

10. تغيير في الخطاب السياسي العربي، من خطاب جماهيري مقاوم للوجود الإسرائيلي، إلى خطاب استسلامي مهادن.

وتهدف "إسرائيل" كذلك، إلى تغيير المناهج الدراسية العربية التي تخص الأجيال المعاصرة واللاحقة، لتنسجم مع الاتفاقات السياسية مع الدول العربية، واعتبار فلسطين غير موجودة وإحلال "إسرائيل" بدلاً منها في تلك المناهج، وصياغة مفاهيم ومناهج عربية، بما يتلاءم مع المتغيرات الإقليمية والدولية. ومسح الذاكرة التاريخية للأمة العربية وقطع صلاتها بماضيها، بطريقة تخدم المشروع الصهيوني في فلسطين، والترويج لنظام الشرق أوسطية بدلاً من الوحدة العربية والتعاون العربي المشترك.

ومع أن بعض الدول العربية، حاولت رسمياً تطبيع علاقاتها مع "إسرائيل"، إلا أن الرفض العربي الشعبي للتطبيع أفشل هذا المخطط، ولم تحقق "إسرائيل" ما كانت تسعى إليه. وظهر ذلك بوضوح خلال انتفاضة الأقصى الفلسطينية والموقف الشعبي الرافض تطبيع العلاقات مع "إسرائيل" والتعامل معها ومع المنتجات الأمريكية، على أساس أن المقاطعة تشكل إحدى وسائل المقاومة الشعبية ضدّ "إسرائيل". وتم تنفيذ حملات واسعة في مختلف الأقطار العربية لمقاطعة المنتجات الأمريكية والإسرائيلية كمشاركة شعبية في دعم الانتفاضة الفلسطينية، وخلق ثقافة المقاطعة في أوساط الجماهير العربية. وتشكلت لجان المقاطعة في الدول العربية، لتحقيق الأهداف التالية:

1. توسيع القاعدة الشعبية العربية الداعمة للفلسطينيين في الصراع العربي - الإسرائيلي، وإعادة الثقة للمواطن العربي بقدرته على المقاومة والمساهمة في النضال ضدّ "إسرائيل" وحلفائها.

2. اعتماد خطط مقاطعة تسهّل على المواطن العربي معرفة المواد التي عليه مقاطعتها، عن طريق نشر قوائم بكل تلك المنتجات، والدول التي عليه أن يقاطع منتجاتها.

3. الاتصال بمنظمات المجتمع المدني، وتشجيعها على الانخراط في حركة المقاطعة ومساهمتها في نشر ثقافة المقاطعة[24].

4. تساهم المقاطعة في تفاقم الأزمة الاقتصادية في "إسرائيل"، وتجعل كلفة الاحتلال للأراضي العربية مرتفعة.

5. تعريض المصالح الاقتصادية الأمريكية للخطر بسبب الموقف الأمريكي المساند لـ"إسرائيل" والمعادي للأمة العربية. ومكافأة الدول الصديقة على مواقفها المؤيدة للقضايا العربية، وتشجيعها على الاستمرار في تلك السياسة.

وقد نجحت تلك الحملات في خلق وعي جماهيري عربي لمقاطعة تلك المنتجات، كرد فعل على السياسة الأمريكية الداعمة لـ"إسرائيل"، والممارسات الإسرائيلية تجاه الفلسطينيين. وأكد السيد حسن نصر الله، الأمين العام لحزب الله اللبناني، على أهمية استعمال سلاح المقاطعة في مواجهة "إسرائيل". وقال خلال انعقاد المؤتمر الشعبي العربي للمقاطعة الذي انعقد في دمشق في 2003/3/3:

لقد بات من الجلي أن أعداءنا الذين نستهدفهم بالمقاطعة هم الولايات المتحدة الأمريكية التي احتلت العراق، وتهدد بقية الدول العربية المجاورة، وكانت دائماً الداعم الرئيسي لعدونا التاريخي إسرائيل. إننا لا ندعو إلى القتل وإنما إلى المقاطعة، مقاطعة جميع البضائع الأمريكية والمصالح الأمريكية دون استثناء. ومن ينزعج من مقاطعتنا له ويشعر بالغبن، فليثبت لنا أنه مناصر لقضايانا، وعندها سنستثنيه من المقاطعة[25].

وفي تقرير أصدره المجلس القومي حول العلاقات الأمريكية العربية في واشنطن في 2002/11/30، اعترف باتساع المقاطعة العربية الشعبية للبضائع الأمريكية بسبب الموقف الأمريكي في مساندة "إسرائيل". وقال التقرير إنه بالرغم من الجهود التي بذلتها الولايات المتحدة في التقليل من شأن الآثار الناجمة عن الدعوة إلى مقاطعة شعبية عربية رسمية للمنتجات الأمريكية تضامناً مع الانتفاضة الفلسطينية، إلا أن الدلائل تشير إلى أن المقاطعة لها تأثير كبير في الأوساط العربية. وأكد الدكتور جون ديوك أنطوني، رئيس المجلس القومي وأمين سر لجنة التعاون المؤسسي بين الولايات المتحدة ودول مجلس التعاون الخليجي، بعد زيارته للدول العربية خلال الانتفاضة، أن السياسة الأمريكية تغفل الضرر الذي يحصل لصورة البضائع الأمريكية في عيون المستهلكين العرب. وألمح إلى أن التأثير الناجم عن مقاطعة المنتجات الأمريكية، والذي لاحظه من محادثاته مع ممثلين عن المؤسسات الأمريكية التي لها وكالات وموزعون في المنطقة العربية، وجود خسائر كبيرة في مبيعات تلك المؤسسات. فقد انخفضت سلسلة مطاعم أمريكية بنسبة 40% منذ بداية المقاطعة الشعبية. وبين أنطوني أن مقاطعة البضائع الأمريكية تعود إلى الدعوات التي أطلقتها الجمعيات العربية الداعية إلى حثّ المواطنين العرب

على مقاطعة المنتجات الأمريكية، من السيارات والملابس وأدوات التجميل والأغذية والمطاعم، إلى أجهزة الحاسوب والأدوات الكهربائية. وربط أنطوني بين السياسة الأمريكية تجاه القضية الفلسطينية والمقاطعة الشعبية للمنتجات الأمريكية، وقال: "كيف للمرء أن يشتري أي شيء أمريكي في الوقت الذي لا تفعل فيه الولايات المتحدة شيئاً لإيقاف الظلم في فلسطين؟". وأشار إلى الضرر الذي لحق بالتعاون الاقتصادي بين العرب و"إسرائيل" بسبب الانتفاضة، وقال إن الفرص لعقد مشاريع تجارية جديدة بين العرب والإسرائيليين، وهو ما كانت تهدف إليه المكاتب التجارية الإسرائيلية في بعض العواصم العربية، قد توقفت لأجل غير مسمى، ما يشكل كارثة تجارية سببتها الانتفاضة لـ"إسرائيل""[26].

وفي استطلاع للرأي العام العربي أجراه أحد مواقع استطلاعات الرأي العربية Arab Polls على الإنترنت، أظهر 79.5% من الذين شملهم الاستطلاع وجوب مقاطعة جميع الشركات الإسرائيلية. وبينت مؤسسة بروبر. إيه. إس. دبليو PROPER. A.S.W الأمريكية المتخصصة في استطلاعات الرأي العام، أن عشرة من أهم الشركات الأمريكية العالمية ذات الأسماء العالمية (أمريكان اكسبرس للخدمات المالية، كوكا كولا، قناة ديسكفري، ملاهي ديزني، فورد للسيارات، لفايز لملابس الجينز، مكدونالد للوجبات السريعة، مايكروسوفت لخدمات الكمبيوتر، وقناة ام. تي. التلفزيونية) عانت انهياراً في مبيعاتها على مستوى العالم العربي بمعدلات تتراوح من 15% إلى 30%. بينما ارتفعت مبيعات شركات عالمية غير أمريكية، مثل شركات هوندا، نوكيا، باناسونيك، سامسونغ، سوني، تويوتا، وفولكس واغن. وأشار التقرير الذي شمل 30 ألف مستهلك، إلى أنه لم يسبق أن بلغت درجة العداوة للولايات المتحدة ما وصلته خلال الانتفاضة. وأكد التقرير أن 56% من المستهلكين العرب قرر الإقلاع عن استخدام الماركات والشركات الأجنبية[27].

وقامت الشركات الأمريكية بحملات واسعة في الأقطار العربية للدعاية لنفسها وركزت على أنها شركات وطنية ولا أمريكية. فقد قام أحد المطاعم الأمريكية بحملة إعلانية واسعة في الأردن خلال انتفاضة الأقصى الفلسطينية، بعد أن أن تكبد خسائر مالية كبيرة منذ انطلاق الحملات الشعبية لمقاطعة البضائع الأمريكية، ما أجبره على إغلاق بعض فروعه. وابتكر وجبة عربية ادعى أن جميع مكوناتها من إنتاج محلي، وأنها لا تحمل سوى الاسم الأمريكي فقط، وأنه يتمسك بالتراث الأردني وبالعادات والتقاليد العربية، والإيحاء بأنه مطعم وطني أردني للتأثير على سلوك المستهلكين.

وتشكلت لجنة مقاومة التطبيع من أحزاب سياسية ونقابات مهنية وشخصيات وطنية، دعت المواطنين الأردنيين إلى مقاومة السلع الإسرائيلية والأمريكية. كما قام طلاب بعض الجامعات الأردنية بتوزيع قوائم تحوي أسماء شركات أمريكية وإسرائيلية تطالب بمقاطعتها، ووضع بدائل محلية بدلاً منها. وذكر أن حجم الاستثمارات الإسرائيلية المعلنة في الأردن تبلغ حوالي 25 مليون دولار موزعة على 28 شركة. وكان من نتائج المقاطعة أن أغلقت شركة كيتان العاملة في مجال الغزل والنسيج مصانعها في الأردن بعد أن منيت بخسائر فادحة. وسرحت شركة أخرى لصناعة الملابس لها علاقة مع شركات إسرائيلية أكثر من 1,350 عاملاً بسبب الخسائر التي تكبدتها من المقاطعة. كما أفلست شركة أخرى بعد أن سرحت 850 عاملاً من عمالها[28].

وللرد على الحملات الوطنية للمقاطعة، أصدرت سلسلة مطاعم أمريكية بياناً بدأ بآية قرآنية تتحدث عن ضرورة التأكد من الأخبار التي ينقلها ما أطلقت عليهم بـ "المغرضين"، وأن تلك المقاطعة الشعبية لمنتجاتها، تضر بالاستثمارات الأمريكية في الأردن. وكانت تلك المطاعم قد ذكرت أن مبيعاتها قد انخفضت بنسبة 40% بسبب المقاطعة.

وأظهرت نتائج استطلاع أجراه أحد مراكز الاستطلاع الأردنية على الإنترنت، حول مواضيع تهم المواطن الأردني، أن 77% من الأردنيين يقومون بمقاطعة البضائع الإسرائيلية والأمريكية، في حين نسبة غير المقاطعين لم تتجاوز 5%. كما أجاب 71% بأنهم لا يرغبون في إقامة علاقات اقتصادية بين الأردن و"إسرائيل"، بينما 13% يوافقون على ذلك[29].

وكذلك الأمر في مصر، فقد أثمرت الحملات المصرية الشعبية لمقاطعة البضائع الأمريكية والإسرائيلية عن نتائج كبيرة لدى المواطن المصري، ما جعل بعض المؤسسات توقف أعمالها نتيجة للمقاطعة الشعبية. وانخفضت مبيعات المنتجات الأمريكية والإسرائيلية في بعض الحالات إلى 80%، وأغلقت بعض المحلات فروعها إلى حين انتهاء الأزمة. وخسرت إحدى شركات المياه الغازية الأمريكية 51% من مبيعاتها، وانخفضت مبيعات السجائر الأمريكية بنسبة 75%. وأغلقت فروع العديد من المطاعم الأمريكية بعد أن انخفضت مبيعاتها بنسبة 80%. وقام بعض الشباب المصري المتطوعين، بإعداد قوائم بأسماء السلع الأمريكية والإسرائيلية التي تجب مقاطعتها وتوزيعها على طلاب الجامعات والمدارس. وفي استطلاع للرأي العام المصري، أعلن 75% من المصريين عدم رغبتهم في إقامة علاقات اقتصادية مع "إسرائيل"[30].

ووصل التبادل التجاري بين مصر و"إسرائيل" إلى أدنى مستوياته، إذ أكد رئيس اتحاد الغرف التجارية المصرية، أن حجم التبادل التجاري مع "إسرائيل" وصل إلى 50 مليون جنيه مصري سنة 2004. وكشف د. نادر فرجاني منسق اللجنة القومية للمقاطعة أن عدد رواد مطاعم المأكولات الأميريكية في القاهرة قد تقلص بنسبة 50%.

وتأثرت كذلك بعض الشركات البريطانية من المقاطعة الشعبية المصرية، مما أجبر شركة (سينسبري) البريطانية على إغلاق فرعها في مصر بعد الخسائر التي تعرضت لها والتي تجاوزت 120 مليون جنيه استرليني. واعترف بيتر ديفيس رئيس مجلس إدارة الشركة بعزوف الشعب المصري عن شراء منتجاتها.

وفي السعودية، حققت المقاطعة خسائر كبيرة، وخاصة للمطاعم الأمريكية التي تقدم الوجبات السريعة، إذ تقدر تلك الخسائر بنحو 60%. وكانت حملة المقاطعة قد انتشرت في السعودية بعدة طرق حيث كانت النشرات التي تدعو للمقاطعة توزع في المساجد وعبر الإنترنت. وتضمنت هذه الدعوات أسماء حوالي 30 شركة أمريكية منها المشروبات الغازية والملبوسات والسجائر وقطع غيار السيارات وأجهزة الكومبيوتر. وأكد اقتصاديون سعوديون أن المبيعات الأمريكية تراجعت بنسبة تتراوح بين 30%-60% بسبب المقاطعة. وكان رجال الدين في السعودية وأئمة المساجد قد أصدروا فتاوى بتحريم شراء المنتجات الأمريكية والإسرائيلية، ووصفوا شراء تلك السلع بأنه إعانة للعدو. وحاولت بعض المطاعم والشركات في السعودية كسر حاجز المقاطعة بالتبرع للفلسطينيين. وأمام فرحة كبيرة للمواطنين السعوديين في الدمام، أغلقت مطاعم مكدونالدز الأمريكية أبوابها، بعد مقاطعة الأهالي للمطعم، وكذلك الأمر في مدينة مكة المكرمة والمدن السعودية الأخرى وانخفضت قيمة المبيعات بدرجة كبيرة، ما اضطر تلك المطاعم إلى الاستغناء عن بعض العمال الذين يعملون لديها. وتراجعت الواردات من السلع والبضائع الأمريكية في السعودية، بنسبة 23%، ووصلت إلى 4.3 مليار دولار في سنة 2003، بعد أن كانت ستة مليارات دولار قبل الانتفاضة[31].

وأشارت بيانات رسمية إلى أن الصادرات الأمريكية للسعودية انخفضت في الربع الأول من سنة 2004 بنسبة 33% أي ما يعادل 2.8 مليار دولار، وأن المستهلك السعودي تحول إلى المنتجات الأوروبية واليابانية بدلاً من الأمريكية.

وفي لبنان دعا اللواء ياسين سويد، رئيس الهيئة الوطنية لمقاومة التطبيع في لبنان، إلى مقاطعة كل اقتصاد يدعم "إسرائيل"، وتحديداً الشركات الأمريكية، بسبب انحياز الولايات المتحدة لـ"إسرائيل". وقال إن حجم خسائر البضائع الأمريكية من المقاطعة الشعبية اللبنانية حوالي 200 مليون دولار. وأكد أن المقاطعة الشعبية العربية من المحيط إلى الخليج بدأت تكبر وتتعاظم.

وفي السودان، تراجع حجم المبيعات في شركة البيبسي كولا الأمريكية خلال سنوات الانتفاضة من 45 ألف صندوق يومياً (مليون وثمانين ألف زجاجة) بقيمة 54 مليون دينار سوداني (19ملياراً و440 مليوناً سنوياً)، إلى تسعة آلاف صندوق يومياً (270 ألف زجاجة يومياً) بقيمة 10 ملايين وثمانمئة ألف دينار يومياً (ثلاثة مليارات و888 مليون دينار سنوياً). وترك 16 مندوباً للمبيعات العمل في الشركة.

وحدث الأمر نفسه مع شركة كوكا كولا الأمريكية، على الرغم من إطلاقها لحملة إعلامية واسعة في السودان لاختراق حاجز المقاطعة الشعبية لمنتوجاتها. فقد كانت مبيعاتها قبل الانتفاضة 11 ألف صندوق يومياً (264 ألف زجاجة يومياً)، بقيمة 13 مليوناً و200 ألف دينار سوداني (أربعة مليارات و772.5 مليون دينار سنوياً). وانخفضت المبيعات إلى أربعة آلاف صندوق يومياً (96 ألف زجاجة يومياً) بقيمة أربعة ملايين و800 ألف دينار يومياً (مليار و782 مليون دينار سنوياً). وأعاد تجار سودانيون 130 ثلاجة للشركة، وسحب مئة طلب بالتوظيف بعد نداء المقاطعة الذي أطلقته لجنة مقاطعة البضائع الإسرائيلية والأمريكية. واستقال ثلاثون مندوباً للمبيعات فور بداية المقاطعة[32].

وفي اليمن، حققت الدعوات لمقاطعة الشركات الأمريكية والإسرائيلية نجاحاً كبيراً، وتراجعت مبيعات تلك الشركات بنحو 45% مقارنة مع المبيعات ما قبل المقاطعة. وتشكلت اللجنة الشعبية اليمنية العليا لمقاطعة المنتجات الأمريكية والصهيونية، لخلق وعي شعبي لمقاطعة تلك السلع، ما أجبر بعض الشركات التي تمت مقاطعتها على نشر إعلانات تروج لجوائز رحلات لأداء الحج لمن يشتري منتجاتها. وأكد حمود البخيتي نائب رئيس الجمعية اليمنية لحماية المستهلك، على نجاح المقاطعة في اليمن، وقال: "من يقول إن أمريكا لا تخاف من المقاطعة فهو كاذب، لأنهم رجال أعمال ويخافون على مصالحهم الاقتصادية، ولولا ذلك لما زارتنا الملحقة الاقتصادية الأمريكية مرتين متتاليتين"[33].

وفي الواقع فإن المقاطعة لم تدعُ إلى مقاطعة المنتجات الإسرائيلية والأمريكية فقط، بل دعت لمقاطعة الشركات العربية التي تتعامل مع "إسرائيل". ولهذا فقد عبر مدير الجمارك السعودي بتاريخ 2005/1/4، عن مخاوفه من أن تؤدي اتفاقية المناطق الصناعية المؤهلة (الكويز QIZ) التي وقعتها مصر والأردن مع "إسرائيل"، إلى تهريب سلع إسرائيلية إلى الأسواق السعودية والعربية. كما وجه رئيس المجلس التنفيذي لمركز تنمية الصادرات السعودية دعوة لرجال الأعمال السعوديين تدعوهم إلى عدم التعامل مع أي شركة مصرية أو أردنية لها علاقة مع الشركات الإسرائيلية[34].

وفي استطلاع للرأي العام لمشاهدي برنامج الاتجاه المعاكس في قناة الجزيرة التلفزيونية بتاريخ 2005/4/5، عن المقاطعة العربية الشعبية للمنتجات الأمريكية والإسرائيلية، أعلن 85% من المشاهدين رفضهم التطبيع مع "إسرائيل"[35].

ويعترف برنارد لويس (مؤرخ أمريكي يهودي من أنصار "إسرائيل") بأن "الدوائر الأكاديمية وأصحاب المهن العرب معادون وسيبقون على الأرجح كذلك لمدة طويلة، وينطبق ذلك على وسائل الإعلام". ويرى أن الدول العربية التي أقامت علاقات ومعاهدات مع "إسرائيل"، تشهد هي أيضاً مواقف متصلبة في التطبيع مع "إسرائيل". "فالذين يخالفون الرأي في هذه الدول، يتعرضون للشجب من قبل مواطنيهم الأكثر عناداً"[36].

ولمعرفة مدى الإيمان العربي بدور "إسرائيل" في تفتيت الوطن العربي ووضعها العراقيل أمام وحدة الموقف العربي، أظهر استطلاع تعلق الطلبة العرب بالوحدة العربية، ودور "إسرائيل" المعادي لتحقيقها. وشمل الاستطلاع عينة من 550 طالباً من طلبة جامعة اليرموك من الأردنيين والعرب (فلسطين واليمن والسعودية والإمارات العربية والبحرين وعُمان). وقد تبين أن الشباب العربي -بعكس ما يعتقده البعض- ما زالوا مؤمنين بالوحدة العربية، ويرفضون التطبيع مع "إسرائيل" التي يرون أنها العدو الذي يقف وراء ما تتعرض له الأمة العربية من مشاكل وتحديات. وأيدت أغلبية الطلبة المستطلعين، رداً على السؤال الأول، اعتبار أن "إسرائيل" هي السبب الرئيسي لعدم قيام وحدة عربية. وبلغ عدد الذين وافقوا على ذلك من أفراد العينة 437 من أصل 550 شخصاً، ونسبتهم 79.5%، موزعين

على 220 (40%) من العينة موافقين، و217 (39.5%) موافقين بشدة. بينما عارض اعتبار "إسرائيل" سبباً رئيسياً في عدم قيام الوحدة العربية 113 شخصاً ونسبتهم كانت 20.5%، موزعين على 65 (11.8%) معارضاً، و48 (8.7%) معارضاً بشدة. كما أيدت الغالبية العظمى من العينة التي شملتها الدراسة ما جاء في السؤال الثاني، عما إذا كانوا يوافقون أن لـ"إسرائيل" دوراً أساسياً في تجزئة الوطن العربي، وقد بلغ عددهم 458 شخصاً ونسبتهم 83.3%، موزعين على 217 (39.5%) من العينة موافق و241 (43.8%) من العينة موافق بشدة. بينما بلغ عدد الذين عارضوا من أفراد العينة 92 شخصاً ونسبتهم لا تتجاوز 16.7%، موزعين على 64 (11.6%) معارضاً، و28 (5.1%) معارضاً بشدة. ووافقت غالبية الطلبة في الإجابة عن السؤال الثالث، على أن "إسرائيل" هي المحرك الأساسي للأقليات في الوطن العربي، وبلغ عدد أفراد العينة المؤيدة 385 ونسبتهم 70%، موزعين على 135 (24.5%) موافقاً و 250 (45.5%) موافقاً بشدة. بينما اعتبر 165 (30%) من أفراد العينة، أن "إسرائيل" لا تلعب أي دور في دعم الأقليات في الوطن العربي. وتوزعت العينة على 135 (24.5%) يعارض وجود دور لـ"إسرائيل" في دعم الأقليات، و30 (5.5%) يعارض بشدة[37].

ووافقت غالبية العينة المجيبة عن السؤال الرابع، على أن الصراع مع "إسرائيل" صراع حضاري لن يتوقف إلا بعودة الحقوق العربية الكاملة في فلسطين. وقد بلغ عدد أفراد العينة التي وافقت على هذا السؤال 478 ونسبتهم 86.9%، موزعين على 318 (57.8%) من العينة موافقاً، و160 (29.1%) موافقاً بشدة. أما بالنسبة للذين عارضوا أن الصراع مع "إسرائيل" هو صراع حضاري لن يتوقف إلا بعودة الحقوق العربية الكاملة في فلسطين، فقد بلغ عددهم 72 ونسبتهم 13.1%، توزعوا على من عارض وكان عددهم 37 (6.7%)، وعارض بشدة وكان عددهم 35 (6.4%).

جدول رقم (8): رأي الطلبة من موقف "إسرائيل" من الوحدة العربية بالنسبة المئوية[38]

السؤال	أوافق (%)	أوافق بشدة (%)	أعارض (%)	أعارض بشدة (%)	المجموع (%)
تعتبر "إسرائيل" السبب الرئيسي لعدم قيام الوحدة العربية	40	39.5	11.8	8.7	100
تلعب "إسرائيل" دوراً أساسياً في تجزئة الوطن العربي	39.5	43.8	11.6	5.1	100
"إسرائيل" هي المحرك الأساسي للأقليات في الوطن العربي	24.5	45.5	24.5	5.5	100
الصراع مع "إسرائيل" صراع وجود لن يتوقف إلا بعد زوالها	57.8	29.1	6.7	6.4	100
التجزئة وعدم الوحدة العربية أسهما في إضعاف المواجهة مع "إسرائيل"	67.8	24	4.7	2	98.5 (8 أوراق لاغية)

وأجابت الأغلبية العظمى من الطلبة عن السؤال الخامس المتعلق بأن التجزئة وعدم الوحدة قد أسهما في إضعاف المواجهة مع "إسرائيل"، وبلغ عددهم من أفراد العينة 505 ونسبتهم 91.8%. موزعين على 373 (67.8%) شخصاً موافقاً، و132 (24%) موافقاً بشدة. أما بالنسبة للذين عارضوا اعتبار التجزئة وعدم الوحدة بأنهما أسهما في إضعاف المواجهة مع "إسرائيل"، فقد بلغ عددهم 37 ونسبتهم 6.7%، موزعين على معارض 26 (4.7%) ومعارض بشدة 11 (2%)، وكانت 8 أوراق لاغية (1.5 %)[39].

وبات في حكم المؤكد أن الولايات المتحدة الأمريكية، تريد من هذه المشاريع حماية مصالحها ومصالح حليفتها "إسرائيل"، من خلال العمل على تجزئة الوطن العربي، وهو الدور نفسه الذي لعبته من قبل فرنسا وبريطانيا. ولهذا فقد وافقت غالبية الطلبة الذين شاركوا في استطلاع الرأي في جامعة اليرموك حول الوحدة العربية وموقف "إسرائيل" منها، على أن من أسباب عرقلة الوحدة العربية، الولايات المتحدة الأمريكية. وبلغ عدد أفراد العينة الذين وافقوا على ذلك 454 شخصاً ونسبتهم 82.5%، من أصل

550 شملتهم العينة، توزعوا على ما بين 173 موافقاً (31.5%) و281 موافقاً بشدة (51.1%). بينما عارض ذلك، 94 شخصاً ونسبتهم 17.1%. وتوزعوا على ما بين 66 معارضاً (12%) و28 معارضاً بشدة (5.1%).

وأجابت الغالبية العظمى من العينة، بأن الولايات المتحدة تؤدي دوراً مهماً في استمرار التجزئة في الوطن العربي، وبلغ عدد المؤيدين 507 طلاب ونسبتهم 92.2%. وتوزعت الأصوات بين 181 موافقاً (32.9%) و326 موافقاً بشدة (59.3%). بينما لم يعارض ذلك سوى 40 شخصاً ونسبتهم 7.3%، وتوزعوا على 34 معارضاً (6.2%) و6 معارضين بشدة (1.1%). وفي ما يتعلق باعتبار المشروع الشرق أوسطي بديلاً للوحدة العربية، فقد وافق على ذلك 142 فقط من العينة ونسبتهم 25.8%، توزعوا على 86 موافقاً (15.6%) و56 موافقاً بشدة (10.2%)، بينما عارض اعتبار المشروع الشرق أوسطي بديلاً للوحدة العربية، 396 من العينة ونسبتهم 72%، وتوزعوا على 223 معارضاً (40.5%)، و173 معارضاً بشدة (31.5%)، مع وجود 12 ورقة لاغية. وهذه النتيجة تثبت خطأ فكرة أنه إذا لم تتحقق الوحدة العربية، فإن المشروع الشرق أوسطي سيكون البديل عن الوحدة العربية.

جدول رقم (9): رأي الطلبة من موقف الولايات المتحدة من الوحدة العربية ومشروع الشرق أوسطي بالنسبة المئوية[40]

	أوافق (%)	أوافق بشدة (%)	أعارض (%)	أعارض بشدة (%)	المجموع (%)
من أسباب عرقلة الوحدة العربية الولايات المتحدة الأمريكية	31.5	51.1	12	5.1	99.6
تلعب الولايات المتحدة دوراً هاماً في استمرار التجزئة في الوطن العربي	32.9	59.3	6.2	1.1	99.5
يعتبر المشروع الشرق أوسطي البديل من الوحدة العربية	15.6	10.2	40.5	31.5	97.8

أما بالنسبة إلى رأي من شملهم الاستطلاع حول التطبيع العربي مع "إسرائيل"، فقد كانت مواقف الطلبة رافضة للتطبيع بشكل عام، إذ رأت الغالبية العُظمى أن هدف "إسرائيل" من خلال التطبيع الثقافي هو تغيير المفهوم القومي للصراع العربي الإسرائيلي. وبلغ عدد أفراد العينة التي ترفض التطبيع 507 أشخاص ونسبتهم 92.2%، وتوزعوا على من يرفض التطبيع 223 طالباً (40.5%)، ومن يرفض التطبيع بشدة 284 (51.6%). أما الذين عارضوا القول إن هدف "إسرائيل" من خلال التطبيع الثقافي هو تغيير المفهوم القومي للصراع العربي الإسرائيلي فلم يبلغ سوى 42 شخصاً (7.6%)، توزعوا على من يعارض 33 (6%)، ومن يعارض بشدة 9 (1.6%).

ووافقت الأغلبية من أفراد العينة، على أن المعارضة العربية للتطبيع قادرة على استنهاض الروح القومية لدى الجماهير العربية، وبلغ عدد الموافقين 409 (74.4%)، توزعت أصواتهم على من وافق 145 (26.4%) والذين وافقوا بشدة 264 (48%). أما الذين عارضوا اعتبار معارضة التطبيع قادرة على استنهاض الروح القومية العربية، فقد كانوا 135 (24.5%) طالباً، توزعوا على من عارض 104 (18.9%) ومن عارض بشدة 31 (5.6%).

وأيد أكثر من نصف أفراد العينة من طلبة الجامعة، أن الحركات العربية المعادية للتطبيع مع "إسرائيل" قادرة على التأثير على الأنظمة العربية لوقف السياسات والأنشطة المتعلقة بالتطبيع، وبلغ عددهم 312 (56.7%)، كان 202 قد وافق (36.7%)، و110 قد وافق بشدة (20%). وفي المقابل كان مجموع من عارض ذلك 225 (40.9%)، منهم 190 عارض (34.5%)، و35 عارض بشدة (6.4%).

جدول رقم (10): الموقف من التطبيع مع "إسرائيل" بالنسبة المئوية[41]

السؤال	أوافق (%)	أوافق بشدة (%)	أعارض (%)	أعارض بشدة (%)	المجموع (%)
تهدف "إسرائيل" من خلال التطبيع الثقافي إلى تغيير المفهوم القومي للصراع العربي الإسرائيلي	40.5	51.6	6	1.6	99.8 (ورقة لاغية)
المعارضة العربية للتطبيع قادرة على استنهاض الروح القومية لدى الجماهير العربية	26.4	48	18.9	5.6	98.9 (6 أوراق لاغية)
الحركات العربية المعادية للتطبيع قادرة على التأثير على الأنظمة العربية لوقف سياساتها المتعلقة بالتطبيع	36.7	20	34.5	6.4	97.6 (13 ورقة لاغية)

تدل نتائج الاستطلاع، على أن الشعوب العربية ما زالت تعدّ "إسرائيل" العدو الأول لها، وأنها تقف عائقاً أمام تحقيق الوحدة العربية، ولهذا فهي ترفض التطبيع معها. ويثبت استمرار إيمان العرب -خاصة الشباب منهم- بالوحدة العربية طريقاً لتحقيق الأهداف العربية التي تحاول "إسرائيل" أن تمنع قيامها وتضع العراقيل أمامها.

وفي استطلاع سابق للرأي العام العربي حول رأيه بالوحدة العربية، ونشره مركز دراسات الوحدة العربية، جاءت النتائج قريبة من النتائج التي توصلنا إليها في الاستطلاع السابق. إذ تبين أن أغلبية الذين شملهم الاستطلاع يرون أن الوحدة العربية هي أفضل الطرق لمواجهة التحديات والمشكلات التي تواجه أقطارهم والأمة العربية، وذكر 77% من المشاركين أن أقطارهم لا تستطيع مواجهة أو حل المشكلات بمفردها. وذكر 83% منهم أن لدولهم مصلحة في التعاون الأوثق مع بعض الأقطار العربية[42].

من كل ذلك نرى أن الإيمان العربي بالوحدة العربية ومحاربة تفتيت الوطن العربي ما زال موجوداً، على الرغم من محاولات بعض الأنظمة العربية -المستفيدة من حالة التجزئة التي تعيش فيها- مهاجمة الوحدة العربية، بل وحتى التعاون العربي المشترك. وكأن حالة التجزئة التي يعيشها الوطن العربي، قد أسهمت في حلّ مشاكل الأمن والاستقرار والتنمية الشاملة في الأقطار العربية.

هوامش الفصل الرابع

[1] Gregory F. Treverton & Seth G. Jones, *Measuring National Power* (Wachington : Rand Corporation, 2005).

[2] إبراهيم أبو لغد وآخرون، **العرب ومواجهة إسرائيل: احتمالات المستقبل**، الجزء 1 (بيروت: مركز دراسات الوحدة العربية، 2000)، ص 715-717.

[3] **التقرير الاستراتيجي العربي** 2001 (القاهرة: مركز الدراسات السياسية والاستراتيجية، دار الأهرام، 2002)، ص 204.

[4] Neguib Azowry, *Le réveil de la Nation Arab* (Paris:1905). p. 5.

نقلاً عن أسعد رزوق، "العقيدة الصهيونية في ظل السلام،" **شؤون فلسطينية**، العدد 3، يوليو 1971، ص 45.

[5] سهيلة الريماوي، **الرواد العرب والقضية الفلسطينية** (بيروت: المؤسسة العربية للدراسات والنشر، 1993)، ص 160. وأنيس صايغ، **فلسطين والقومية العربية**، ص 37-38.

[6] خيرية قاسمية، "تطور القضية الفلسطينية في عهد الحكومة العربية في دمشق،" **شؤون فلسطينية**، العدد 1، كانون الثاني/ يناير 1971، ص 69.

[7] عبد الوهاب الكيالي، **مرجع سابق**، ص 124.

[8] كامل محمود نخلة، **فلسطين والانتداب البريطاني 1922-1939**، سلسلة كتب فلسطينية رقم 53 (بيروت: مركز الأبحاث، م.ت.ف.، 1974)، ص 305.

[9] محمد الحلاج، **مرجع سابق**، ص 103.

[10] **مجلة الكرمل**، رام الله، مؤسسة الكرمل الثقافية، 1913/7/15.

[11] **الكرمل**، 1914/6/12.

[12] عبد الوهاب الكيالي، **مرجع سابق**، ص 29.

[13] Simha Flapan, op. cit, p. 79.

[14] أوردها إبراهيم ابراش، **مرجع سابق**، ص 77.

[15] عبدالله الركيبي، **قضايا عربية في الشعر الجزائري المعاصر** (القاهرة: معهد البحوث والدراسات العربية، 1970)، ص 42.

[16] خيرية عبد الصاحب وادي، **الفكر القومي العربي في المغرب العربي** (بغداد: دار الرشيد للنشر، 1982)، ص 95.

[17] عبدالله الركيبي، **مرجع سابق**، ص 44-48.

[18] خيرية عبد الصاحب وادي، مرجع سابق، ص 102.

[19] محمد خالد الأزهري، "التطور الوحدوي العربي ومسار الصراع العربي - الإسرائيلي،" **شؤون عربية**، العدد 60، كانون الأول 1989، ص 134.

[20] عبدالله الركيبي، **مرجع سابق**، ص 52.

[21] محمد عزة دروزة، **القضية الفلسطينية في مختلف مراحلها**، الجزء 2، الطبعة 2 (بيروت: المكتبة العصرية، 1960)، ص 26.

[22] "هل يحتمل قيام علاقات بين إسرائيل والعالم العربي؟" إصدار معهد شيلواح لدراسات الشرق الأوسط وإفريقيا، جامعة تل أبيب، كانون الأول/ ديسمبر 1986.

23 حسن عباس نصر الله، **الوعي بمناهضة الغزو الصهيوني تاريخياً وثقافة واقتصاداً** (لبنان: مؤسسة الوفاء، 2000)، ص 69.

24 مية الرحبي، أولويات المقاطعة وتعثر التجارب، **مجلة قاطعوا**، بيروت، حملة مقاطعة داعمي إسرائيل، حزيران/ يونيو 2003، ص 8.

25 المرجع نفسه، ص 6.

26 www.whysa.net/arabic/showw.php/

27 www.palestine.info_info/moqata/news/uae.htm

28 www.assabeel.net/sections.asp

29 Ibid.

30 www.ALSHAAB.COM/GIF/31-01-2003/QORQA

31 www.palestine.info_info/moqata/news/uae.htm

32 مكتب المقاطعة السودانية، 2004.

33 www.palestine-info.net/arabic/moqata/articles2.htm

34 www.attajdid.ma/tajdid/detail.asp/articleid/16194

35 قناة الجزيرة، "برنامج الاتجاه المعاكس،" 2005/4/5.

36 Bernard Lewis, *Predictions The Future of The Middle East*, p. 52.

37 استطلاع رأي طلبة جامعة اليرموك حول موقفهم من الوحدة العربية والتطبيع مع "إسرائيل"، الأردن، 2003.

38 المرجع نفسه.

39 المرجع نفسه.

40 المرجع نفسه.

41 المرجع نفسه.

42 "القومية العربية في الفكر والممارسة،" بحوث ومناقشات الندوة الفكرية التي نظمها مركز دراسات الوحدة العربية، بيروت، مركز دراسات الوحدة العربية، 1980، ص 128.

الخاتمة

الخاتمة

من خلال التناول السابق لدور الحركة الصهيونية و"إسرائيل" في تفتيت الوطن العربي، قبل عملية التسوية في الشرق الأوسط وخلالها ، يلاحظ أن الاستراتيجية الإسرائيلية لم تتغير، وأن "إسرائيل" ما زالت تتآمر على الأمة العربية لإضعافها، لكي تبقى الدولة القوية والمهيمنة الوحيدة في المنطقة. فلا "إسرائيل" غيرت موقفها من العرب، بعد مسيرة التسوية مع بعض الدول العربية، منذ التوقيع على اتفاقيات كامب ديفيد مع مصر، وأوسلو مع منظمة التحرير الفلسطينية، ووادي عربة مع الأردن، ولا هي توقفت عن دعم الأقليات في الوطن العربي واستغلالهم من أجل إضعاف العرب في صراعهم معها. وكذلك لم تتوقف عن وضع المخططات الهادفة إلى تفتيت الوطن العربي إلى دويلات ضعيفة، لكي تعطي لنفسها الشرعية في الوجود في قلب الوطن العربي، ما يدل على أن الصراع بين الحركة الصهيونية و"إسرائيل" من جهة والأمة العربية من جهة ثانية، هو صراع طويل لن ينتهي بالتوقيع على اتفاقيات تسوية أو إقامة علاقات بين "إسرائيل" وبعض الدول العربية، فهو صراع بين المشروعين: النهضوي العربي والصهيوني الاستعماري. وعلى الرغم من محاولات "إسرائيل" بتحالفاتها الدولية، تحقيق المكاسب عن طريق الحروب، واتفاقيات التسوية مع الدول العربية، إلا أن المشروع الصهيوني عجز بعد أكثر من مئة عام من وجوده، عن هزيمة الأمة العربية، على الرغم من الدعم الذي حصل عليه من الدول الاستعمارية الإمبريالية طوال السنوات الماضية. وفي المقابل، فإن المشروع النهضوي العربي - الإسلامي، لم يتوقف عن مقاومة المشروع الصهيوني، على الرغم من محاولات فرض ثقافة السلام على الشعوب العربية، ومعاهدات هي أقرب لمعاهدات تسوية مؤقتة منها إلى معاهدات سلام. وإذا كانت بعض الأصوات قد ارتفعت في السنوات الأخيرة تطالب بإنهاء الصراع العربي - الإسرائيلي، من دون النظر إلى خطورة ذلك على الأمتين العربية والإسلامية ووجودهما، لأن توقف الصراع في الظروف الحالية العربية والدولية لن يكون في مصلحة العرب، فإن "إسرائيل" تعترف هي الأخرى بأن التوقيع على اتفاقيات تسوية مع الدول العربية لا يعني انتهاء الصراع مع العرب، بل إن الصراع سيستمر بوسائل أخرى. ويؤكد في هذا المجال، أيهود باراك رئيس الوزراء الإسرائيلي السابق، في مقابلة له مع جريدة هآرتس العبرية، على أن الصراع مع العرب هو صراع وجود:

هذا صراع معقد جداً بمختلف جوانب الواقع المعيش، صراع يخترق جميع أبعاد هويتنا وهويتهم، الأبعاد السياسية والجغرافية والحضارية، وأيضاً البعد الديني، وفيه شيء من الصدام الجاري بين العالم الأول والعالم الثالث. وأعتقد أن نقطة الانطلاق الأقوى للصراع هي سنة 48، ولكن ما حدث سنة 48 ما كان ليحدث لولا ما حدث سنة 1917 (وعد بلفور) أو سنة 1882 (تاريخ إنشاء أول مستوطنة يهودية في فلسطين). وبهذا المعنى فهو قطعاً صراع بشأن الوجود[1].

كما أن بن غوريون، يعترف هو الآخر لرئيس المؤتمر اليهودي العالمي، هوناثان غولدمان Honathan Goldman، بعدم إمكانية تحقيق سلام مع العرب، لأنه كما قال:

لو كنت عربياً لما أقمت سلاماً مع إسرائيل، وهذا طبيعي لأننا اغتصبنا بلادهم. صحيح أننا وعدنا بتلك البلاد، ولكن لماذا يعنيهم هذا الوعد، فإلهنا غير إلههم. وصحيح أننا جئنا من إسرائيل، ولكن حدث ذلك قبل ألفي عام، وهذا أيضاً لا يعنيهم. وصحيح أنه كانت هناك معاداة للسامية، ونازيون وهتلر، ولكن هل كان ذلك خطأهم؟ إن العرب لا يرون سوى شيء واحد وهو أننا جئنا وسلبناهم أرضهم، فلماذا يتوجب عليهم قبول ذلك؟[2].

وإذا كانت "إسرائيل" ترى في قرارة نفسها أن وجودها في فلسطين، سيبقي على الصراع مع العرب إلى أن تحقق أهدافها واستراتيجيتها في تفتيت الوطن العربي، فإن الأمة العربية ترى أن الصراع مع "إسرائيل"، هو صراع وجود، لن ينتهي إلا بزوال "إسرائيل" وعودة الحقوق الشرعية للشعب الفلسطيني في فلسطين، لأن وجود "إسرائيل" في فلسطين لم يغير الحقائق التالية:

• أن فلسطين تبقى جزءاً من الوطن العربي وفي وجدان الأمة العربية، ليس لأن خسارتها تمثل هزيمة للأمة العربية فقط، بل لأنها تمثل التحدي الرئيسي للوجود العربي في هذا العصر.

• أن فلسطين جغرافياً، هي الرابط بين المشرق العربي والمغرب العربي، وبقاء "إسرائيل" يعني عدم التواصل الجغرافي بين الوطن العربي.

• أن الأطماع الإسرائيلية ليست موجهة ضدّ الفلسطينيين فقط، بل هي ضدّ الأمتين العربية والإسلامية، ما يشكل خطراً على الوجود العربي والأمن القومي العربي.

• أن "إسرائيل" ما زالت تؤدي دوراً عدائياً في تحالفاتها مع أعداء الأمة العربية، وما

يحدث في العراق من تعاون إسرائيلي مع قوات الاحتلال الأمريكي أكبر مثال على ذلك.

- أن "إسرائيل" تؤدي دوراً مهماً في إحداث عدم استقرار داخلي في الوطن العربي من خلال استغلال وجود الأقليات وإثارتها ضدّ الدول العربية، وكذلك توظيف كل ما من شأنه إضعاف العرب وتشتيت قواهم.

- أن الشعوب العربية أصبحت تعي جيداً أن "إسرائيل" تقف وراء معظم المشاكل التي تواجهها تلك الشعوب، إن كان من حيث الممارسات المباشرة التي تمارسها "إسرائيل" ضدّ الأمة العربية، أو من خلال دعمها المباشر لأعداء العرب على الصعيدين الإقليمي والدولي، لإضعاف القوى الذاتية العربية.

- أن "إسرائيل" تريد استغلال اتفاقياتها مع الدول العربية من أجل إضعاف الأمة العربية وضرب وحدتها، وليس من أجل تحقيق تسوية فعلية معهم. فقد أرادت من اتفاقية التسوية مع مصر سنة 1979، إخراج أكبر القوى العربية من ساحة الصراع معها. وإلى اعتراف أكبر دولة عربية بـ"إسرائيل"، وطمس حق العرب الفلسطينيين في تقرير مصيرهم على أرضهم، وإلى فصل مصر (ولو مؤقتاً) عن الصف العربي، والإمعان في تجزئة هذا الصف وبلبلته وإعاقة مسيرته نحو التضامن والوحدة.

- أن تحقيق تسوية للصراع العربي - الصهيوني في ظلّ الظروف الصعبة التي تمر بها الأمة العربية حالياً، لن يكون في مصلحة العرب، لأنهم غير قادرين حالياً على التصدي للمشروع الإمبريالي - الصهيوني الشرس، والمحافظة على الثوابت الوطنية والحقوق العربية في فلسطين. وإن أي تسوية تتحقق لن تكون في مصلحة الأمة العربية، وستكون من نتائجها تجزئة جديدة للوطن العربي، لا تقل في أبعادها عما حدث في المشرق العربي بعد اتفاقية سايكس بيكو، التي جزأت الأقطار العربية إلى دويلات وكيانات سياسية متناحرة، وأبعدت إمكانية تحقيق الوحدة العربية. وإن المشاريع الشرق أوسطية المتداولة حالياً، ما هي إلا البديل من وجهة النظر الصهيونية والأمريكية، للوحدة العربية.

- أن "إسرائيل" قد تستطيع تحقيق تسوية مع الدولة العربية القطرية، ولكنها لن تستطيع تحقيق تسوية مع الدولة العربية الموحدة، لأن القومية العربية هي النقيض للمشروع الصهيوني في فلسطين. ولهذا فإن "إسرائيل" تسعى دوماً إلى

محاربة الوحدة العربية بشتى الطرق، واللجوء في تعاملها مع العرب إلى طريق العلاقات والتسويات الثنائية، ومن هنا يأتي موقفها المعادي للوحدة العربية والتعاون العربي المشترك.

ومن جهة ثانية، ومع أن "إسرائيل" هي المستفيدة من تحقيق التسوية في ظلّ ضعف عربي، إلا أنها ليست واثقة من مستقبل الموقف العربي من وجودها، فلو كانت مطمئنة إلى أن المستقبل يعمل لمصلحتها، لغيرت من بعض مواقفها المعادية للعرب. لكن "إسرائيل" تعرف جيداً، أن الشعوب العربية ما زالت ترفض بقاءها في فلسطين، وترفض التطبيع معها، وتتحين الفرصة لتغير الوضع الشاذ الذي فرضته الصهيونية و"إسرائيل" بتحالفاتها الدولية على فلسطين. ولو أتيحت الفرصة للجماهير العربية لكي تعبر عن موقفها بكل حرية تجاه "إسرائيل"، لتغيرت معادلة الصراع العربي - الصهيوني بشكل كبير، لأنها ترفض هذا الوجود والتعامل معه. وكان آخر الرفض الشعبي العربي التعامل مع "إسرائيل"، موقف الشعب التونسي الرافض زيارة شارون ووزير خارجيته شالوم لتونس في شهر تشرين الثاني/ نوفمبر 2005، الذي هدد بالتظاهر والنزول إلى الشارع لمنعها. وكذلك ترحيب الجماهير الموريتانية بالانقلاب العسكري في موريتانيا في الأول من شهر آب/ أغسطس 2005 والطلب من المجلس العسكري الموريتاني، بقطع العلاقات مع "إسرائيل" التي أقامها الرئيس الموريتاني المخلوع معاوية ولد سيدي أحمد الطايع. وهذا الرفض جاء من الجماهير العربية في المغرب العربي، وليس من المواطنين العرب في المشرق العربي المحيطين بفلسطين. وهذا دليل كبير على ما تفكر به الجماهير العربية بالنسبة لـ"إسرائيل" والتعامل معها. كما أن المقاومة الفلسطينية والعربية التي رفعت شعارات الوحدة والتحرر ومكافحة الصهيونية والاستعمار، استطاعت أن تبقي الصراع العربي - الصهيوني متأججاً. وقد لاحظنا التأييد الجماهيري الكبير التي حظيت به حركة حماس من الفلسطينيين في الانتخابات التشريعية الفلسطينية بسبب رفعها شعار المقاومة المسلحة وممارستها ضدّ "إسرائيل" ورفضها الاعتراف بها. وكذلك الأمر بالنسبة للتأييد الذي حظي به حزب الله من العرب والمسلمين لمقاومته الشجاعة للعدوان الإسرائيلي على لبنان، ما يؤكد أن الوجود الصهيوني في فلسطين لم يحصل بعد على شرعية من قبل الشعوب العربية والإسلامية، وأن هذا الوجود لا يهدد الشعب الفلسطيني لوحده، وإن كان هو المتضرر الرئيسي منه، إلا أنه يهدد الوجود الحضاري للعرب.

ولهذا فإن مستقبل الصراع العربي - الصهيوني مرتبط ارتباطاً مباشراً بقدرة العرب على إحداث توازن قوى بينهم وبين المشروع الإمبريالي الصهيوني. وإلى تطوير أساليب وأدوات جديدة للوصول إلى الثوابت العربية في فلسطين، وإعادة الحقوق الوطنية المشروعة للشعب الفلسطيني في وطنه. والوجود الصهيوني في فلسطين، وبقاء التجزئة في الوطن العربي، ظاهرتان مرتبطتان ارتباطاً مباشراً مع بعضهما، وبقاء "إسرائيل" يعني استمرار التجزئة، واستمرار التجزئة يعني بقاء "إسرائيل". وتعي "إسرائيل" جيداً، أن الأمة العربية مؤمنة بأن الصراع معها هو صراع وجود وليس صراع حدود، ما يعني استحالة التوافق والتعايش بين العرب والصهيونية العنصرية. وعلى الرغم مما مثله الاعتراف الفلسطيني وبعض الدول العربية بـ"إسرائيل"، من خطر وتحدٍّ للمفهوم القومي للصراع، إلا أن "إسرائيل" ترى أن هذا التحول من الجانب العربي مؤقت وغير دائم، وأن العرب سوف يبدّلون مواقفهم، عندما يملكون القدرة والوسائل على التغيير. وسيبقى الصراع العربي - الصهيوني مستمراً وقائماً، وقد يأخذ أشكالاً مختلفة، تتعدى الصراع المسلح من دون استبعاده. ولا شك أن استمرار ثقافة مقاومة المشاريع الإسرائيلية لدى العرب، يؤدي دوراً مهماً في تحديد مستقبل هذا الصراع. ويعترف بنيامين نتنياهو، رئيس الوزراء الإسرائيلي الأسبق والزعيم الليكودي المتطرف، بأن موقف المثقفين الوطنيين العرب المقاوم لمشاريع الهيمنة الصهيونية إنما هو العقبة الرئيسية في وجه "إسرائيل" ويقول:

> إن مصير العلاقات بين العرب واليهود سيتحدد في المدارس والجامعات وفي قاعات تحرير الصحف وفي المساجد في الشرق الأوسط، وللآن وبعد عشرين سنة تقريباً من عقد أول معاهدة سلام عربية إسرائيلية، فإنه لا يوجد قبول لإسرائيل، ولن يحدث تغيير إذا لم يقم المثقفون والقيادات الروحية في العالم العربي بالانضمام إلى الدعوة للقبول بإسرائيل[3].

ويصف نتنياهو، السلام الذي يريده مع العرب فيقول:

> يوجد نوعان من السلام، سلام بين الدول الديموقراطية، وسلام مع الدول الديكتاتورية. النوع الأول من السلام بين الدول الديموقراطية هو السلام بمفهومه المألوف بين الدول الغربية حدود مفتوحة تجارة حرة سياحة.... أما الأنظمة الديكتاتورية فليس لديها القوى الداخلية التي تمنعها من الخروج إلى الحرب، لكن يمكن كبح جماحها العدوانية، من خلال وسائل مراقبة خارجية.

وأن أشد الديكتاتوريات وأعنفها يمكن أن يرتدع عن خوض الحرب إذا عرف بوضوح أنه سيهزم فيها، وأن الهزيمة ستجعله يخسر قوته. وعندما تواجه خصماً ديكتاتورياً يجب الاحتفاظ بقوة كافية لردعه عن الخروج للحرب وطالما بقيت تملك هذه القوة ستحصل على الأقل على سلام الردع[4].

وعلى صعيد آخر، رأت "إسرائيل" أن عملية التسوية مع الدول العربية، هي وسيلة وليست هدفاً، تستطيع أن تحقق من خلالها ما عجزت عن تحقيقه من خلال عدوانها المسلح على الدول العربية، وذلك لحماية أمنها ووجودها في المنطقة. لأن الأنظمة العربية، هي التي سوف تقوم بحماية حدودها ووجودها. كما أنها أرادت الحصول على (الشرعية القانونية) لوجودها في الشرق الأوسط، من خلال عملية التسوية مع الدول العربية. لأنها وإن كانت مرفوضة من قبل الجماهير العربية، فإن إقامة علاقات مع الأنظمة العربية، يساعدها في الحصول على "شرعية" احتلالها لفلسطين، تستطيع أن توظفه على الصعيدين الإقليمي والدولي لكي تنال ما عجزت عن الحصول عليه طوال نصف قرن من الصراع العربي - الإسرائيلي. ولقد تعرض أوري نمرودي، في جلسة مغلقة للجنة الخارجية والأمن التابع للكنيست الإسرائيلي في شهر تشرين الأول 1993، عند مناقشة اتفاقية أوسلو وغزة وأريحا، إلى مفهوم "إسرائيل" للسلام. وقال:

لماذا لا نبرم اتفاقيات سلام مع الدول العربية إذا كانت تحقق لنا نتائج أفضل مما يمكن تحقيقه بالوسائل الأخرى؟ إن هذه الاتفاقيات تحقق لنا نتائج أفضل على الصعيدين المادي والمعنوي، فهي تحقق لنا الانتشار في أرجاء المنطقة، وتسمح لنا بممارسة دور إقليمي في مختلف الميادين من خلال انتشار وتواجد آلاف الخبراء والمستشارين يعملون في مشاريع مشتركة صناعية وزراعية وعمرانية في الأردن ودول الخليج وشمال أفريقيا، تحقق نتائج أفضل وأجدى مما لو حقق الجيش الإسرائيلي مكاسب إقليمية في الدول العربية المجاورة عن طريق الاجتياح العسكري[5].

ولكن في المقابل، وبما أن القضية الفلسطينية، تعدُّ جزءاً لا يتجزأ من القضايا العربية المصيرية، وأن الهدف الرئيسي للمقاومة العربية والإسلامية هو تحرير جميع الأقطار العربية من الاستعمار والتبعية، فإن فلسطين التي تقع في قلب الوطن العربي، هي القضية المركزية للأمة العربية من أجل تحريرها من الاحتلال الإسرائيلي. ويبقى

تحرير فلسطين والوحدة العربية، هدفين رئيسيين للعرب يكمّل بعضهما بعضاً، مهما كانت المصاعب والمؤامرات التي تعارض طريق التحرير وإفشال مشاريع التفتيت الإسرائيلية في الوطن العربي.

وفي الماضي، كانت الحركة الصهيونية و"إسرائيل"، تحاربان القومية العربية والوحدة العربية، إلا أن "إسرائيل" وسعت دائرة من تتآمر عليهم في السنوات الأخيرة، وأصبحت تعمل حالياً على معاداة الإسلام، عن طريق تشويهه والاشتراك مع القوى الدولية، في إلصاق الإرهاب بالإسلام والمسلمين. وحولت خطابها المعادي للعرب، من التخويف من المد القومي العربي والوحدة العربية، إلى التخويف من الإسلام والأصولية الإسلامية، منتهزة الموقف الغربي من محاربة "الإرهاب" وارتباطه بالإسلام السياسي، كما انتهزت من قبل محاربة الدوائر الاستعمارية للقومية العربية والوحدة العربية. إلا أن هدفها يبقى دائماً هو تجزئة الوطن العربي وإضعاف القوة العربية والإسلامية الرافضة لوجودها.

كما أن "إسرائيل" استطاعت أن تحول طائفة دينية، وهي اليهودية، إلى قومية تعيش في دولة واحدة عن طريق مؤسسات الدولة المختلفة، كالتعليم والجيش، إلا أنها تريد تفكيك الأمتين العربية والإسلامية الموجودتين منذ القدم، إلى طوائف متناحرة، تعيش في دويلات متصارعة، وهو ما تهدف إلى تحقيقه من خلال وجودها في قلب الوطن العربي. ولهذا فإن الصورة انقلبت وأصبح على العرب أن يدافعوا عن وجودهم من خلال التمسك بوحدتهم من خطر التجزئة، لأن الوحدة العربية عقيدة راسخة في ضمير الأمة العربية، تنتظر من يحركها ويقودها نحو التنفيذ، علماً بأن مقومات الوحدة العربية موجودة وكامنة في الأمة العربية، وهي بحاجة إلى من يعمل على إنجازها، على الرغم من التحديات التي تواجهها، كالتحدي الصهيوني. ولهذا فإن القضية الفلسطينية، تؤدي دوراً مهماً في تحقيق الوحدة العربية، لأن استمرار نضال الأمة العربية في العمل من أجل تحرير فلسطين، هو الفرصة الوحيدة والأساسية الباقية أمامهم لتحقيق الوحدة العربية، وبقدر ما يضع العرب فيها من جهود، بقدر ما يقتربون من تحقيق الوحدة. وإذا استكان العرب في عدم مقاومتهم للوجود الإسرائيلي في فلسطين، فإن هذا يعني أنه قضي على تحرير فلسطين وعلى الوحدة العربية وعلى وجود الأمة العربية ومستقبلها، وخاصة أن الجماهير العربية تعرف حالياً، أن الواقع الصعب الذي تعيش فيه هو الناتج

الطبيعي لتجزئتها، وعندها ستصبح الوحدة العربية هدفاً تسعى إلى تحقيقه. وإذا كانت الوحدة العربية مطلباً قومياً في السنوات الماضية، فإنها الآن مطلب قومي ووطني في ظلّ نظام عالمي جديد لا مكان للضعفاء فيه. وليس من مصلحة الجماهير العربية ولا الأنظمة العربية أن تبقى ضعيفة أو تابعة لقوى عالمية أو إقليمية تريد المحافظة على مصالحها وقوتها على حساب التجزئة والضعف العربي. وإن فشل الدول العربية في التصدي للمشروع الصهيوني في فلسطين، لا يعني بأي حال من الأحوال فشل المقاومة العربية نفسها في المشروع، بل على العكس، فإن عدم قدرة العرب التغلب على "إسرائيل" طوال السنوات الماضية، يعود إلى حالة التجزئة المفروضة على الوطن العربي، التي كان للاستعمار الغربي دور كبير فيها. وإذا كان الاستعمار هو الذي خلق الحدود المصطنعة الموجودة بين الأقطار العربية، وساهم في وجود "إسرائيل"، في ظلّ غفلة من الزمن وظروف معينة كانت تمر بها الأمة العربية، إلا أن تلك الظروف لم تعد موجودة حالياً، ما يسهم في إمكانية استمرار المقاومة العربية بشتى الطرق للمشاريع الصهيونية الهادفة إلى تجزئة الوطن العربي. كما أن وجود دول عربية نشأت في الوطن العربي، ضمن حدود وأوضاع صنعها الاستعمار قبل أن يرحل، لا يعني استمرار الحال على ما هو عليه، لأن الاستعمار رحل وترك وراءه حدوداً مصطنعة وكيانات مصطنعة، ومن مصلحة الأمة العربية تغيير الواقع المر الذي خلفه الاستعمار وراءه، وخاصة أن فلسطين هي ملك للأمة العربية بكل أجيالها السالفة والصاعدة، ولا يملك أي عربي أو فلسطيني مهما علت مرتبته ومسؤوليته أن يتنازل عن شبر واحد من ترابها المقدس. لأن هذا التنازل سوف يؤدي إلى فقدان العرب للبوصلة التي تحافظ على وجودهم وتقودهم نحو مستقبلهم ووحدتهم. وإن "إسرائيل" التي تعمل على بقاء التجزئة في الوطن العربي، قد نشأت عندما كان العرب يعملون على تحقيق الوحدة بين أقطارهم بعكس ما كانت تسعى إليه الدوائر الاستعمارية والصهيونية. وإذا كانت الفترة التي أعلن فيها قيام "إسرائيل"، كانت فيها سبع دول عربية فقط، إلا أنه بعد أكثر من نصف قرن، أصبحت هذه الدول الآن اثنتين وعشرين دولة، وهناك مخططات إمبريالية وصهيونية لزيادة العدد في المستقبل وتجزئة ما هو مجزأ من الأقطار العربية، ما يجعل التصدي لتلك المخططات مسؤولية الجميع في الوطن العربي، مواطنين وأنظمة، وإلا فإن نجاح تلك المخططات يعني زوال الأمة العربية من الوجود بوصفها أمة واحدة، وتفتيت الوطن العربي إلى دويلات هزيلة لا قيمة لها، تدور في فلك القوى الأجنبية الكبرى و"إسرائيل".

هوامش الخاتمة

[1] عبد الله الحوراني، **التطبيع وأثره في الصراع العربي الصهيوني** (بغداد: بيت الحكمة، 1997)، ص 17.

[2] هوناثان غولدمان، من كتاب **التناقض اليهودي** لرئيس المؤتمر اليهودي العالمي، ص 112 (من دون دار نشر وعام نشر).

[3] حامد خليل، "مخاطر المشروع الصهيوني واحتمالات المواجهة،" **تحديات المشروع الصهيوني والمواجهة العربية** (القاهرة: مكتبة مدبولي، 2001)، ص 130.

[4] بنيامين نتنياهو، **مكان تحت الشمس**، ترجمة محمد عودة الدويري (عمان: دار الجليل، 1995)، ص 273.

[5] أوري نمرودي، اتفاق غزة أريحا أولاً المكاسب والخسائر، مركز أبحاث السلام، جفعات حبيب، تل أبيب، شباط 1994، ص 13-15، نقلاً عن حلمي عبد الكريم الزعبي، "الاختراق الإسرائيلي للمنطقة العربية المخاطر الأمنية،" **نشرة دراسات**، القاهرة، الدار العربية للدراسات والنشر والترجمة، العدد 84، تشرين الثاني 1994، ص 25، ورسالة ماجستير عن الأقليات في الوطن العربي، مرجع سابق، ص 119.

المراجع

أولاً: المراجع العربية:

1. رسائل دكتوراه وماجستير:

- جفال، زياد، النظام الشرق أوسطي الجديد، رسالة دكتوراه نوقشت في كلية العلوم القانونية والاقتصادية والاجتماعية، جامعة محمد الخامس، الرباط، 1999.

- الخلف، جميل مصطفى، دور الولايات المتحدة في قيام دولة إسرائيل (1897-1948)، رسالة دكتوراه، قسم التاريخ، جامعة اليرموك، 2005.

- رسالة ماجستير، مخططات التفتيت الإسرائيلية تجاه الوطن العربي: النموذج العراقي، قسم العلوم السياسية، جامعة القاهرة.

- القرعان، سامي، الأقليات في الوطن العربي وتأثيرها على الوحدة العربية، رسالة لنيل الماجستير في العلوم السياسية، معهد البحوث والدراسات العربية، جامعة الدول العربية، القاهرة 2000.

- مسعد، نيفين، الأقليات والاستقرار السياسي في الوطن العربي، رسالة دكتوراه، كلية الاقتصاد، قسم العلوم السياسية، جامعة القاهرة، 1987.

2. الكتب:

- أبراش، إبراهيم، البعد القومي للقضية الفلسطينية. بيروت: مركز دراسات الوحدة العربية، 1987.

- أبو جابر، فايز، القومية العربية والدول الكبرى. عمان: مكتبة الرائد، 1999.

- أبو لغد، إبراهيم وآخرون، العرب ومواجهة إسرائيل "احتمالات المستقبل". بيروت: مركز دراسات الوحدة العربية، 2000.

- أحمد، أحمد يوسف، "العرب وتحديات النظام الشرق أوسطي،" التحديات الشرق أوسطية والوطن العربي. بيروت: مركز دراسات الوحدة العربية، 1994.

- أحمد، أحمد يوسف، خطب وأحاديث وتصريحات جمال عبد الناصر. بيروت: مركز دراسات الوحدة العربية، 2003, الجزء 3.

- أرشيدات، شفيق، **فلسطين تاريخاً وعبرة ومصيراً**. بيروت: دار النشر المتحدة للتأليف والترجمة، 1961.
- **إسرائيل 2020: خطتها التفصيلية لمستقبل الدولة والمجتمع، مبادئ التخطيط البعيد المدى**. ترجمة إلياس شوفاني وهاني عبد الله، المجلد الأول، بيروت: مركز دراسات الوحدة العربية، 2004.
- **الأقليات في المنطقة العربية وأثرها على الأمن القومي العربي**. وزارة الدفاع - مصر، القاهرة، 1999.
- أمين، جلال، **المثقفون العرب وإسرائيل**. القاهرة - بيروت: دار الشروق، 1998.
- الأنصاري، محمد جابر وآخرون، **النزاعات الأهلية العربية: العوامل الداخلية والخارجية**. بيروت: مركز دراسات الوحدة العربية، 1997.
- أنطونيوس، جورج، **يقظة العرب**. ترجمة ناصر الدين الأسد وإحسان عباس، بيروت: دار العلم للملايين، 1966.
- بارزوخ، ميخائيل، ديفيد بن غوريون، نقلاً عن **دراسة المخطط الإسرائيلي لتفتيت الوحدة الوطنية والقومية لأقطار الوطن العربي**. جامعة تل أبيب، 1972.
- برقاوي، أحمد وآخرون، **تحديات المشروع الصهيوني والمواجهة العربية**. القاهرة: مدبولي، 2001.
- برعام، امستبا، "دعم إسرائيل للأقليات في الوطن العربي،" من بحوث ندوة مركز دايان لأبحاث الشرق الأوسط وإفريقيا، جامعة تل أبيب، 28/2-2/3/1994، ترجمه عن العبرية الدار العربية للدراسات والنشر والترجمة، الجيزة، 1994.
- بشور، معن، **في سبيل الوحدة العربية**. بيروت: المؤسسة العربية للدراسات والنشر، 1979.
- بشور، نجلاء نصير، **القضية الفلسطينية والوحدة العربية في منهاج التعليم في الأردن وسورية ولبنان**. بيروت: المؤسسة العربية للدراسات والنشر، 1978.
- بيريز، شمعون، "عصر جديد لا يطيق المتخلفين ولا يغفر للجهلة،" **ماذا بعد على ضفة الخليج؟ برؤية عالمية لمستقبل الشرق الأوسط**. القاهرة: مركز الأهرام للترجمة والنشر، 1992.

- بيريز، شمعون، **الشرق الأوسط الجديد**. عمان: دار الجليل، 1994.

- بيريز، شمعون، **معركة السلام**. ترجمة عمار فاضل ومالك فاضل، عمان: الأهلية، 1995.

- البيطار، نديم، **من التجزئة إلى الوحدة**. بيروت: مركز دراسات الوحدة العربية، 1983.

- التقرير الاستراتيجي العربي للسنوات 2000، 2001، 2002، 2003، 2004. القاهرة: مركز الدراسات السياسية والاستراتيجية، دار الأهرام.

- التكريتي، بثينة عبد الرحمن، **جمال عبد الناصر، نشأة وتطور الفكر الناصري**. بيروت: مركز دراسات الوحدة العربية، 2000.

- التميمي، عبد المالك خلف، **الاستيطان الأجنبي في الوطن العربي**. الكويت: المجلس الوطني للثقافة والفنون والآداب، 1983، سلسلة عالم المعرفة رقم 71.

- تيبت، شبتاي، **بن غوريون والعرب**. ترجمة غازي السعدي، دار الجليل، 1987.

- الجاسور، ناظم عبد الواحد، **الأمة العربية ومشاريع التفتيت**. عمان: الأهلية، 1998.

- جان، تيد روبرت، **أقليات في خطر**. القاهرة: مكتبة مدبولي، 1995.

- جرجس، فواز، **النظام الإقليمي العربي والقوى الكبرى**. بيروت: مركز دراسات الوحدة العربية، 1997.

- جوربائيل، أوري، "دعم إسرائيل للحركة الكردية قبل وبعد حرب الخليج،" من بحوث ندوة مركز بار إيلان بعنوان **الموقف الإسرائيلي من الجماعات الإثنية والطائفية في العالم العربي**. مركز بار إيلان للأبحاث الاستراتيجية، جامعة بار إيلان، ترجمه عن العبرية، الجيزة: الدار العربية للدراسات والنشر والترجمة، 1992.

- حتي، ناصيف، **القوى الخمس الكبرى والوطن العربي**. بيروت: مركز دراسات الوحدة العربية، 1987.

- حرب، أسامة غزالي، وأمل رياض الشاذلي، **موقف الصهيونية وإسرائيل من القومية العربية والوحدة العربية**. بيروت: المؤسسة العربية للدراسات والنشر، 1993.

- حسن، محمد، **الأحزاب الصهيونية وعملية السلام**. دمشق: دار علاء الدين، 2001.

- الحسن، عبد الله، **الأقليات في الواقع العربي والاندماج والتجزئة**. دمشق: دار مشرق ومغرب، 1995.

- حسين، عدنان السيد، **عصر التسوية: سياسة كامب ديفيد وأبعادها الإقليمية والدولية**. بيروت: دار النفائس، 1999.

- حماد، مجدي، **آثار التسوية على النظام الإقليمي العربي**. بيروت: المؤسسة العربية للدراسات والنشر، 1993.

- الحوت، محمد علي، **مفهوم الشرق أوسطية وتأثيرها على الأمن القومي العربي**. القاهرة: مكتبة مدبولي، 2002.

- الحوراني، عبد الله، **التطبيع وأثره في الصراع العربي الصهيوني**. بغداد: بيت الحكمة، 1997.

- الخالدي، وليد، **الصهيونية في 100 عام من البقاء على الأطلال إلى الهيمنة على المشرق العربي**. بيروت: دار النهار، 1998.

- الخولي، حسن، **سياسة الاستعمار والصهيونية في فلسطين في النصف الأول من القرن العشرين**. القاهرة: دار المعارف، 1973.

- الدجاني، أحمد صدقي، **التحديات الشرق أوسطية الجديدة والوطن العربي**. بيروت: مركز دراسات الوحدة العربية، 1994.

- درور، يحزقيل، **المشكلة الفلسطينية مخطط عام Grand Design للخروج من الورطة، استراتيجية شاملة لإسرائيل**. القدس: اكدمون، دار النشر التابعة لاتحاد طلبة الجامعة العبرية 1989.

- درور، يحزقيل، **استراتيجية كبرى لـ"إسرائيل"**. القدس: معهد ديفز للعلاقات الدولية، 1989.

- دروزة، محمد عزة، **في سبيل قضية فلسطين والوحدة العربية**. بيروت: المكتبة العصرية، 1972.

- الدوري، عبد العزيز، **الوحدة العربية: تجاربها وتوقعاتها**. بيروت: مركز دراسات الوحدة العربية، 1989.

- رابيوفتش، استيمار، **سورية هل ستبقى دولة موحدة في ظل انتعاش الاتجاهات الانفصالية في المنطقة والعالم**. مركز بار إيلان للأبحاث الاستراتيجية، جامعة بارايلان، ترجمه عن العبرية، الجيزة: الدار العربية للدراسات والنشر والترجمة، 1992.
- الرزاز، منيف، **فلسطين والوحدة**. بيروت: المؤسسة العربية للدراسات والنشر، 1974.
- رزق، يونان لبيب، **موقف بريطانيا من الوحدة العربية 1919-1945**. بيروت: مركز دراسات الوحدة العربية، 1999.
- الرشيدات، شفيق، **فلسطين تاريخاً وعبرة ومصيراً**. بيروت: دار النشر المتحدة للتأليف والترجمة، 1961.
- الرضي، يحيى، **تحدي الصهيونية للقوى العربية والإسلامية**. دمشق: الأوائل للنشر، 1994.
- رعد، إنعام، **الصهيونية والشرق أوسطية من هرتزل إلى بيريز**. بيروت: دار المطبوعات، 1998.
- رفائيل، نوال، **الصهيونية: النظرية والتطبيق**. عمان: دار الجليل، 2000.
- الركيبي، عبد الله، **قضايا عربية في الشعر الجزائري المعاصر**. القاهرة: معهد البحوث والدراسات العربية، 1970.
- روبين، يهوديت، **إسرائيل ونضال جنوب السودان من أجل الاستقلال والحرية**. جامعة بارإيلان، مركز بارإيلان للأبحاث الاستراتيجية، بالتعاون مع مركز الأبحاث السياسية في وزارة الخارجية الإسرائيلية، تموز/ يوليو 1993، ترجمه عن العبرية، الجيزة: الدار العربية للدراسات والنشر والترجمة، 1994.
- روكاخ، ليفيا، **قراءة في يوميات موشي شاريت: خطة إسرائيل لإقامة الكيان الماروني**. بيروت: دار ابن خلدون، 1984.
- رندل، جوناثان، **حرب الألف سنة حتى آخر مسيحي: أمراء الحرب المسيحيون والمغامرة الإسرائيلية في لبنان**. ترجمة بشار رضا، بيروت: العهد للنشر والتوزيع، 1984.
- الريماوي، سهيلة، "الرواد العرب والقضية الفلسطينية،" **في الوحدة العربية وقضايا المجتمع العربي**. بيروت: المؤسسة العربية للدراسات والنشر، 1993.

- زئيف، شيف، **نظرية الأمن الإسرائيلي والحرب القادمة مع دول المواجهة مع إسرائيل.** عمان: مطابع دار الشعب، 1978.

- الزرو، نواف، **حروب إسرائيل في العراق.** عمان: مطابع الدستور، 2005.

- زريق، قسطنطين، **حوار شامل: العروبة وفلسطين.** بيروت: مؤسسة الدراسات الفلسطينية، 1997.

- الزعبي، حلمي عبد الكريم، **المخططات الصهيونية للسيطرة الاقتصادية على الوطن العربي.** قبرص: مؤسسة الكميل للتوزيع والإعلان والنشر، ودار الشباب للنشر والترجمة، 1989.

- الزعبي، حلمي عبد الكريم، **الاختراق الإسرائيلي للمنطقة العربية المخاطر الأمنية.** القاهرة: مؤسسة دراسات، 1999.

- سعد الدين، إبراهيم وآخرون، **الشرق أوسطية مخطط أمريكي صهيوني.** القاهرة: مدبولي، 1998.

- سلامة، أحمد سلامة وآخرون، **الشرق الأوسط هل هي الخيار الوحيد؟** القاهرة: مركز الأهرام للترجمة والنشر، 1995.

- سليمان، ميخائيل، محرر، **فلسطين والسياسة الأمريكية من ويلسون إلى كلينتون.** بيروت: مركز دراسات الوحدة العربية، 1996.

- سمعان، سمير وآخرون، **العرب في مناهج التعليم الإسرائيلية.** عمان: مركز دراسات الشرق الأوسط، 2004.

- سويلم، حسام الدين، **مخططات التفتيت.** القاهرة: مركز الدراسات السياسية والاستراتيجية، دار الأهرام، 1987.

- السيد حسين، عدنان، **عصر التسوية: سياسة "كامب ديفيد" وأبعادها الإقليمية والدولية.** بيروت: دار النفائس، 1990.

- سيجيف، شموئيل، **إسرائيل والعلاقات مع دول الجوار.** جامعة تل أبيب، مركز دايان لأبحاث الشرق الأوسط وإفريقيا، 1994.

- سيف الدولة، عصمت، **الرؤية القومية لقضية فلسطين.** مركز دراسات الوحدة العربية، 2001.

- شابري، لورانت وآني شابري، **سياسة وأقليات في الشرق الأوسط.** القاهرة: مكتبة مدبولي، 1991.

- شعبان، فؤاد، **من أجل صهيون: التراث اليهودي المسيحي في الثقافة الأمريكية**. دمشق: دار الفكر، 2003.
- شفتن، دان، **العلاقات الإسرائيلية - العربية، منظور تاريخي، لصالح من يعمل الزمن**. بيروت: مركز الدراسات الاستراتيجية والبحوث والتوثيق، د. ت.
- شقرة، علي، **دور إسرائيل في حرب الخليج**. عمان: دار الإبداع، 1991.
- الشقيري، أحمد، **حوار وأسرار مع الملوك والرؤساء**. بيروت: دار العودة، 1970.
- الشقيري، أحمد، **علم واحد وعشرون نجمة**. الطبعة الإلكترونية الأولى، 2005.
- شكر، عبد الغفار، **تحديات المشروع الصهيوني والمواجهة العربية**. القاهرة: مدبولي، 2001.
- شعراوي، حلمي، **الشرق الأوسط مخطط أمريكي صهيوني**. القاهرة: مكتبة مدبولي، 2001.
- شمشوني، يعقوب، **الأقليات الإثنية والطائفية في العالم العربي في ظل التحديات الدولية**. مركز دايان لأبحاث الشرق الأوسط وإفريقيا، جامعة تل أبيب، 1990، ترجمه عن العبرية، الجيزة: الدار العربية للدراسات والنشر والترجمة، 1994.
- شمشموني، يعقوب، **تأييد إسرائيل للنزعات الانفصالية للجماعات الطائفية والإثنية والاعتبارات الكامنة وراءه**. مركز بار إيلان للأبحاث الاستراتيجية، جامعة بار إيلان، ترجمه عن العبرية، الجيزة: الدار العربية للدراسات والنشر والترجمة، 1992.
- شيا، محمد، **جدلية التفتت والوحدة في المشرق العربي 1970-1990**. سلسلة دراسات الفكر العربي، بيروت: معهد الانتماء العربي، 1991.
- صايغ، أنيس، **فلسطين والقومية العربية**. سلسلة أبحاث فلسطينية رقم 3، بيروت: مركز الأبحاث، م. ت. ف.، 1966.
- صايغ، أنيس، **يوميات هرتزل**. ترجمة هلدا شعبان الصايغ، بيروت: مركز الأبحاث، م. ت. ف.، 1968.
- صباغ، شموئيل، "الشيعة في أقطار الخليج هل يثورون كما ثار شيعة لبنان؟" من بحوث ندوة مركز بارإيلان، في أيار 1992 بعنوان **الموقف الإسرائيلي من الجماعات الإثنية والطائفية في العالم العربي**. مركز بار إيلان للأبحاث

الاستراتيجية، جامعة بار إيلان، ترجمه عن العبرية، الجيزة: الدار العربية للدراسات والنشر والترجمة، 1992.

- صبحي، محيي الدين، **العربي الفلسطيني والفلسطيني العربي، دراسات في القومية العربية وصراعها مع الصهيونية**. دمشق: وزارة الثقافة، 1977.

- صبحي، محيي الدين، **ملامح الشخصية العربية في التيار الفكري المعادي للأمة العربية**. الرباط: منشورات المجلس القومي للثقافة العربية، 1991.

- الصلح، رغيد، **حول التسوية السياسية والوحدة العربية**. بيروت: المؤسسة العربية للدراسات والنشر، 1979.

- الصواني، يوسف، **القومية العربية والوحدة في الفكر السياسي العربي**. سلسلة أطروحات دكتوراه، العدد 47، بيروت: مركز دراسات الوحدة العربية، 2003.

- عبد الرزاق، حسين، **التطبيع ومقاومة الغزو الصهيوني**. القاهرة: 2000.

- عبد العال، صفا، **تربية العنصرية في المناهج الإسرائيلية**. القاهرة: الدار المصرية اللبنانية.

- عبد الفضيل، محمود، **في كشف القمة وسبل استنهاض الأمة: الواقع والشرق أوسطية**. القاهرة: سينا للنشر، 1999.

- عبد الكريم، إبراهيم، إسرائيل والمشروع الوحدوي العربي: عودة إلى توصيف التحديات المتبادلة، **مجلة شؤون عربية**. العدد 54، حزيران/ يونيو 1988.

- عبد الكريم، إبراهيم، **الاستراتيجية الإسرائيلية إزاء شبه الجزيرة العربية**. أبو ظبي: مركز الإمارات للدراسات والبحوث الاستراتيجية، 2000.

- **العرب ومواجهة إسرائيل: احتمالات المستقبل**. الجزء 2، بيروت: مركز دراسات الوحدة العربية، 2000.

- عساف، ساسين، **ثقافة المواجهة: شرق أوسط جديد أم صهيونية جديدة**. بيروت: دار النفائس، 1996.

- عساف، ساسين، "إسرائيل والنزاعات الأهلية في الوطن العربي،" **ندوة النزاعات الأهلية العربية الجذور والأبعاد والحلول**. بورسعيد: الجمعية العربية للعلوم السياسية وجامعة قناة السويس، 1998.

- عساف، ساسين، "الصهيونية والنزاعات الأهلية،" النزاعات الأهلية العربية: العوامل الداخلية والخارجية. بيروت: مركز دراسات الوحدة العربية، 1997.

- علوش، ناجي، الوحدة العربية: المشكلات والعوائق. المغرب: المجلس القومي للثقافة، 1991.

- علي، حيدر إبراهيم، أزمة الأقليات في الوطن العربي. دمشق: دار الفكر، 2002.

- غولدمان، ناحوم، محاضرة له في مونتريال - كندا سنة 1947 نشرت في: اوسبيروفيتش، شيريب، حكومة العالم الخفية. ترجمة مأمون سعيد، بيروت: دار النفائس، 1990.

- فاربورج، ميخائيل، إسرائيل وحركة التحرر في جنوب السودان. معهد الدراسات العربية، جامعة حيفا، شباط/ فبراير 1992.

- فاربورج، ميخائيل، الاستقطاب بين المسلمين والأقباط في مصر. جامعة بار إيلان، مركز بار إيلان للأبحاث الاستراتيجية، بالتعاون مع مركز الأبحاث السياسية في وزارة الخارجية الإسرائيلية، تموز/ يوليو 1993، ترجمه عن العبرية، الجيزة: الدار العربية للدراسات والنشر والترجمة، 1994.

- فالد، عمنوئيل، انهيار نظرية الأمن الإسرائيلية. ترجمة أحمد بركات العجرمي، عمان: دار الجليل للدراسات والنشر، 1992.

- فرجي، موشي، إسرائيل وحركة تحرير جنوب السودان: نقطة البداية ومرحلة الانطلاق. مركز دايان لأبحاث الشرق الأوسط وإفريقيا، 2003.

- فرسخ، عوني، الوحدة في التجزئة، دراسة تحليلية لوحدة 1958. بيروت: دار المسيرة، 1980.

- فرسخ، عوني، مخطط التفتيت، التحدي الإمبريالي الصهيوني المعاصر. القاهرة: دار المستقبل العربي، 1985.

- فرسخ، عوني، الأقليات في التاريخ العربي من الجاهلية وإلى اليوم. لندن: دار رياض الريس للنشر، 1994.

- فهمي، عبد القادر، النظام الإقليمي العربي: احتمالات ومخاطر التحول نحو الشرق أوسطية. عمان: دار وائل للنشر، 1999.

- قطريب، إسماعيل، التطبيع: الجوانب القانونية والسياسية للتطبيع بين الدول المتحاربة. دمشق: دار الأنصار، 1998.

- كنعان، أنطون سليم، "فلسطين والقانون، تقرير بانرمان،" بحث منشور في كتاب **المؤتمر الثالث لاتحاد المحامين العرب**. عقد في دمشق 21-1975/9/25، دمشق: مطابع فتى العرب.

- كوهين، أدير، **وجه بشع في المرآة: انعكاس الصراع اليهودي – العربي في أدب الأطفال العبري**. مترجم عن العبرية، تل أبيب: رشا فيم، 1985.

- كيمحي، دافيد، **الخيار الأخير 1967-1991**. بيروت: مكتبة بيسان، 1992.

- الكيلاني، هيثم، **التسوية السلمية للصراع العربي الإسرائيلي وتأثيرها في الأمن العربي**. أبو ظبي: مركز الإمارات للدراسات والبحوث الاستراتيجية، 1996.

- لاوبير، يهودا، **إسرائيل وتأييد الأقليات في العالم العربي**. مركز دايان لأبحاث الشرق الأوسط وإفريقيا، جامعة تل أبيب، 1994، ترجمه عن العبرية، الجيزة: الدار العربية للدراسات والنشر والترجمة، 1994.

- لوبراني، أوري، **العلاقات بين إسرائيل ودول الجوار المحيطة بالعالم العربي: تركيا، إيران، أثيوبيا**. مركز بار إيلان للأبحاث الاستراتيجية، جامعة بارإيلان، مايو 1992 ترجمه عن العبرية، الجيزة: الدار العربية للدراسات والنشر والترجمة، 1992.

- المجذوب، محمد، **الاعتراف بإسرائيل من خلال التسوية**. بيروت: معهد الإنماء العربي، 1978.

- محافظة، علي، **موقف فرنسا وألمانيا وإيطاليا من الوحدة العربية 1919-1945**. بيروت: مركز دراسات الوحدة العربية، 1985.

- محمد، عبد الحليم، **مستقبل الصراع العربي – الإسرائيلي**. الأهرام: مركز الدراسات السياسية والاستراتيجية، 1999.

- محمود، أمين عبد الله، **مشاريع الاستيطان اليهودي منذ قيام الثورة الفرنسية حتى نهاية الحرب العالمية الأولى**. سلسلة عالم المعرفة رقم 74، الكويت، 1984.

- المختار، صلاح، "علاقات إسرائيل في العالم العربي،" نشرة دراسات، العدد 88، آذار 1995.

- مرسي، مصطفى عبد العزيز، **العرب في مفترق الطرق بين ضرورات تجديد المشروع القومي ومحاذير المشروع الشرق أوسطي**. القاهرة: دار الشروق، 1995.

• مركز جافي للدراسات الاستراتيجية، **إسرائيل والتحديات الاستراتيجية**. ترجمة باحث للدراسات، 2004, بيروت: مركز باحث للدراسات، 2004.

• مركز يافا للدراسات الاستراتيجية، الضفة الغربية وغزة، **خيارات إسرائيل لسلام في الدولة الفلسطينية، وجهات نظر إسرائيلية وغربية**. بيروت: مؤسسة الدراسات الفلسطينية، 1990.

• **مستقبل إسرائيل الاستراتيجي**. مركز أرييل للبحوث السياسية، تل أبيب، 2004، ترجمة باحث للدراسات، بيروت: 2004.

• مسعد، نيفين عبد المنعم، الأقليات والاستقرار السياسي في الوطن العربي، القاهرة، مركز البحوث والدراسات الاستراتيجية، كلية الاقتصاد والعلوم السياسية، جامعة القاهرة.

• **مستقبل الأمة العربية، التحديات... والخيارات: التقرير النهائي لمشروع استشراف مستقبل الوطن العربي**. بيروت: مركز دراسات الوحدة العربية، 1988.

• المسيري، عبد الوهاب، **الأيديولوجية الصهيونية**. سلسلة عالم المعرفة، الكويت: المجلس الوطني للثقافة والفنون والآداب، 1988.

• المسيري، عبد الوهاب، **موسوعة اليهود واليهودية والصهيونية**. نموذج تفسيري جديد، المجلد السابع، القاهرة: دار الشروق، 1999.

• مصالحة، نور الدين، **إسرائيل الكبرى والفلسطينيون سياسة التوسع 1967-2000**. بيروت: مؤسسة الدراسات الفلسطينية، 2000.

• مطر، جميل، وعلي الدين, هلال، **النظام الإقليمي العربي**. بيروت: مركز دراسات الوحدة العربية، 1983.

• **الميزان العسكري في الشرق الأوسط 2000-2001**. مركز جافي للدراسات الاستراتيجية، جامعة تل أبيب، آب/ أغسطس 2001.

• ناصيف، جورج، **الوحدة العربية وإسرائيل**. بيروت: معهد الإنماء العربي، 1985.

• نافع، بشير، الإمبريالية والصهيونية القضية الفلسطينية. القاهرة: دار الشروق، 1999.

- نافعة، حسن، مصر والصراع العربي الإسرائيلي من الصراع المحتوم إلى التسوية المستحيلة. بيروت: مركز دراسات الوحدة العربية، 1986.

- نتنياهو، بنيامين، مكان تحت الشمس. ترجمة محمد عودة الدويري، عمان: دار الجليل، 1995.

- ندوة: الحركة الصهيونية والصراع العربي الإسرائيلي خلال 100 عام. جامعة القاهرة، 2000.

- ندوة: حول مستقبل الحركة الصهيونية والمشروع الحضاري العربي. جامعة بغداد، 1999.

- نصر الله، حسن عباس، الوعي بمناهضة الغزو الصهيوني: تاريخاً وثقافة واقتصاداً. لبنان: مؤسسة الوفاء، 2000.

- نصر، مارلين، التصور القومي العربي في فكر جمال عبد الناصر: 1952-1970. بيروت: مركز دراسات الوحدة العربية, الطبعة 4، 1990.

- نمرودي، أوري، اتفاق غزة أريحا أولاً المكاسب والخسائر. تل أبيب: مركز أبحاث السلام جعفات حبيب، شباط/ فبراير 1994.

- نهرا، فؤاد، الشرق الأوسط الجديد في الفكر السياسي الأمريكي. بيروت: مركز الدراسات الاستراتيجية والبحوث والتوثيق، دراسات 10، بيروت 2000.

- نوفل، أحمد سعيد وأسعد عبد الرحمن، محرر، منظمة التحرير الفلسطينية جذورها، تأسيسها ومساراتها. قبرص: مركز الأبحاث الفلسطينية، 1987.

- نوفل، أحمد سعيد وأحمد ظاهر، الوطن العربي والتحديات المعاصرة. عمان: جامعة القدس المفتوحة، 1996.

- هرتزل، تيودور، يوميات هرتزل. بيروت: مركز الأبحاث الفلسطيني، 1968.

- هرتزل، تيودور، دولة اليهود، محاولة لإيجاد حل حديث للمسألة اليهودية. ترجمة مؤسسة الأبحاث العربية، بيروت، 1997.

- هركابي، يهوشافاط، الاستراتيجية العربية وردود الفعل العربية. ترجمة أحمد الشهابي، القدس - بيروت.

- هلال، علي الدين، أمريكا والوحدة العربية: 1945-1982. بيروت: مركز دراسات الوحدة العربية، 1989.

- الهندي، هاني وعبد الإله نصراوي، **حركة القوميين العرب نشأتها وتطورها عبر وثائقها 1951-1961**. بيروت: مؤسسة الأبحاث العربية، 2001.

- هيكل، محمد حسنين وآخرون، **العرب وتحديات النظام العالمي**. بيروت: مركز دراسات الوحدة العربية، 1999.

- ياسين، السيد، **الشخصية العربية بين صورة الذات ومفهوم الآخر**. القاهرة: مكتبة مدبولي، 1993.

- يسرائيل، روفائيل، **إسرائيل ونضال البربر في شمال أفريقيا**. مركز بار إيلان للأبحاث الاستراتيجية، جامعة بار إيلان، أيار/ مايو 1992 ترجمه عن العبرية، الجيزة: الدار العربية للدراسات والنشر والترجمة، 1992.

3. الدوريات:

- إبراهيم، حسنين، "إسرائيل ونعرة الطائفية في المنطقة العربية," **اليقظة العربية**، العدد 90، 1989.

- أبو ستة، سلمان، كيف ترى إسرائيل نفسها عام 2020: توسع جغرافي واستمرار في الدولة، **وجهات نظر**، العدد 31، 2001.

- أبو عامود، محمد سعد، "الشرق أوسطية في الفكر السياسي العربي," **مجلة السياسة الدولية**، العدد 115، كانون الثاني/ يناير 1995.

- أحمد، يوسف أحمد، "العرب وتحديات النظام الشرق أوسطي," **مجلة المستقبل العربي**, بيروت، العدد 179، كانون الثاني/ يناير 1994.

- الأزهري، محمد خالد، التطور الوحدوي العربي ومسار الصراع العربي - الإسرائيلي، **مجلة شؤون عربية**، العدد 60، كانون الأول/ ديسمبر 1989.

- إسماعيل، محمد زكريا، الهوية العربية في مواجهة السلام الإسرائيلي، **المستقبل العربي**, السنة 17، العدد 187، أيلول/ سبتمبر 1994.

- النظام العربي والنظام الشرق أوسطي، **المستقبل العربي**، العدد 115، كانون ثاني/ يناير 1995.

- الأطرش، محمد، المشروعان الأوسطي والمتوسطي في الوطن العربي، **المستقبل العربي**، العدد 210، 1996.

- أفنيري، أوري، خطة إسرائيلية لتحطيم الدول العربية وتحويلها إلى دويلات طائفية، **مجلة هعولام هزيه**، ترجمة دار الجليل، عمان: تاريخ 1983/2/19.

- أمين، جلال أمين، مشروع السوق الشرق أوسطية ومشروع النهضة العربية، **المستقبل العربي**، بيروت، العدد 178، كانون الأول/ ديسمبر 1993.

- الباقوري، عبد العال، "ملاحظات أولية حول تأثير "التسوية السلمية" على مستقبل الوحدة العربية،" **المستقبل العربي**, السنة 1، العدد 4، تشرين الثاني/ نوفمبر 1978.

- البرغوثي، عزام، القمة الاقتصادية للشرق الأوسط وشمال أفريقيا، عمان, مركز دراسات الشرق الأوسط، 1997.

- بشور، معن، "السلام والتطبيع الثقافي," **المستقبل العربي**، العدد 209، 1996.

- تقرير مركز "جافي"، التفوق العسكري الإسرائيلي على الدول العربية بلغ ذروته بعد الحرب على العراق، موقع المشهد الإسرائيلي في مركز مدار الفلسطيني، رام الله، بتاريخ 2003/9/26.

- التقي، سمير، "هواجس ما بعد التسوية العربية - الإسرائيلية: عن أخطار "الاتفاق" وتغييب المشروع القومي"، **الطريق**، السنة 53، العدد 1، كانون الثاني/يناير 1994.

- تنيرة، بكر مصباح، "الوحدة العربية وأبعاد الصراع العربي الصهيوني," **شؤون عربية**، العدد 15، أيار/ مايو 1982.

- حرب، أسامة غزالي وأمل رياض الشاذلي، "موقف الصهيونية وإسرائيل من القومية العربية والوحدة العربية،" **مجلة قضايا عربية**, بيروت، العدد 6، السنة السادسة، تشرين الأول/ أكتوبر 1979.

- حسين، عمرو، "صورة العربي في المناهج الإسرائيلية," **مجلة ضد التمييز**، الصادرة عن المنظمة العربية لمناهضة التمييز، القاهرة, العدد 7، تموز/ يوليو 2005.

- الحلاج، محمد، "المسألة العربية في الفكر الصهيوني," **مجلة فكر**، الصادرة عن مؤسسة الفكر، باريس, العدد 3، تشرين الأول/ أكتوبر 1984.

- حماد، مجدي، "العرب ومواجهة إسرائيل: احتمالات المستقبل," **المستقبل العربي**, العدد 243، 1999.

- الجبالي، عبد الفتاح، "المؤتمرات الاقتصادية الشرق الأوسطية: الأهداف، النتائج، التوقعات،" مجلة الدراسات الفلسطينية، العدد 30، ربيع 1997.

- الداوود، محمد، "تجارب الوحدة العربية: دروس وعبر،" شؤون عربية، العدد 10، 2001.

- درور، يحزقيل، سلام واندماج في الشرق الأوسط، جريدة دافار، 1988/2/2، نشرة مؤسسة الدراسات الفلسطينية، العدد 2، السنة 15 شباط/ فبراير 1988.

- درويش، منير، "الوحدة العربية في عصر التسوية،" دراسات عربية, السنة 31، العددان 5-6، آذار/ مارس - نيسان/ أبريل 1995.

- الرحبي، مية، أولويات المقاطعة وتعثر التجارب، مجلة قاطعوا، الصادرة عن "حملة مقاطعة داعمي إسرائيل،" بيروت, حزيران/ يونيو 2003.

- الزعبي، حلمي عبد الكريم، "الاختراق الإسرائيلي للمنطقة العربية والمخاطر الأمنية،" نشرة دراسات، العدد 84، تشرين الثاني/ نوفمبر، 1994.

- الزعبي، حلمي عبد الكريم، الاستراتيجية الإسرائيلية في التسعينات الأبعاد والمضامين،" نشرة دراسات، الجيزة، العدد 48، الدار العربية للدراسات والنشر والترجمة.

- السعدني، نيرمين، مؤتمرات التعاون الشرق أوسطي: الإيجابيات والسلبيات، السياسة الدولية، العدد 127، كانون الثاني/ يناير 1997.

- سعيد، عبد المنعم، "الإقليمية في الشرق الأوسط نحو مفهوم جديد،" السياسة الدولية، العدد 122، تشرين الأول/ أكتوبر 1995.

- سلمان، رشيد سلمان، "إسرائيل والوحدة العربية،" قضايا عربية، العددان 1-6، السنة 3، نيسان / أبريل - أيلول/ سبتمبر 1976.

- الشريف، جلال فاروق، "الوحدة العربية والتحديات الراهنة،" قضايا عربية، بيروت, العدد 3، السنة 6، تموز/ يوليو 1979.

- شفيق، منير، "الوحدة العربية وقضية فلسطين،" قضايا عربية، العدد 6، السنة 6، تشرين الأول/ أكتوبر 1979.

- صايغ، يوسف، "منظور الشرق الأوسط ودلالاته العربية،" المستقبل العربي، العدد 192، شباط/ فبراير 1995.

- الصلح، رغيد، "إسرائيل والوحدة العربية،" دراسات عربية، العدد 7، السنة 10، أيار/ مايو 1974.

- صميدة، محمود، "الشخصية العربية في القصة العبرية القصيرة المعاصرة،" مجلة عالم الفكر، الكويت: المجلس الوطني للثقافة والفنون، كانون الثاني/ يناير - آذار/ مارس 1996.

- عبد الحي، وليد، التوظيف السياسي لمشكلة الأقليات، محاضرة في المنتدى العربي، عمان، 2002/2/20.

- عبد الدايم، عبد الله، "المشروع القومي العربي في مواجهة الصهيونية،" الآداب، العدد 4-5، 2002.

- عبد الناصر، وليد، "الأكراد وإسرائيل،" ملف السياسة الدولية، العدد 135، 1999.

- فرسخ، عوني، "إشكاليات الأقليات في التاريخ العربي،" المنابر، بيروت, السنة 7 العدد 68، أيار/ مايو 1993.

- فطين، علي، "السلام مع إسرائيل بين تطبيع العلاقات وإنهاء المقاطعة والسوق الشرق أوسطية،" الدفاع العربي، العدد 93، 1994.

- قائد سيف، عبد العزيز، "الأمة العربية والتحديات الصهيونية خلال الفترة 1882-1991: دراسة تاريخية،" المؤرخ العربي، العدد 46، 1994-1995.

- كروان، إبراهيم، "تأثيرات انتهاء الصراع العربي الإسرائيلي المحتمل على أمن الخليج،" مجلة الباحث العربي، العدد 45، 1997.

- كوثراني، وجيه، "الشرق الأوسطية والتطبيع الثقافي مع إسرائيل،" الدراسات الفلسطينية، العدد 23، 1995.

- كيالي، ماجد، "النظام الإقليمي الجديد في الشرق الأوسط، ماهيته، أبعاده، وأخطاره،" مجلة الطريق، بيروت، العدد 2، آذار/ مارس 1994.

- كيلو، ميشيل، "دور إسرائيل في ضوء التسوية،" مجلة شؤون الأوسط، مركز الدراسات الاستراتيجية، العدد 42 تموز/ يوليو 1995.

- كيمر لينغ، باروخ، "السلام القائم على القوة،" الدراسات الفلسطينية، بيروت، العدد 16، 1993.

- المجذوب، محمد، "الوحدة العربية في الدساتير العربية الراهنة،" قضايا عربية، العدد 2، السنة 6، حزيران/ يونيو 1979.

- محمد، حسن، "الوطن العربي من التجزئة إلى التفتيت في المخطط الصهيوني،" **الباحث العربي**، لندن، مركز الدراسات العربية، العدد 13، كانون الأول/ ديسمبر 1987.

- المختار، صلاح، "علاقات إسرائيل بالأقليات في العالم العربي،" نشرة دراسات، العدد 88، آذار/ مارس 1995.

- مساعد، كمال، "خطط إسرائيل: آفاق السلام: التطبيع السياسي واحتواء الوطن العربي اقتصادياً،" **الدفاع العربي**، العدد 4، 1999.

- ملف "ميزان القوى والأمن القومي في إسرائيل" وثائق مؤتمر هرتزيليا الرابع 2004، ترجمة مركز باحث للدراسات، بيروت، 2004.

- ملف "هل يحتمل قيام علاقات بين إسرائيل والعالم العربي؟،" إصدار معهد شيلواح لدراسات الشرق الأوسط وإفريقيا، جامعة تل أبيب، كانون الأول/ ديسمبر 1986.

- مؤتمرات القمة العربية: قراراتها وبياناتها 1946-1985، مركز التوثيق والمعلومات، القاهرة، الأمانة العامة لجامعة الدول العربية، 1987.

- مؤتمر هيرتسليا الخامس، إعداد وترجمة، خالد عياد، **مجلة الدراسات الفلسطينية**، العدد 61-62، خريف - شتاء 2004/ 2005.

- مؤتمرات هيرتسليا الأربعة، إعداد وترجمة، إلياس شوفاني، **مجلة الدراسات الفلسطينية**، العدد 61-62، خريف - شتاء 2004/ 2005.

- ندوة "مخططات التعاون بين إسرائيل والدول العربية: من التطبيع إلى الهيمنة رؤية عربية للمواجهة،" **المستقبل العربي**، العدد 215، 1997.

- ندوة "مستقبل الحركة الصهيونية والمشروع الحضاري العربي،" الحكمة، العدد 11، 1999.

- نوفل، أحمد سعيد، العلاقة الجدلية بين قضية فلسطين والوحدة العربية، **شؤون عربية**، العدد 57، آذار/ مارس 1989.

- يينون، أوديد، "استراتيجية إسرائيل في الثمانينات،" **مجلة كيفونيم**, (اتجاهات) بالعبرية، القدس، العدد 14، الدائرة الإعلامية في المنظمة الصهيونية العالمية، شباط/ فبراير 1982، ص 49-61. ونشر المقال في مجلة **الثقافة العالمية الكويتية**، 1982/11/7.

4. ندوات وملفات مترجمة عن اللغة العبرية من مراكز دراسات إسرائيلية:

- ندوة: "الموقف الإسرائيلي من الجماعات الإثنية والطائفية في العالم العربي،" مركز بار ايلان للأبحاث الاستراتيجية، جامعة بارإيلان، أيار/ مايو 1992 ترجمه عن العبرية، الدار العربية للدراسات والنشر والترجمة، الجيزة، 1992.
- ندوة: "الموقف الإسرائيلي من الجماعات الإثنية والطائفية في العالم العربي،" جامعة بارإيلان، مركز بارإيلان للأبحاث الاستراتيجية، بالتعاون مع مركز الأبحاث السياسية في وزارة الخارجية الإسرائيلية، تموز/ يوليو 1993، ترجمه عن العبرية، الدار العربية للدراسات والنشر والترجمة، الجيزة، 1994.
- ندوة: "تفتيت المنطقة العربية،" مركز دايان لأبحاث الشرق الأوسط وإفريقيا، تل أبيب، كانون الأول/ ديسمبر 1990.
- ندوة: مركز دايان لأبحاث الشرق الأوسط وإفريقيا، جامعة تل أبيب، 28/2-2/3/1994، ترجمه عن العبرية الدار العربية للدراسات والنشر والترجمة، الجيزة، 1994.
- ندوة: "إسرائيل والأقليات، الجماعات العرقية والطائفية في العالم العربي،" نظمها مركز دايان لأبحاث الشرق الأوسط وأفريقيا، ومعهد شيلواح التابع لجامعة تل أبيب وبالتعاون مع مركز الدراسات السياسية -وزارة الخارجية الإسرائيلية، ومركز الدراسات الاستراتيجية (يافي)- جامعة تل أبيب، والمركز الإعلامي الحكومي، ومركز الدراسات الاستراتيجية - جامعة بارإيلان، والمعهد اليهودي العربي بيت بيرل. شارك في الندوة قيادات وكوادر من وزارة الخارجية الإسرائيلية ومكتب رئيس الوزراء والأجهزة الأمنية ومنهم يوسي بيلين مساعد وزير الخارجية وموشي شاحال وزير الشرطة والبريغادير أوري ساجي رئيس جناح الاستخبارات العسكرية ومسؤولون من القسم العربي بجهاز الأمن العام "السافاك" والاستخبارات والأكاديميون الشرقيون، وشمعون شامير سفير "إسرائيل" السابق في مصر، ويوسي جينات رئيس المركز الأكاديمي السابق في مصر وموشي ساسون سفير "إسرائيل" السابق في مصر. كما شارك في أعمال الندوة بعض الباحثين من الولايات المتحدة وبريطانيا وفرنسا والخبراء في شؤون

الشرق الأوسط الذين يعملون في معاهد ومراكز أبحاث متخصصة في هذا المجال. وانتخب يوسف أولمبرت رئيساً للندوة ود. زئيف إيتان مقرراً لها. واستمرت الندوة ثلاثة أيام، من 28 شباط/ فبراير وحتى 2 آذار/ مارس 1994. وقدمت أبحاث عن "إسرائيل" والأقليات والجماعات العرقية والطائفية في العالم العربي. وفي المداخلات الكثيرة والعديدة التي قدمها المشاركون في الندوة، أكد الحاضرون أن مشكلة الأقليات والجماعات غير العربية والجماعات المذهبية بدأت تطرح نفسها بقوة على ساحة الشرق الأوسط في ضوء انفجار مثل هذه المشكلة في بقاع مختلفة من العالم. وناقشت الندوة أربعة محاور أساسية تضمنت 13 بحثاً عقب عليها 25 معقباً وكانت محاور الندوة وفق التسلسل الآتي:

الأقليات الإثنية والطائفية في العالم العربي في ظل التحولات الدولية، والجماعات العرقية والطائفية في العالم العربي وعلاقاتها مع دول الجوار: تركيا - إيران - إثيوبيا - "إسرائيل". "إسرائيل" وتأييد الأقليات في العالم العربي، وعلاقات "إسرائيل" مع دول الجوار. وحرب الخليج وولادة الكيان الكردي في شمال العراق، والمعارضة الشيعية في العراق. ومستقبل الأقليات في سورية في مرحلة ما بعد الأسد، وحرب الأقليات في لبنان هل توقفت وانتهى تقسيم لبنان؟ والأقليات الشيعية في دول الخليج العربي. والأقليات في مصر: الأقباط والنوبة، والموقف الإسرائيلي من جنوب السودان و"إسرائيل" والأقليات غير العربية في أقطار شمال إفريقيا والبربر والطوارق.

5. صحف إسرائيلية (مترجم عن العبرية):

- جريدة هآرتس، 1973/11/11, 1978/6/2, 1990/1/8, 2003/12/4, 2004/4/9, 2004/11/12, 2005/8/7.
- جريدة دافار، 1971/10/29, 1989/6/8, 1993/9/15.
- جريدة معاريف، 1977/9/20، 2003/6/22.
- جريدة يديعوت أحرونوت، 2003/10/21.

ثانياً: المراجع الأجنبية:

1. الكتب:

- Abba Eban, An Autobiography. New York: Random House,1977.

- Abba Eban, "Reality and Vision in the Middle East," Foreign Affairs. Vol. 43, No. 4, June 1965.

- Avi, Shlaim, The Iror wall Israel and the Arab world. New York: WW.Norton and Company, 1999.

- Azoury, Neguib, Le Reveil de la Nation Arabe. Paris: 1905.

- Bailey, James A., Teaching Strategies for Ethnic Studies. Boston: Allyn and Bacon, 1979.

- Bar Zohar, Micheal, Ben Gurion. The Armed Prophet. USA: Prentice-Hall, 1968.

- Bauborot, Jean, Le Tort d'exister. Bourdeaux: Duros, 1970.

- Ben Gourion, Regards sur le Passe. ed. 44, Monaco: Rocher, 1965.

- Ben Gourion, My talks with Arab leaders. Keter Book, 1972.

- Chcuraque, Andro, L'Etat D'Israel. Paris: P.U.F., 1956.

- Cohen, Aharon, Israel and Arab World. Boston: Beacon Press 1976.

- Cohen, Michael J., Palestine and the Great Power 1945-1948. Princeton: Princeton University Press, 1982.

- Derogy, Jacques & Hesi Carmel, Histoire Secrete d'Israel 1917-1977. Oliver Orban, 1975.

- Evron,Y., Perceptions de Securite et Strategies Nationales au Moyen Orient, sous le Direction de Bassma Kadmani et d'autres, ed. Maison, Paris, 1994.

- Flapan, Simha Zionism and the Palestinians. London: Croom Helm, 1979.

- Garaudy, Roger, Les Mythes Fondateurs de la Politique Israelienne. Paris: Samiszdat,1996.

- Harkabi, Y., Basic factors in the Arab Collapse during the Six day War, Orbis, Quarterly Journal of World Affairs,Washington, Vol. XI, No.3, Fall 1967.

- Herzel, Theodore The Jewish State, An Attempt at a Modern Solution of The Jewish Question, London, 1934.

- Lesch, David W., The Middle East and the United States. Colorado: West View Press Inc., 1996.

- Lewis, Bernard, "Rethinking the Middle East," Foreign Affairs. Fall 1992.
- Lewis, Bernard, Predictions The Future of The Middle East. London: Phoenix, 1997.
- Moor, John Nortan, edit., The Arab – Israeli Conflict Documents. Vol. 3, Princeton: Princeton University Press, 1974.
- Netanyahu, Benjamin, A Place Among The Nation. Tel Aviv: Yadouaout Ahranout, 1995.
- Patai, Raphael, The Arab Mind. New York: Charles Scribner's Sons, 1973.
- Peres, Shemoan, The New Middle East, Shaftesbury Dorset. Element,1993.
- Terry, Janice, "Zionist Attitudes Toward Arabs," Journal of Palestine Studies. Beirut, Vol. 5, No. 3, Autumn 1976.
- Treverton, Gregory F., & Jones, Seth G., Measuring National Power. Washington: Rand Corporation,2005.
- Weismann, Chaim, The Making of Statesman. New York: Jehuda Reinharz, 1993.

2. الدوريات الأجنبية:

- Ben-Meir, Alon, The Dual Containment Strategy in No Longer Viable, Middle East Policy, Vol. (4), 1995, pp. 58-71.
- Heradvsteit, Daniel, Israel Elite Perceptions of the Arab - Israeli Conflict, *Journal of Palestine Studies*. Beirut, vol.no.3, p.68-93.
- Lewis, Bernard, Rethinking The Middle East, *Foreign Affairs*, Vol. 710, No. 4, Fall 1992, pp. 99-119.
- Lewis, Bernard, Executive Intelligent Research Project, .Pentagon, Washington, June 2003.
- Peres, Shimon, "Ecvire histoire a Lence Verte," *Le Monde* Diplomatique mai.1998.

3. المواقع الالكترونية:

أفيشاي بن حاييم، 2005/1/24, في: www.rotter.net

هارون تحاوكو, 2005/1/24, في: www.nana.co.il

المؤلف في سطور

أ. د. أحمد سعيد نوفل

يعمل حالياً بروفيسوراً في قسم العلوم السياسية بجامعة اليرموك - الأردن. حاصلٌ على دكتوراه في السياسة الدولية من جامعة السوربون الفرنسية. وعلى دكتوراه العلوم السياسية من جامعة القاهرة. سبق له التدريس في المعهد الدبلوماسي الأردني، وجامعة رينيه ديكارت بباريس، وجامعة فرساي بفرنسا، وجامعة تورنتو بكندا، وجامعة الكويت. كتب وشارك في كتابة العديد من الكتب، كما نُشرت له الكثير من الدراسات، مثل: مشاكل تدريس القضية الفلسطينية في الجامعات العربية، والوطن العربي والتحديات المعاصرة، ومصر والحل السياسي وآثاره، وتأثير خريطة الطريق والجدار الفاصل على التسوية السياسية، ومستقبل قضية القدس من المنظور الإسرائيلي، ونمط التحولات الديمقراطية لدى السلطة الوطنية الفلسطينية، واتجاهات العلاقات الأردنية - الفلسطينية على ضوء اتفاقيات التسوية مع إسرائيل.

Printed in the United States
By Bookmasters